Manfred Paulus

VERKAUFTE MENSCHEN

Bibliografische Information der Deutschen Bibliothek:
Die Deutsche Bibliothek verzeichnet diese Publikation
in der Deutschen Nationalbibliografie.

Lektorat: Elvira M. Gross
Umschlaggestaltung: Gisela Scheubmayr
Coverbild: © Shutterstock

Druck: CPI – Clausen & Bosse, Leck
Printed in Germany
ISBN: 978-3-85371-527-7

Promedia Verlag
E-Mail: promedia@mediashop.at
Web: www.mediashop.at
www.verlag-promedia.de

Manfred Paulus

Verkaufte MENSCHEN

Roma in der Prostitution

PROMEDIA

Über den Autor

Manfred Paulus, geboren 1943, trat 1963 in den Polizeidienst ein und leitete lange Jahre das Dezernat Sexualdelikte und Rotlichtkriminalität bei der Kriminalpolizei Ulm. Im September 2020 erhielt Paulus wegen seines Engagements gegen Menschenhandel das deutsche Bundesverdienstkreuz. Im Promedia Verlag sind von ihm erschienen: »Menschenhandel und Sexsklaverei. Organisierte Kriminalität im Rotlichtmilieu« (2020) und »Zuhälterei gestern und heute. Über Hurenwirte, Kiezkönige und die Sexsklaverei der Mafia« (2022).

Gelem Gelem (Ich ging, ich ging)

»Auf meinem sehr, sehr langen Weg begegneten mir viele gute Roma. Auf diesem sehr, sehr langen Weg begegneten mir viele glückliche Roma und auch ihre vielen Kinder. Ahai Roma, ahai Kinder, ahai Roma, ahai Kinder.

Ich hatte eine große Familie, die Schwarze Legion ermordete sie. Kommt mit mir, Roma aus der ganzen Welt, die Straßen sind für die Roma geöffnet. Jetzt ist es Zeit, steht auf, Roma, jetzt! Wir steigen auf, wenn wir handeln, Ahai Roma, ahai Kinder, ahai Roma, ahai Kinder.

Lieber Gott, öffne deine großen Tore, damit ich sehe, wo all meine Menschen geblieben sind. Erhebt euch, Roma, es wird Zeit, steht auf ihr müden Roma! Ahai Roma, ahai Kinder, ahai Roma, ahai Kinder.«

Dieser sinngemäß vom Romani ins Deutsche übersetzte Liedtext wurde im Jahr 1971 beim Kongress der Roma-Union in London zur Hymne der Roma erklärt. Er gilt heute als weltweites Identitätslied der Roma.

Inhalt

Der Antiziganismus und seine zumeist sehr hässlichen Gesichter

Sie leben im Hier und Heute. Für die Zukunft zu planen ist vielen Roma ziemlich fremd. Und so kommen sie eben, die Kinder. Viele Kinder. Obwohl sie kaum satt zu kriegen sind und manchmal bis über das dritte Lebensjahr hinaus mit Muttermilch ernährt werden müssen, weil es an Alternativen fehlt. Doch Gott schickt sie, die Kinder. Die vielen Kinder. Und dann sind sie da.

Ihre Kindheit endet oft sehr früh. Kaum auf der Welt, werden manche von ihnen, der Not gehorchend, in der Bettelei eingesetzt. Andere werden frühzeitig mit allerlei Fähigkeiten und Tricks vertraut gemacht, um in Fußgängerzonen, auf Bahnhöfen, vor Bankautomaten oder in Einkaufszentren ein paar Euro zu ergattern. Mädchen werden schon im zwölften oder dreizehnten Lebensjahr (gewinnbringend) verheiratet, andere der (Zwangs-)Prostitution zugeführt.

Und das alles gibt es nicht nur in Ländern und Regionen, die von bitterer Armut geplagt sind, sondern auch inmitten unserer Gesellschaft, mitten unter uns.

Ein solches Leben – eine solche Kindheit – im Elend und am Rand der Gesellschaften betrifft allerdings, Gott sei gedankt, längst nicht alle Roma-Familien, und es ist auch keineswegs typisch für die Volksgruppe der Roma, wie häufig vermutet wird und wie die althergebrachten Klischees und Vorurteile suggerieren.

Doch es gibt sie, die Roma-Familien, die sich gezwungen sehen, ihre Kinder in der beschriebenen Weise einzusetzen, um das tägliche Brot zu beschaffen. Es sind aber keine skrupellosen, kaltherzigen oder geldgierigen Väter, Mütter oder Geschwister, die das tun, sondern Menschen in Not. Solche mehr oder weniger legalen bis illegalen Geldbeschaffungsmethoden sind nichts anderes als Teil einer Überlebensstrategie. Die Bettelkinder, »Klaukids«, die kleinen Betrüger(innen) und Stricher(innen) haben zur

Verbesserung der nicht selten katastrophalen Lebensumstände ihrer Familie beizutragen. Freilich werden manche von ihnen auch von skrupellosen Kriminellen vereinnahmt, auf die Straßen geschickt oder aufs Pflaster gesetzt und ausgebeutet.

Doch welche Umstände auch dazu führten: Diese Kinder sind Opfer. Auch dann, wenn sie zu Tätern werden. »Kinderarbeit« dieser Art rechtfertigt deshalb nicht den Antiziganismus, der von ihr nur allzu gern und nur allzu oft abgeleitet wird. Und sie bestätigt oder untermauert auch nicht die seit Jahrhunderten gepflegten Vorurteile vom »Faulenzen, Geige-Fiedeln und Hühner- oder Kupferklauen«, unter denen die Roma bis heute zu leiden haben. Auch wenn es, wie bei allen Volksgruppen und in allen Gesellschaften, Fälle gibt, die solche diskriminierenden Klischees zu bestätigen scheinen. Außerhalb ihrer vertrauten Umgebung verspüren Roma-Kinder sehr schnell, dass sie in eine Welt hineingeboren wurden, die sie nicht haben will. Schon wenige Schritte von ihrer Behausung, von der Roma-Siedlung und dem vertrauten Elend entfernt, schlagen ihnen Misstrauen, Ablehnung, Verachtung und Hass entgegen. Dort gibt es Menschen, die nichts mit ihnen zu tun haben wollen, Wege, auf denen sie beschimpft und bespuckt werden, Geschäfte, die sie nicht betreten dürfen, Orte, an denen sie verjagt werden, und Schulen, die sie nicht besuchen dürfen, weil sie Roma-Kinder sind und weil es Angehörige der Mehrheitsgesellschaften nicht zulassen, dass ihre Kinder zusammen mit ihnen tanzen, singen, spielen oder unterrichtet werden.

Und so wachsen sie, an den Rand der Mehrheitsgesellschaften und an den Rand der Dörfer und Städte gedrängt, in der Abgeschlossenheit und Geborgenheit ihrer Familie, ihrer Sippe oder ihres Clans auf. Innerhalb einer häufig von Armut und Elend geprägten, verschworenen Gemeinschaft, der sie sich ein Leben lang verpflichtet fühlen, die bei ihnen hoch über allem anderen steht. Der eiserne Zusammenhalt dieser Familien und Sippen ist es, der den Roma über Jahrhunderte hinweg das Überleben sicherte. Und das ist tief in ihrem Bewusstsein verankert.

Es handelt sich um vorwiegend patriarchalisch geprägte gesellschaftliche Strukturen mit Abhängigkeiten und Hierarchien, was aber nicht bedeutet, dass die Romnija[1] nur willen- und rechtlose Werkzeuge wären. Gibt es wichtige, wegweisende Entscheidungen zu treffen, geschieht das zumeist nicht ohne Wissen und Einverständnis der Frauen und Mütter.

Roma sind und leben anders als die Mehrheitsgesellschaften. Das ist auf ihre leidvolle Geschichte, auf ihre Traditionen, aber auch auf ihre Mentalität und auf ihr Umfeld zurückzuführen, welches sich ihnen gegenüber zumeist ablehnend zeigt und beharrlich an den seit Jahrhunderten gepflegten Vorurteilen und Diskriminierungsstrukturen festhält; nicht willens oder fähig, diese endlich auf den Müllhaufen der Geschichte zu werfen.

Bis heute werden in der öffentlichen Meinung zumeist nur die Horden von »Klaukids«, die Bettelkinder, die Sozialbetrüger, die Romnija und die Kinder auf dem Straßenstrich oder die hinterlassenen Müllberge thematisiert, die vielen »unsichtbaren« Roma aber werden nicht wahrgenommen. Diejenigen zum Beispiel, die trotz aller ethnisch bedingten Erschwernisse ein Hochschulstudium abschließen, die in den verschiedensten Berufen Beachtliches leisten, die tüchtigen Kaufleute zum Beispiel, die Handelsvertreter, die zuverlässigen Busfahrer, die fleißigen Bauarbeiter, Krankenschwestern, Altenpflegerinnen oder Putzfrauen …

2011 wurden vom Europarat zwölf Millionen vorwiegend in Ost- und Südosteuropa ansässige Roma gezählt. Tatsächlich könnten innerhalb der Europäischen Union weit mehr Roma ansässig sein. Doch verschweigen oder verschleiern diese ihre Zugehörigkeit zu der Minderheit nur allzu gern, weil sie dadurch – keineswegs zu Unrecht – Nachteile befürchten und verhindern wollen, diskriminiert und ausgegrenzt zu werden. Bei einer nach dem Beitritt Bulgariens zur Europäischen Union im Jahr 2007 durchgeführten Volkszählung gaben zum Beispiel nur 1330 Einwohner der bulgarischen Hafenstadt Burgas an, der Volksgruppe der Roma anzugehören, obwohl damals in Burgas nachweislich 17.000 oder noch mehr Roma wohnhaft waren.

Wie viele Roma tatsächlich auf dem europäischen Kontinent leben, ist also ungewiss. Als sicher gilt, dass ihre Anzahl trotz der oft schwierigen

1 Der Ausdruck »Romnija« bezeichnet in diesem Buch weibliche Roma.

und manchmal geradezu prekären Lebensverhältnisse kontinuierlich anwächst. Gott schenkt sie ihnen, die Kinder. Die vielen Kinder.

Die ursprüngliche Herkunft der Roma liegt im Verborgenen. Aufgrund von Sprachverwandtschaften – das Romani dürfte der indogermanischen Sprache entstammen – wird angenommen, dass sie vom indischen Subkontinent zugewandert sind. In Europa sind sie jedenfalls seit dem 14. Jahrhundert, in Deutschland seit dem 15. Jahrhundert nachgewiesen.

Und ihre Geschichte, die Geschichte der Sinti (die größte in Deutschland vertretene Diaspora) und der Roma in Europa ist eine Geschichte der Ausgrenzung und der Verfolgung. Bereits im Jahr 1498 wurden sie beim Reichstag in Freiburg aus allen deutschen Gebieten verwiesen und für vogelfrei erklärt. Jeder durfte sie also töten, ohne dafür bestraft zu werden.

Die bis heute verbreiteten, abwertenden, zynischen und verletzenden Klischees sind uralt. Bereits im Jahr 1544 beschrieb der Kosmograf und Humanist Sebastian Münster die »Zigeuner« und »Zigeunerinnen« als *schwarz-wüst und unfletig volk, das gern stilt, doch allermeist die weiber … Ire alte weiber beghan sie mit warsagen, die weil sie antwort geben, wie vil kinder oder weiber sie werden haben … Sie greiffen mit wunderbarlicher behendtheit inen zum Seckel oder zu der deschen und leeren sie …*

Dieser frühe Antiziganismus kam im Mittelalter auch durch unbegründete Spionagevorwürfe (für die näher rückenden Türken) oder durch die negativ gewertete dunkle Hautfarbe der Roma zum Ausdruck, die mit dem Teufel in Verbindung gebracht wurde. Seinen Höhepunkt erreichte er mit dem Völkermord zur Zeit des Nationalsozialismus. Die menschenverachtende NS-Ideologie ordnete die Sinti und Roma als »fremdrassig« ein, und gleich nach der Machtübernahme Hitlers wurde es ihnen erschwert oder gar unmöglich gemacht, einen Beruf auszuüben. Während der NS-Herrschaft wurden sie dann zunehmend diskriminiert und verfolgt. Das steigerte sich bis zur »Festsetzung« im Jahr 1939, durch die sie ihren Wohnort nicht mehr verlassen durften. Viele von ihnen wurden in Zwangslager gesteckt. Im Jahr 1940 begann dann ihre Deportation. Mehr als 22.000 Sinti und Roma wurden ins Vernichtungslager Auschwitz-Birkenau eingeliefert und dort in einem speziellen Lagerbereich (im »Zigeunerlager«) untergebracht, wo entsetzliche Bedingungen vorherrschten: eine KZ-typische Unterversorgung an Nahrung und Hygiene, nicht ausreichende oder keine ärztliche Betreuung. Aber es gab einen Lagerarzt, sein Name war Josef Mengele, und er nahm zahlreiche, oft grauenvolle Versuche an Roma-Kindern vor. Schon während der ersten Monate verstarb die Hälfte der Lagerinsassen, am Ende waren über 20.000 der ursprünglich über 22.0000 in Auschwitz-Birkenau gefangenen Sinti und Roma tot. Sie wurden erschossen, vergast oder zu Tode gequält.

Insgesamt dürften von den Nationalsozialisten 500.000 Sinti und Roma umgebracht worden sein. Und dabei sind die vielen Roma, Romnija und Roma-Kinder nicht berücksichtigt, die von der SS und anderen Mordkommandos in den besetzten Gebieten aufgespürt und erschossen wurden. Neben Morden an Einzelpersonen und Familien wurden ganze Kontingente von Roma zusammengetrieben, vor ausgehobene Gruben gestellt und mit Gewehrsalven in den Tod geschickt.

Das Interesse an einer Strafverfolgung der Mörder war im Nachkriegsdeutschland nicht allzu groß. Und auch die Fürsorge für die Hinterbliebenen hielt sich in Grenzen. Und der Antiziganismus fand, auch nachdem das grauenvolle Geschehen während der NS-Zeit im Jahr 1982 von Deutschland als Völkermord anerkannt worden war, kein Ende. Er ist in Deutschland, vor allem aber auch in Ost- und Südosteuropa, noch immer weit verbreitet und nimmt gelegentlich erschreckende Formen an, die bis hin zu gezielten Tötungsdelikten reichen.

Diese trotz zahlloser Initiativen und Gegenmaßnahmen nach wie vor feststellbare, ablehnende bis feindlich gesinnte Haltung den Sinti und Roma gegenüber lässt sich nicht nur daran erkennen, dass die uralten Klischees und Diskriminierungsstrukturen aufrechterhalten werden. Besonders sichtbar wird der anhaltende Antiziganismus zum Beispiel auf den »Arbeiterstrichen« in deutschen Städten, wo Roma am frühen Morgen oft vergeblich anstehen, um für einen Tag eine zumeist sehr schwere, schmutzige oder aber gefährliche Arbeit zu bekommen, die dann im Erfolgsfall auch noch miserabel bezahlt wird. Oder an den Roma-Familien, die mit ihren vielen Kindern in so engen wie feuchten

Kellerlöchern heruntergekommener Stadthäuser untergebracht werden und dafür Monatsmieten zu entrichten haben, die alles Erlaubte sprengen. Aber auch an den unzähligen Roma-Familien, die mit den Flüchtlingsströmen ins Land kamen und weiterhin kommen und dann isoliert in Gettos hausen müssen, welche sich nicht oder nur unwesentlich von denen unterscheiden, denen sie entkommen wollten. Und auch daran, dass die während des Ukraine-Krieges geflüchteten Ukrainer(innen) in aller Regel keine Mühe hatten, in Deutschland eine Bleibe zu finden, die aus der Ukraine geflüchteten Roma, Romnija und Roma-Kinder dagegen größte Schwierigkeiten hatten und haben, irgendwo unterzukommen …

Diese antiziganistische Haltung wird vor allem aber auch an den vielen Romnija sichtbar, die in deutschen Puffs, auf deutschen Straßenstrichen oder in dafür bereitgestellten, schmutzigen »Verrichtungsboxen« für zehn oder auch für fünf Euro skrupellos benutzt und ausgebeutet werden. Und an deren Kindern, von denen allein in Berlin hunderte oder gar tausende nicht zur Schule gehen – manche aber dazu gezwungen sind, sich auf dem Schwulen- oder »Babystrich« zu verkaufen.

Für sie alle wurden die Türen weit geöffnet. Sie fühlten sich geradezu eingeladen von dem Land, »in dem die Menschen so reich und so gut sind«, und sie kamen voller Hoffnung auf ein besseres Leben hierher. Viele von ihnen wurden und werden jedoch bitter enttäuscht. Denn alle Voraussetzungen für eine bessere Zukunft fehlen. Sie treffen auch in Deutschland (in Österreich und in der Schweiz) auf Diskriminierung, Marginalisierung und Ausgrenzung, wie sie diese seit Jahrhunderten kennen, auf Vorurteile und Klischees, die sich weiterhin hartnäckig halten.

Sie gelten als bildungsarm und haben keine Ausbildung. Selbst wenn sie sich selbst oder Hilfsorganisationen um Abhilfe bemühen, ist das zumeist zum Scheitern verurteilt. Wie und wo soll ein zehn- oder zwölfjähriger Junge, der noch nie eine Schule besucht hat, eingeschult werden, um in Wien, Bern, Berlin-Neukölln, in Dortmund oder Duisburg zu einem erfolgreichen Schulabschluss zu kommen?

Ohne Bildung und ohne Ausbildung sind sie jedoch chancenlos auf dem Arbeitsmarkt – zumal sie Roma sind.

Sie sind somit häufig auf Sozialleistungen angewiesen oder sehen keine andere Möglichkeit, als zu betteln, mit allerlei Tricks etwas Geld zusammenzukratzen, zuhälterisch tätig zu werden, auf den Strich zu gehen, ihre Kinder zu verkaufen oder sich ihren Lebensunterhalt mit mehr oder weniger legalen Gelegenheitsarbeiten zusammenzustottern. Sie klauen keine Hühner mehr, erregen jedoch Aufsehen wegen Sozialhilfebetrugs, wegen Menschenhandels und Zuhälterei, wegen ihrer Kinder auf dem Straßen- oder auf dem »Babystrich« …

Um diese anhaltende Diskriminierung, Ausgrenzung und diese oft unmenschlichen Lebensbedingungen der Roma, Romnija und Roma-Kinder in ein menschenwürdiges Dasein zu wandeln, bedarf es fraglos auch (weiterer) ernsthafter Bemühungen der Roma selbst.

Während sich die Sinti und Roma in der Vergangenheit in Gruppen an Orten und in Regionen niedergelassen haben, wo sie vor Verfolgung einigermaßen sicher sein konnten und als tüchtige und angesehene Gewerbetreibende, Handwerker oder Händler geschätzt waren, sind solche Einkommensquellen heute weitestgehend versiegt.

Die Lovara, die Pferdehändler, die einst durch die Dörfer zogen, braucht man heute nicht mehr. Goldschmuck werden die Roma nicht mehr los, denn man kauft ihn beim Juwelier, der ihn schön dekoriert im Schaufenster liegen hat. Und auch die begabten und einst unverzichtbaren Kalderasch, die Kesselhersteller, Kesselflicker und Kupferschmiede sind nicht mehr gefragt. Das handgefertigte Geschirr, das es einst am Straßenrand zu kaufen gab, Töpfe, Kannen, Trinkgefäße und Teller, das alles wird heute industriell hergestellt und ist in einladenden Kaufhäusern zu haben. So wie die bunten Tücher, Vorhänge und Teppiche auch, von deren Knüpfen und Verkauf einst Generationen von Roma und Romnija lebten und überlebten.

Hinzu kommt: Auf dem Arbeitsmarkt Fuß zu fassen, über einen langen Zeitraum einen festen Arbeitsplatz einzunehmen, sich ein- und unterzuordnen, fällt vielen Roma schwer. Zum einen, weil ihnen der Zugang zur Bildung und zu einer Ausbildung oft verwehrt bleibt, womit eine wesentliche Voraussetzung für ein festes und attraktives Arbeitsverhältnis fehlt. Zum anderen scheint eine geregelte Arbeit aber auch schlichtweg im Widerspruch zur Mentalität der Roma, zu ihrer Werteordnung und zu ihrer jahrhundertealten Tradition des Zusammenhalts der Familie und der Sippe zu stehen.

Werden sie zum Beispiel von einem Angehörigen der (Groß-)Familie gerufen, weil der ihren Rat oder ihre Hilfe braucht, so verlassen sie einen zumeist mühsam erkämpften Arbeitsplatz ohne zu zögern, und folgen diesem Ruf. Und werden sie ein zweites Mal gerufen, dann verlassen sie ihn wieder. Auch dann, wenn das zwangsläufig zu Problemen mit dem Arbeitgeber oder gar zum Verlust des Arbeitsplatzes führen kann oder führt.

Das Pflichtgefühl gegenüber der Familie und der Sippe überwiegt. Es ist ein seit Generationen bewährter und für sie unverzichtbarer Bestandteil ihrer Überlebensstrategie. Die Folge davon: Die Roma nehmen im Wirtschaftsleben von heute allenfalls eine Randstellung ein, was wesentlich zu ihrer Exklusion beiträgt und das Vorurteil, arbeitsscheu zu sein, befeuert.

Dieser anhaltende Zustand der Ausgrenzung, Diskriminierung und Verfolgung ist freilich auch darauf zurückzuführen, dass es immer wieder Hinweise, Vorkommnisse und Verhaltensweisen gibt, die geeignet sind, die bestehenden Vorurteile zu bestätigen oder weiter zu nähren.

Wer die Roma-Siedlungen und -Gettos im Osten und Südosten Europas kennt, kann zum Beispiel die herumlungernden, Bier trinkenden, Karten spielenden oder gelangweilt ins Leere starrenden Männer vor ihren halbverfallenen Hütten nicht übersehen. Solche Bilder sind fraglos bestens geeignet und werden benutzt, um das Vorurteil des Faulenzens zu bedienen und zu bestärken. Dass sich diese Männer vielleicht über Jahre hinweg vergeblich um einen Arbeitsplatz bemüht, aber keinen gefunden haben, weil sie Roma sind, wird dabei gern und häufig übersehen.

Und ohne Zweifel fiedeln sie auch mit Hingabe ihre Geige. Nicht nur zur Freude der Urlauber in den Hotelburgen am Schwarzen Meer und nicht nur in Bukarest und Budapest, sondern auch in Prag, in Pilsen und Paris, in München, Moskau und Madrid, in Wien, in Zürich, Genf und Bern. Sie tun es, weil sie musikalisch begabt sind, weil sie mit ihrer Musik die Zuhörer begeistern wollen und können, und nicht zuletzt, um damit ihren und den Lebensunterhalt ihrer Familie zu bestreiten. Dass dem berechtigten Applaus für das gekonnte Spiel nicht selten negative Töne folgen, indem das »Geige-Fiedeln« mit dem »Faulenzen« und dem »Hühner-Klauen« in Verbindung gebracht wird, erscheint wenig fair.

Auch ist nicht zu bestreiten, dass in der Vergangenheit so manches gestohlene Huhn im Suppentopf einer Roma-Familie landete. Vielleicht aber nur deshalb, weil man keine andere Möglichkeit sah, die hungernden und weit aufgerissenen Kindermäuler endlich wieder einmal zu stopfen.

Es erscheint jedenfalls erforderlich, solche Stereotypen und jahrhundertealte, aber immer noch weit verbreitete Vorurteile hinsichtlich ihrer Grundlage zu hinterfragen, um der geplagten Minderheit gerecht zu werden. Das aber wird nicht oder nur selten getan.

Während des 18. Jahrhunderts wurde der Antiziganismus, die Stigmatisierung und Diskriminierung der Roma um eine Variante erweitert, indem die »Zigeunerinnen« als wild, von rassiger Schönheit mit ihrer dunklen Haut und den dunkel-glänzenden Augen, den großen, goldenen Ohrringen und tief ausgeschnittenen Kleidern beschrieben wurden. »Carmen« oder »Esmeralda« aus dem *Glöckner von Notre-Dame* erinnern an diese Typisierung der Roma-Frauen in der damaligen Zeit.

Auch dieses Frauenbild hatte und hat mit den Lebensrealitäten der Romnija wenig zu tun. Dennoch wird es bis heute gepflegt und benutzt – zum Beispiel im Rahmen der Werbung für die Prostitution. Wenn heute – ob im Osten, im Südosten Europas, in Deutschland, Österreich oder in der Schweiz – Romnija der (Zwangs-)Prostitution nachgehen, so sind das keine »wild-rassigen« und »naturgeilen« Frauen, wie die einschlägige Werbung gerne suggeriert, sondern zutiefst bedauernswerte Geschöpfe, die sich gezwungen sehen, die oft katastrophalen Lebensverhältnisse ihrer Familien auf diese Weise zu verbessern, den Hunger der Kinder zu stillen, das tägliche Elend zu lindern. Und es sind auch keine skrupellosen Rabeneltern, die ihre Kinder auf einem »Strich« in Wien oder in Berlin abstellen und einer gierigen Pädosexuellen- und Pädokriminellenszene überlassen – es sind Auswüchse der Verzweiflung, des Elends und der Not.

Neben solchen althergebrachten Trugbildern gibt es aber auch auf ihre Mentalität und auf uralte Traditionen zurückzuführende Eigenheiten und

Verhaltensweisen der Roma, die für die Mehrheitsgesellschaften oft nur schwer verständlich sind. Viele von ihnen haben keine Ausweispapiere, weder Dokumente über ihre Person noch über ihr Eigentum, über ihr Land oder über ihre Wohnungen und Häuser. Deshalb und aufgrund ähnlicher, fest verankerter Gewohnheiten fällt es ihnen oft schwer, die eigenen Interessen zu verfolgen und die ihnen zustehenden Rechte wahrzunehmen.

Solche traditionellen Verhaltensmuster erschweren es auch, dem ewigen Teufelskreis, in dem sie häufig gefangen sind, zu entkommen: Weil sie kein Geld für einen Klinikaufenthalt haben, gibt es nur Hausgeburten, bei Hausgeburten gibt es keine Geburtsurkunde, ohne Geburtsurkunde gibt es keine Einschulung, ohne Schule gibt es keine Bildung und keine Ausbildung, ohne Bildung und Ausbildung gibt es keine Arbeit, ohne Arbeit gibt es kein Geld, ohne Geld gibt es nur Hausgeburten, und bei Hausgeburten gibt es keine Geburtsurkunde, also auch keine Einschulung, keine (Aus)Bildung, keine Arbeit …

Und so bleibt es für viele dabei, dass sie weiterhin versuchen müssen, ihren Lebensunterhalt mit zumeist schweren, schmutzigen und dazu miserabel bezahlten Gelegenheitsarbeiten oder aber mit einer mehr oder weniger legalen Tätigkeit in den ihnen verbliebenen Nischen zu sichern.

Es sind jedoch nicht »die Roma«, die betteln, stehlen oder sich als Zuhälter betätigen, es sind nicht »die Romnija«, die der (Zwangs-)Prostitution nachgehen und es sind auch nicht »die Roma-Kinder«, die sich als Stricher betätigen. Es ist nur ein kleiner Teil der Roma, Romnija und Roma-Kinder, die sich dazu gezwungen sehen. Auch das Planen und Vorsorgen ist keineswegs allen Roma fremd. Vielmehr planen manche von ihnen sehr sorgsam und mit Erfolg. Sie sind sesshaft, in die Mehrheitsgesellschaft integriert und leisten gute und wertvolle Arbeit. Eine objektive und der Ethnie gerecht werdende Beurteilung verlangt, dass auch diese »unsichtbaren« Roma und deren Lebensleistung wahrgenommen und berücksichtigt werden.

Dass diese ihre ethnische Herkunft nur allzu gern und nur allzu oft leugnen oder verbergen, trägt freilich mit dazu bei, dass genau dies nicht geschieht. Dennoch tun sie es. Denn sie wissen nur zu gut, wie sehr ihre

»sichtbaren« Schwestern und Brüdern noch immer unter Antiziganismus, Diskriminierung, Hass, Hetze und Verfolgung zu leiden haben. Und die vielen Vorteile und Vorzüge, die sie als in die Mehrheitsgesellschaft Integrierte gegenüber den noch immer Ausgestoßenen genießen, bleiben ihnen auch nicht verborgen.

Warum aber bedarf es überhaupt einer speziellen Betrachtung der Roma-Zuhälter, der Romnija und der Roma-Kinder in der (Zwangs-) Prostitution? Ist das nicht auch eine Möglichkeit oder gar der klammheimliche Versuch, diese Ethnie bloßzustellen und als rückständig, unmündig, ungebildet, pervers, schmutzig oder kriminell darzustellen und damit zu diskriminieren und zu diskreditieren? Schließlich gibt es auch nicht weniger deutsche, österreichische oder Balkan-Zuhälter und Luden vieler anderer Nationen sowie hunderttausende (Zwangs-)Prostituierte, die nicht den Roma zuzuordnen sind. Es gibt albanische und arabische Clans, es gibt die italienische und die nigerianische Mafia und viele andere Tätergruppierungen und Organisationen, die in Europa mit Frauen und Kindern handeln und diese der (Zwangs-)Prostitution zuführen.

Warum also sollen ausgerechnet die Roma und die Romnija damit in Verbindung gebracht und ins Bild gerückt werden?

Es gibt dafür mehrere, zum Teil sehr triftige Gründe. Gründe, die geradezu dazu verpflichten, die Viktimisierungsprozesse (die Wege des Opferwerdens im Bereich Menschenhandel und Sexsklaverei) der Romnija und Roma-Kinder zu beleuchten.

Fakt ist, dass eine große Zahl an Romnija und Roma-Kindern auf deutschen (österreichischen oder Schweizer) Straßenstrichen und in deutschen (österreichischen und Schweizer) Puffs ausgebeutet und zerstört werden. Und das, weil sie sich weder freiwillig noch selbstbestimmt prostituieren, sondern weil große Not, großes Elend und Zuhälter sie dazu zwingen. Zum anderen gehören sie einer sehr verletzlichen Minderheit an. Sie sind Opfer bitterer Armut und oft größten Elends, sie sind Opfer von Diskriminierung, Marginalisierung und Ausgrenzung, sie sind auch Opfer patriarchaler Strukturen sowie krimineller Ausbeuter. Sie sind in besonderem Maße auf Hilfe und Beistand angewiesen.

Von Bedeutung ist das Thema aber auch, weil diese so lukrative wie kriminelle Ausbeutung von Frauen und Kindern seit den Grenzöffnungen nach Osten hin erheblich zugenommen hat und der Handel mit der »Ware Mensch«, nicht zuletzt der mit Romnija und Roma-Kindern, zunehmend einem Geschäftsfeld der Organisierten Kriminalität zugeordnet werden muss. Und weil es ignoriert oder nur am Rande wahrgenommen wird, dass die Romnija und die Roma-Kinder in hohem Maße Opfer des Menschenhandels, der Zuhälterei und der Zwangsprostitution werden, während hier vor allem die Rumäninnen, Bulgarinnen, Ungarinnen, Albanerinnen, Tschechinnen oder Slowakinnen im Blickpunkt stehen.

Auf das Schicksal der Romnija und Roma-Kinder aufmerksam zu machen, ist aber auch deshalb geboten, weil diese Ausbeutung der Schwächsten und Verwundbarsten all den hehren Vorgaben und Idealen von Rechtsstaatlichkeit und den Bekundungen und Beschwörungen von Menschlichkeit, Menschenwürde und Menschenrechten krass widerspricht und weil die Unterdrückung solcher Vorgänge dazu führen kann, dass derlei Begriffe, wie oft sie auch hochgehalten werden, heimlich, still und leise zu hohlen Phrasen verkommen.

Auch scheint es von Interesse, ob und in welcher Weise die »Weißen« (die Angehörigen der Mehrheitsgesellschaften) an den so schmutzigen wie menschenverachtenden Geschäften mit den Romnija und Roma-Kindern beteiligt sind und von deren sexueller Ausbeutung profitieren. Die Vermieter zum Beispiel, die Sexkäufer, die Zuhälter, die Herrscher in den Milieus, die Pädokriminellen …

Verkannt werden darf bei all dem auch nicht, dass die Verknüpfung von Ethnizität und Zugehörigkeit zu den Sinti und Roma mit bestimmten Delikten und als negativ betrachteten Verhaltensweisen auch rechts- und sozialpolitische Risiken und Nachteile mit sich bringt. Bestimmte, der Minderheit zugeschriebene Verhaltensweisen und Straftaten und eine entsprechende öffentliche Wahrnehmung tragen wesentlich zur Diskriminierung und Ausgrenzung der Sinti und Roma und zur Beibehaltung althergebrachter Vorurteile und Klischeevorstellungen bei. Das kann und darf nicht dazu führen, dass die Frage nach der Beteiligung der Sinti und

Roma an bestimmten Delikten und an negativ und gemeinschädlich erachteten Verhaltensweisen sowie nach den Ursachen dieser Beteiligung nicht (mehr) gestellt wird. Im Gegenteil: Allein die Offenlegung der tatsächlichen Gegebenheiten und die Suche nach den Gründen vermeintlichen oder tatsächlichen Fehlverhaltens kann dazu führen, bestehende Vorurteile und Klischees abzubauen, um zu einer Annäherung von Minderheit und Mehrheitsgesellschaften zu kommen.

Schließlich verpflichtet allein der zurückliegende, von Deutschen begangene Völkermord an den Roma dazu, diese Ausbeutung der Roma, der Romnija und der Roma-Kinder im 21. Jahrhundert zu thematisieren und zu stoppen. Dass die Nachkommen der Überlebenden von Auschwitz-Birkenau und derer, die den Erschießungskommandos in den von Deutschen besetzten Gebieten entkamen, heute in der Armuts- und Elendsprostitution gefangen sind und in deutschen Schmuddelpuffs oder »Verrichtungsboxen« für zehn oder auch nur für fünf Euro benutzt und erniedrigt werden dürfen, erscheint unerträglich und nicht hinnehmbar.

Tauchen wir, um den Lebensgewohnheiten der Sinti und Roma etwas näher zu kommen, um sie und ihre Verhaltensweisen etwas besser zu verstehen, zunächst ein in ihr Leben am Rand der Städte und Dörfer und am Rand der Gesellschaften im Südosten Europas – in Bulgarien, Rumänien und in der Republik Moldau, in Ungarn, Serbien und der Ukraine.

Tauchen wir ein in die heruntergekommenen Stadtrandsiedlungen, in die verdreckten Gassen der Gettos, in die maroden Häuser und verfallenen Hütten, in das Alltagsleben der Roma, der Romnija und der Roma-Kinder. Nehmen wir ihren täglichen Kampf wahr, ihren Kampf um Wasser und Brot. Blicken wir aber auch auf das nicht selten luxuriöse Leben der Buli Baschas, der Ältesten, der Clan-Chefs, der Häuptlinge oder Roma-Könige.

Befassen wir uns mit ihren Traditionen, mit ihren althergebrachten Sitten und Bräuchen und mit ihren gegenwärtigen Lebensgewohnheiten und Lebensbedingungen. Versuchen wir zu ergründen, warum sie in langen Stiefeln und kurzen Röckchen an Land- und Ausfallstraßen südosteuropäischer Städte oder in der Kurfürstenstraße von Berlin stehen, um sich für zwanzig oder zehn und manchmal auch für fünf Euro zu verkaufen.

Versuchen wir zu klären, warum sich Roma-Kinder als Stricher und ihre Väter als Zuhälter betätigen – oder, warum sie sich dazu gezwungen sehen –, um dann daraus die richtigen Schlüsse zu ziehen und die Ausbeutung dieser ohnehin benachteiligten Frauen und Kinder einer seit Jahrhunderten geplagten Minderheit endlich wirksam(er) einzudämmen.

Bulgarien und das Elend abseits des Gold- und Sonnenstrands – und warum kleine Jungen davon träumen, Zuhälter zu werden

Der Antiziganismus ist auch in Bulgarien seit jeher weit verbreitet. Das war im Osmanischen Reich so, im Königreich Bulgarien und in der bulgarischen Volksrepublik. Und es gibt in Bulgarien, das seit dem Jahr 2007 der Europäischen Union angehört, heute noch Demonstrationen und Ausschreitungen, die sich gegen die Roma richten. Allerdings wird in Bulgarien nun mehr denn je über Intoleranz gegenüber den Roma und über deren Integration diskutiert und die Bevölkerung akzeptiert die Minderheit als Teil der Nation in einem Maße wie wohl niemals zuvor. Bereits im Jahre 2001 wurde die Aufhebung der ethnischen Trennung in den bulgarischen Schulen eingeleitet und im Jahr 2004 wurde ein Gesetz zum Schutz der Roma vor Diskriminierung verabschiedet. Dazu wurden nicht wenige Sozialprogramme entwickelt und zahlreiche nationale wie internationale (EU-)Projekte umgesetzt. Doch die Probleme der in Bulgarien ansässigen Roma konnten dadurch nicht behoben und ihre Lebensverhältnisse bis heute nicht wesentlich verbessert werden.

Von den bei einer Volkszählung im Jahr 2011 registrierten 325.343 Roma – Schätzungen gehen von 750.000 tatsächlich in Bulgarien sesshaften Roma oder noch mehr aus – lebt etwa die Hälfte noch immer in Dörfern, ohne Arbeit zu haben und ohne Land zu besitzen. Die andere Hälfte lebt isoliert und zumeist verarmt in abgeschiedenen Großstadtvierteln. Ihre miserablen Lebensverhältnisse haben sich auch während des Übergangs Bulgariens zu Demokratie und Marktwirtschaft nicht verbessert, sondern eher verschlechtert. Denn die vielen wohldurchdachten und gut gemeinten Sozialprogramme haben auch ihre Schattenseite: Sie wecken Unverständnis und Neid bei der übrigen Bevölkerung, die zum Teil ebenfalls in großer

Armut lebt. Geringe Bildung, Arbeits- und Perspektivlosigkeit zwingen die Roma in Bulgarien weiterhin dazu, in informelle Sektoren zu flüchten: in Schwarzarbeit, Bettelei, Kleinkriminalität, in die Zuhälterei und in die Prostitution. Und ihr Verhältnis zur Mehrheitsgesellschaft ist und bleibt angespannt. Wie angespannt, zeigten die Vorgänge während der Corona-Pandemie. Kaum waren die ersten Erkrankungen da, schon wurden die Roma für die Verbreitung des Virus verantwortlich gemacht. Dabei trugen sie daran – trotz der teilweise katastrophalen hygienischen Zustände in ihren Siedlungen – nun wirklich keine Schuld.

Die Prostitution gilt in Bulgarien seit dem Jahr 1990 als legal, sie wurde jedoch nicht näher reguliert. Sie ist rechtlich also weder ausdrücklich erlaubt noch verboten. Verboten ist es allerdings, Räumlichkeiten zur Prostitutionsausübung gegen Entgelt zur Verfügung zu stellen, was mit einer Geldstrafe von 1000 Leva (etwa 500 Euro) belegt ist. Untersagt ist es auch, jemand mit dem Ziel, sich materielle Vorteile zu verschaffen, zur Prostitution zu verleiten; belegt mit einer Freiheitsstrafe bis zu sechs Jahren oder Geldstrafe zwischen 5000 und 10.000 Leva. Ebenso wird bestraft, wer Drogen verabreicht, um damit zur Prostitution zu verleiten, hierfür droht ein Freiheitsentzug von fünf bis zehn Jahren oder Geldstrafe von 10.000 bis 15.000 Leva. Auch die Vermittlung Minderjähriger, mit dem Ziel, sie der Prostitution zuzuführen, wird mit Freiheitsstrafe von bis zu sechs Jahren oder mit einer Geldstrafe von 5000 bis 10.000 Leva bedroht. Und seit 2009 können in Bulgarien auch Freier mit Gefängnis bis zu drei Jahren bestraft werden, wenn sie sich einer oder eines Minderjährigen bedienen.

Zudem gibt es noch einige veraltete Regelungen im bulgarischen Strafrecht, die zwar keine Anwendung mehr finden, aber gelegentlich Irritationen auslösen oder zu einer gewissen Rechtsunsicherheit führen. Dazu gehört zum Beispiel der Müßiggang (das Nichtstun) einer Prostituierten, ein Straftatbestand, der in grauer Vorzeit tatsächlich Anwendung fand.

Zu kommunistischen Zeiten war die Prostitution in Bulgarien verboten. Es gab sie trotzdem. Zuwiderhandlungen gegen das Verbot wurden in dieser Zeit zumeist mit Zwangsumsiedlungen geahndet.

Heute stellt die Prostitution für nicht wenige in Bulgarien lebende Romnija und Roma-Kinder eine der wenigen Möglichkeiten dar, ihre wirtschaftliche und finanzielle Not und die ihrer Familie zu lindern. Was sich auf diesem Feld innerhalb der Siedlungen abspielt, liegt weitgehend im Dunkeln. Offen sichtbar ist, dass Frauen und Kinder während der Tourismussaison von Zuhältern in die Hotelburgen am Gold- und Sonnenstrand vermittelt werden. Und auch an den Landstraßen oder an den Ausfallstraßen der Städte sind Romnija in kurzen Röckchen und langen Stiefeln nicht zu übersehen.

Pobeda

Pobeda ist eine in vielerlei Hinsicht typische Roma-Siedlung. Pobeda heißt eigentlich Sieg, dabei wohnen hier, im Industriegebiet Süd der bulgarischen Hafen- und Touristenstadt Burgas, nur Verlierer.

In der gepflegten, von einer etwa fünf Kilometer langen Parkanlage, dem »Meeresgarten«, umrandeten Hafen- und Touristenstadt mit ihren gut 200.000 Einwohnern erinnert zunächst nichts an Elend und Not. Verlässt man sie aber über die vierspurige Ausfallstraße in Richtung Süden, vorbei an bunter Lichtreklame, riesigen Werbetafeln und geschäftigem Treiben, und biegt man am Stadtrand nach links in eine kleine, unscheinbare und auf keinem Stadtplan verzeichnete Seitenstraße ein, endet das bunte Großstadttreiben abrupt und den Besucher empfängt plötzlich eine ganz andere Welt. Hier gibt es keine Verkehrszeichen, keine Ampeln, keine Geschäfte und kein buntes Neonlicht mehr, nur noch verdreckte Straßen, über die Kinder barfuß alte, verrostete Fahrradreifen treiben, mit leeren Blechbüchsen kicken und auf denen Frauen in bunten langen Kleidern Wassereimer schleppen. Von morschen, sturmgebeugten Masten hängen Drähte beängstigend tief auf die Straße. Daneben Hunde, die in alten Blechkübeln vergeblich nach Essbarem suchen. Herumlungernde Männer, angelehnt an halb verfallene Häuser und Hütten, an Behausungen ohne fließend Wasser, ohne Strom – die Rechnungen wurden nicht bezahlt! Sie rauchen, trinken Bier, spielen Karten oder blicken gelangweilt ins Leere.

Neugierige Blicke hinter zerbrochenen Fensterscheiben treffen die so seltenen wie unerwünschten Besucher. Gleich neben dem Getto, auf der anderen Seite der Ausfallstraße, ist das staatliche Gefängnis. Manche, so sagt man, verbringen ihr ganzes Leben hier, abwechselnd auf der einen oder auf der anderen Straßenseite.

Im Getto von Pobeda, auf der Nehrung Kumluka gelegen, wo einst Hafenarbeiter und Wasserträger zuhause waren, leben heute 8000, vielleicht auch 10.000 Roma in bitterer Armut. Männer, Frauen und Kinder, die an dem Leben in der Touristenstadt Burgas, nur wenige Meter entfernt, nicht teilnehmen, weil es nicht erwünscht ist und weil sie es auch gar nicht wollen. Die allermeisten der 17- oder 18-Jährigen hier im Getto haben die Siedlung noch nicht einziges Mal in ihrem Leben verlassen. Wie sollten sie auch? Der Busfahrer draußen an der Ausfallstraße nimmt sie nicht mit, auf den Gehwegen werden sie beschimpft und bespuckt, Geschäfte dürfen sie nicht betreten, an den Stränden werden sie verjagt und Geld haben sie keines in der Tasche …

Manche Mädchen von Pobeda werden schon im Alter von 13 Jahren verheiratet. Für einen zuvor ausgehandelten Preis, der vom Bräutigam oder dessen Eltern zu bezahlen ist – ein gutes Geschäft also. Andere Kinder, ob männlich oder weiblich, geraten in die Fänge krimineller Einzeltäter oder Banden, die mit Kindern Handel treiben, sie anleiten, als »Klaukids« oder Trickbetrüger(innen) tätig zu werden, oder sie der Bettelei oder Prostitution zuführen.

Die ärztliche Versorgung im Getto ist schlecht, lange gab es keine oder nur nach einem Notruf. Kam dann eine Ärztin oder ein Arzt ins Getto, war damit keineswegs sichergestellt, dass dem oder der jeweils Kranken oder Verletzten auch geholfen wurde. Dass er seine teure Medizin nicht an einen »Zigeuner«[2] verschwenden könne, soll ein Arzt einmal geäußert haben, der anlässlich einer Notfallsituation gerufen wurde, und damit, so erzählt man

2 Der volksetymologisch von »Zieh-Gäuner« (umherziehender Gauner) abgeleitete Begriff (französisch: tzigane, italienisch: zingaro, spanisch: cigano) für die hauptsächlich aus den Kalderasch, den Gitanos und den Sinti bestehende Volksgruppe wird heute als diskriminierend abgelehnt und ist deshalb durch »Sinti und Roma« zu ersetzen.

im Getto, war er auch schon wieder verschwunden. Inzwischen wurde vom Bürgermeister der Stadt – er gilt als Roma-freundlich – ein Vertragsarzt verpflichtet, der in solchen Fällen Hilfe verspricht. Vom Bürgermeister wurde gemeinsam mit verschiedenen bulgarischen Organisationen, der International Roma Union (der bedeutendsten transnationalen Interessenvertretung der Roma) sowie mithilfe der Schweizer Eidgenossenschaft »Direktion für Entwicklung und Zusammenarbeit (DEZA)« an die Siedlung angrenzend auch eine Schule erbaut (und inzwischen erweitert), in der heute immerhin etwa 240 Roma-Kinder unterrichtet werden. Doch immer noch können und dürfen längst nicht alle Kinder von Pobeda – es dürften mehrere tausend sein – diese oder eine andere Schule besuchen. Schulbücher, Buntstifte und Hefte müssen von den Eltern bezahlt werden, die dafür oft kein Geld haben.

So drängelt sich ein gutes Dutzend von Neun- bis Vierzehnjährigen, vorwiegend Mädchen, um einen klobigen Holztisch, der in einem kleinen Häuschen mit kahlen Räumen und feuchten Wänden steht. Ihr Interesse gilt einem verschmutzten und zerfledderten Schulbuch. Sie suchen und benennen Buchstaben und Zahlen, freuen sich über lustige Zeichnungen und Bilder. Eine Sozialpädagogin des Projekts FLORIKA betreut die Kinder. Sie erklärt, erläutert und berichtigt …

Dann aber kommt der Tanzlehrer hinzu. Freudengeschrei bricht aus; das zerfledderte Schulbuch ist schnell vergessen. Tanzen ist nun einmal die Leidenschaft und das Lieblingsfach der Kinder. Ob er mit ihnen nicht einmal eine Tournee durch Deutschland machen könne, wollte der Tanzlehrer wissen, die Kinder würden ihr Publikum begeistern. »Besser nicht«, raubt ihm die Sozialpädagogin von FLORIKA gleich all seine Hoffnungen, »sie würden beim Anblick des Wohlstandes in Deutschland alles klauen, was ihnen in die Finger kommt, um ihren Familien zu helfen.« Warum sie die Angebote von FLORIKA so gerne annehmen, werden die Mädchen gefragt. »Weil ich ein guter Mensch werden, studieren und Rechtsanwältin werden will«, antwortet eines. »Weil ich nicht zwangsverheiratet werden, sondern mit den Kindern hier basteln und spielen will«, antwortet ein anderes. Und: »Ich komme hierher, damit ich keine Prostituierte auf der Straße werden muss«, wie eine Zehnjährige erklärt, »denn die werden gequält und geschlagen!«

Und was ist der Traumberuf der Jungen? »Ich werde Zuhälter«, verlautbart ein kleiner, vom Straßendreck gezeichneter Knirps scheinbar fest entschlossen seine ganz anderen Pläne. »Ich auch!«, rufen ein zweiter und ein dritter lautstark und im Gleichklang.

»Es ist der Traum vieler Jungen hier in Pobeda, Zuhälter zu werden«, erklärt eine Sozialarbeiterin des Hilfsprojekts FLORIKA. »Es sind schließlich die einzigen ihnen bekannten Männer, die gut gekleidet sind, die viel Geld und viel Macht haben, die das Getto immer wieder verlassen und in andere Länder reisen können und ganz tolle Autos fahren ...«

FLORIKA fördert in Kooperation mit der örtlichen Roma Union, einem zuverlässigen Partner, in der Roma-Siedlung von Burgas benachteiligte Mädchen und Jungen im Alter von neun bis vierzehn Jahren. Es sind Kinder, die von zuhause oft keine oder nur wenig Unterstützung erfahren. Im Rahmen des Projekts werden ihnen praktische und soziale Kompetenzen vermittelt und ihr Selbstbewusstsein wird gezielt gestärkt. Bestehende Entwicklungsdefizite werden aufgehoben und ihr oft schlechter Gesundheitszustand wird verbessert. Die Sozialpädagoginnen von FLORIKA ermutigen die Eltern, ihren Kindern den Schulbesuch zu ermöglichen, und die Kinder werden motiviert, die Schule zu besuchen. Bei den Hausaufgaben wird ihnen dann auch geholfen und die schulischen Leistungen werden kontrolliert. Die Kinder werden zudem ermutigt und darauf vorbereitet, einen Beruf zu erlernen.

Eltern wie Kinder werden eingehend über Zwangsheiraten sowie den Frauen- und Kinderhandel und über die verhängnisvollen Wege in die Zwangsprostitution informiert. Sie erfahren, in welche Abhängigkeit und Hilflosigkeit Betroffene dabei geraten, wie ausgeliefert sie den jeweiligen Ausbeutern sind und wie zerstörerisch sich die (Zwangs-)Prostitution auf ihr Leben auswirkt. Den Kindern wird auch aufgezeigt, wie geschickt Menschenhändler und Zuhälter in der Siedlung Pobeda nach Kindern und jungen Frauen jagen und wie sie sich ihnen gegenüber zu verhalten haben, um nicht in ihre Fänge zu geraten. Die von FLORIKA betreuten Mädchen und Jungen fallen deshalb nicht mehr so leicht auf die verlockenden Angebote und Versprechungen dieser skrupellosen Ausbeuter herein und wissen, kommen sie in Bedrängnis, an wen sie sich wenden können. Die Pädagoginnen von

FLORIKA kennen die Wege, wie Romnija und weibliche Roma-Kinder nach Deutschland, Österreich und in die Schweiz geschleust und dort der (Zwangs-)Prostitution zugeführt werden. Deshalb führen sie den Kindern sehr klar die Hilflosigkeit der Betroffenen vor Augen, die in einem für sie fremden Land entsteht und die von den Zuhältern für ihre Ziele und Zwecke so schamlos ausgenutzt wird.

Das Projekt FLORIKA ist somit ein Hoffnungs- und Rettungsanker für viele Kinder von Pobeda. Es bleibt zu hoffen, dass diese unter anderem von »Terre des Femmes« geförderte Initiative weiterhin Unterstützung erfährt und vielleicht auf andere bulgarische Roma-Siedlungen ausgeweitet werden kann. Doch trotz aller Bemühungen und Erfolge von FLORIKA: Draußen an der Ausfallstraße stehen sie, aufreizend gekleidet und warten, bis einer der Lkw-Fahrer oder ein stadtauswärts fahrender Pkw anhält und sie einsteigen lässt. Und während der Sommersaison, wenn die Touristen kommen und sich die Hotelburgen füllen, werden sie weiterhin an den Gold- und Sonnenstrand vermittelt.

Die Mädchenhändler und Zuhälter von Pobeda wiederum wissen, dass in Deutschland, Österreich und in der Schweiz erheblich mehr Einnahmen als an der Ausfallstraße von Burgas oder in den Hotels am Schwarzen Meer zu erzielen sind, und haben deshalb längst enge und inzwischen bewährte Verbindungen und Vernetzungen im deutschsprachigen Raum. Und sie sind – trotz der hart dagegen ankämpfenden Helferinnen von FLORIKA – mit ihren Tricks, Täuschungshandlungen und falschen Versprechungen immer wieder erfolgreich, denn die Migrationsbereitschaft im Getto ist – den Lebensbedingungen entsprechend – stark ausgeprägt, und Deutschland, Österreich und die Schweiz gelten in Pobeda wie in anderen Roma-Siedlungen im Südosten Europas als Traumziele und als Länder, in denen man unglaublich viel Geld erwirtschaften kann.

Das Versprechen einer Karriere als Tänzerin auf westlichen Bühnen, bewusst den Träumen vieler junger Mädchen im Getto angepasst, ein gut bezahlter Job in der Gastronomie oder wahrer Reichtum durch ein paar Monate Arbeit in der Altenpflege oder in einer Bar ist deshalb für die jungen Menschen ohne jede Perspektive oft zu verlockend, um nein sagen zu können – obwohl man inzwischen von den mit solchen Angeboten verbundenen Gefahren weiß. »Mir passiert so etwas nicht, ich pass schon auf mich auf ...« sagen sie sich und ahnen dabei nicht, wie sehr und wie oft sie sich hierbei täuschen.

Fakulteta

Fakulteta ist neben Vilipovzi das größte Roma-Viertel in der bulgarischen Hauptstadt Sofia. Abfälle und leere Plastikflaschen weisen den Weg hinauf zu dem Hügel mit den maroden Häusern und Hütten, in welchen 20.000 oder mehr Roma wohnen. Das Leben spielt sich auch hier auf der Straße ab: Männer, die Karten spielen, rauchen, trinken, diskutieren. Schulpflichtige Kinder, die im Straßendreck spielen, Frauen in bunten Gewändern, umgeben von Kleinkindern, junge Mütter, die Kinderwäsche an vergilbte Schnüre hängen ...

Hier im Stadtteil Fakulteta blühen Prostitution und Drogenhandel gleichermaßen und nicht wenige Bewohner der Siedlung sehen sich Tag für Tag dazu gezwungen, Müllberge nach Brauchbarem zu durchsuchen, Flaschen zu sammeln, kleine Diebstähle oder Betrügereien zu begehen, zu betteln oder sich zu prostituieren. Einkommensquellen dieser Art sind bestens durchorganisiert, zumeist unter Verwandten, so bleibt das Geld in der Familie, der sich alle, die ihr angehören, so sehr verpflichtet fühlen. »Ich habe fünf Kinder, eines von meinem Mann, die anderen von ›auswärts‹«, erzählt eine 22-Jährige. »Mein Mann sitzt im Gefängnis und ich bekomme 70 Euro Kindergeld monatlich. Das reicht nicht, deshalb muss ich abends ›anschaffen‹ gehen, hier im Viertel oder rund um den Hauptbahnhof, für das tägliche Essen, für die Kinderkleidung und für das Brennholz, denn es ist Winter.«

Auch Minderjährige werden hier, der Not gehorchend, angeleitet, ihren Körper zu verkaufen, um ihren Familien zu helfen. Die Kinderprostitution ist im Viertel ein bekanntes, aber hingenommenes und wenig bekämpftes Problem. Zwar wurde in Fakulteta eine Streetworkerin eingesetzt, die über die Gefahren aufklären soll, die mit der (Kinder-)Prostitution verbunden sind.

Das aber scheint wenig hilfreich, solange keine anderen Einkommensquellen zur Verfügung stehen. Die Arbeit der Sozialarbeiterin wird deshalb auch wenig geschätzt. Von manchen wird die Helferin gehasst und verjagt. Oft hat sie Mühe, das Viertel auch nur betreten zu können. Das aber ist selbst für die Polizei manchmal schwierig. Die Roma führen hier ein Eigenleben, abgeschlossen und isoliert von den Sofiotern. Niemand weiß so richtig, was im Viertel vor sich geht. Es scheint, als solle und wolle es auch niemand wissen.

Auch von Fakulteta aus bestehen inzwischen beste Verbindungen und Vernetzungen in den deutschsprachigen Raum. Aus dem Viertel stammende Roma haben in Wien, Zürich, Dortmund, Duisburg, Köln und in anderen deutschen Städten Fuß gefasst und nicht wenige pilgern regelmäßig zwischen Sofia und Westeuropa hin und her. Dabei wird mit Waren verschiedenster Art gehandelt – vermutlich auch mit Drogen und fraglos auch mit Menschen. Mit Menschen, die dann in Deutschland auf einem »Arbeiterstrich« oder in einem illegalen Arbeitsverhältnis landen (und schamlos ausgebeutet werden) oder der Prostitution zugeführt werden.

Wie in so vielen Roma-Siedlungen gehen auch in Fakulteta nur wenige Kinder zur Schule, schon gar nicht in eine öffentliche, sondern allenfalls in eine Roma-Schule. Die Eltern bulgarischer Kinder haben zumeist kein Verständnis dafür, dass ein Roma-Kind in der Bildungseinrichtung Platz nimmt, die von ihren Sprösslingen besucht wird. Wird auch nur ein Roma-Kind aufgenommen, so melden sie ihre Kinder ab und bei einer anderen Bildungseinrichtung an. Man spricht in Sofia in diesem Zusammenhang von der »weißen Flucht«.

So wie überall in Bulgarien wurde auch in Sofia die Verbreitung des Corona-Virus den Roma und den Menschen von Fakulteta angelastet, wodurch sich deren Alltag noch schwieriger gestaltete, als er es ohnehin schon war. Die Polizei errichtete Straßensperren und riegelte Fakulteta komplett ab, um die Bewohner der Hauptstadt vor einer Ausbreitung der Pandemie zu schützen. Polizeiliche Kontrollpunkte konnten nur mit einer Arbeitsbescheinigung oder einem ärztlichen Attest passiert werden – mit Papieren also, welche die Bewohner von Fakulteta nicht hatten. Somit konnten sie ihre Siedlung nicht mehr verlassen, wodurch viele Arbeitsstellen und Einkommensquellen

(Flaschen sammeln, Putzstellen, Hilfsdienste, Gelegenheitsarbeiten, das Betteln, das »Anschaffen« ...) versiegten. Und so blieb, was zu erwarten war, nicht lange aus: Es kam zu Unruhen und Protestaktionen gegen die Regierenden – freilich ohne Erfolg.

Die Kinder von Fakulteta wurden durch die Absperrungen des Viertels in Corona-Zeiten noch mehr abgehängt, als es ohnehin schon der Fall war. Während der Nachwuchs der Bulgar(inn)en mit den Lehrerinnen und Lehrern über Internet in Verbindung treten und weiterhin unterrichtet werden konnte, fiel der Unterricht für die Kinder von Fakulteta mangels Computers oder aber wegen fehlender oder miserabler Internetverbindung über lange Zeiträume hinweg vollkommen aus.

In Bulgariens Hauptstadt, wo die Sofioter und die Minderheit eng beieinander leben und wo sie doch so vieles trennt, wird besonders deutlich, wie sehr die Roma, vor allem die Roma-Kinder gegenüber denen der Mehrheitsgesellschaft weiterhin benachteiligt sind – auch nachdem die Pandemie in Sofia besiegt scheint.

Stolipinowo

Der bulgarische Fahrer des Kleinbusses überhört die Bitte, nach Stolipinowo abzubiegen. Er fährt stur auf der Hauptstraße weiter. Auch die Aufforderung, umzukehren und Stolipinowo anzusteuern, ignoriert er. Als er nach dem Warum gefragt wird, erklärt er, Stolipinowo sei kein Zoo zur Besichtigung von »Zigeunern«. Womit er fraglos recht hat. Auch der Taxifahrer zuckt zusammen, zögert und blickt verwundert und mit fragendem Blick auf seinen Fahrgast, um zu erkunden, ob dieser tatsächlich die Absicht habe, nach Stolipinowo zu fahren.

Allein die bulgarische Polizei fährt, wenn auch gezwungenermaßen, das wohl größte Roma-Viertel Südosteuropas immer wieder an, um Streitereien zu schlichten, Drogen-, Eigentums- oder Tötungsdelikte zu bearbeiten. Doch die Ermittler sind im Viertel nicht willkommen und sehen sich mit Widerständen und Ärgernissen konfrontiert. Während eine Streifenwagenbesatzung eine tätliche Auseinandersetzung zu schlichten versucht und die Verletzten versorgt, werden an ihrem vorsorglich in vermeintlich sicherer Entfernung geparkten Dienstfahrzeug alle vier Reifen abmontiert und entwendet. Den Beamten bleibt nichts anderes übrig, als den Weg zurück zur Dienststelle zu Fuß anzutreten. Als das Fahrzeug später abgeholt wird, ist auch aus dem Innenraum des Streifenwagens alles Brauchbare verschwunden.

Neunzig Prozent der gut 350.000 Einwohner(innen) von Plowdiw, im Jahr 2019 Kulturhauptstadt Europas, waren noch nie im Stadtteil Stolipinowo, in dem vorwiegend türkisch-sprechende Horahane-Roma, aber auch mehrere tausend romanisprachige, christliche Roma zuhause sind.

Wo sich Ende des 19. Jahrhunderts einige wenige Roma in der Nähe der Stadt Plowdiw ansiedelten und eine kleine Dorfgemeinschaft gründeten, wohnen heute, beengt auf etwa zwei mal drei Quadratkilometer, in Hütten, Baracken und heruntergekommenen Plattenbauten, die zu sozialistischen Zeiten, Anfang der 1970er-Jahre, erbaut wurden, etwa 50.000 Roma. An manchen Bauten sind die Eingangstüren herausgebrochen, Fenster von Wohnungen fehlen oder das Glas ist zersplittert und der Wind pfeift durch die Zimmer und Gänge. Wer in den verwahrlosten Häusern keinen Platz findet, lebt unmittelbar daneben, in selbstgebauten, aus Ästen, Ziegeln und Planen bestehenden und mit Wellblech bedeckten Behausungen. Diese Bauten sind illegal und werden von städtischen Bediensteten immer wieder einmal abgerissen – und anschließend von den Bewohnern gleich wieder aufgebaut. Benötigen sie doch ein Dach über dem Kopf.

Stinkende Müllhalden und Abwässer umgeben die Siedlung, deren Straßen sich bei Regen in riesige Schlammflächen verwandeln, auf denen neben streunenden Hunden und Katzen eine Vielzahl von Kindern spielt. Kinder im schulpflichtigen Alter, Kinder, die nicht zur Schule gehen. Achtzig Prozent der Eltern können selbst weder lesen noch schreiben. Deshalb – und weil sie Roma sind – bekommen sie keine Arbeit. Auch der Zutritt zum Schwimmbad in Plowdiw, zu Restaurants und zu vielen anderen Einrichtungen und Geschäften ist ihnen verwehrt.

Was den Bewohnern von Stolipinowo bleibt, sind Gelegenheitsarbeiten, die zumeist besonders schwer, besonders schmutzig oder besonders gefährlich sind und mit Almosen vergütet werden. Und um satt zu werden, begehen sie gelegentlich Diebstähle, kleine Betrügereien, betreiben Handel mit Drogen, mit Frauen und mit Kindern und führen diese der Prostitution zu.

Die mit den Flüchtlingsströmen in den Jahren 2015 und 2016 ins Land gespülten Menschen, vorwiegend aus Syrien und Afghanistan, verschlechterten die Lebensbedingungen der Roma nicht nur in Stolipinowo sondern in ganz Bulgarien zusätzlich. Proteste gegen die Neuankömmlinge und Konflikte blieben nicht aus.

Innerhalb der Siedlung von Stolipinowo, so sagt man, wird ausschließlich männliche Prostitution akzeptiert. Schon kleine Jungen werden entsprechend angeleitet und als »Stricher« angeboten. Die Mädchen und Frauen haben sich außerhalb der Siedlung, an der stark frequentierten Fernstraße, die an der Stadt vorbeiführt und die als Haupthandelsroute von Gütern aller Art, nicht zuletzt von Opiaten und anderen illegalen Drogen, gilt, aufzustellen und anzubieten. Und die Romnija stehen dort, obwohl sie von den damit verbundenen Risiken sehr wohl wissen. Neben gesundheitlichen Problemen gab es in der Vergangenheit nicht wenige Gewaltverbrechen, auch Tötungsdelikte, die an den Frauen und Kindern begangen wurden, die sich an dieser Fernstraße den Vorbeifahrenden anboten. Beratungs- und Ausstiegsangebote gab und gibt es in Stolipinowo für die Romnija und Roma-Kinder auf dem Strich nicht.

Als ausgesprochen verlockend gelten auch hier Angebote, die ins Ausland, bevorzugt in den deutschsprachigen Raum, führen. Die entsprechenden Handelsstrukturen wurden in den vergangenen Jahren auf- und ausgebaut und inzwischen werden jährlich tausende Roma und Romnija von Stolipinowo aus nach Westeuropa geschleust. Die Männer landen dabei nicht selten in illegalen und hoch riskanten Arbeitsverhältnissen. Ihnen wird (vorwiegend von türkischstämmigen Unternehmen der Reinigungs- oder Baubranche) viel Geld versprochen, aber nur wenig ausbezahlt, und ihre Unterbringung ist zumeist erbärmlich.

Auch die der Not entkommenen und nach Westeuropa geschleppten Romnija und Roma-Kinder landen nur allzu oft im Elend. Hilflos ausgeliefert auf einem Straßen- oder Schwulenstrich oder gefangen in einem dunklen, schmuddeligen Puff…

Dennoch folgen in Stolipinowo ganze Gruppen dem verlockenden Ruf mehr oder weniger krimineller Anwerber und machen sich auf den Weg nach Zürich oder Wien, nach Dortmund, Duisburg oder Köln.

Rumänien und der Handel mit der »Ware Frau und Kind« als Geschäftsfeld des Organisierten Verbrechens

Von den zwölf Millionen Roma, die vom Europarat im Jahr 2011 gezählt wurden, leben die allermeisten im Osten und Südosten des Kontinents. Im gleichen Jahr wurden in Rumänien offiziell 619.007 »tigani« gezählt. Verlässliche Zahlen fehlen, doch es dürften heute zwei Millionen oder noch mehr Roma sein, die in Rumänien leben. Neben den Ungarn sind sie die größte Minderheit im Land. Und sie sind auch in Rumänien materiell wie sozial und politisch marginalisiert und werden, wie in vielen anderen Staaten im Osten und Südosten Europas, verachtet und diskriminiert. Das liegt zum einen an ihrer schlechten, oft desaströsen Ausgangslage, zum anderen aber auch an ihren Traditionen, an denen sie beharrlich festhalten. Es liegt an ihrer (inoffiziellen) Nichtanerkennung und auch an ihrem (keineswegs unbegründeten) Misstrauen gegenüber den staatlichen Einrichtungen und Behörden und deren Maßnahmen. Es liegt aber vor allem auch an den althergebrachten und weit verbreiteten Vorurteilen und Klischees, die in der Mehrheitsgesellschaft noch immer vorherrschen.

Es gibt in Rumänien über 200 Roma-Verbände, die sich der Minderheit und ihrer Probleme annehmen. Diese haben jedoch keinen nationalen Dachverband, was nicht nur die Interessenvertretung der Roma, sondern auch die Bemühungen der rumänischen Regierung erschwert, bestehende Probleme zu lösen. Diese hat neben unzähligen vorausgegangenen Anordnungen und Erlassen im Jahr 2004 die »Naţionallă pentru Romi«, eine nationale Agentur für die Roma, gegründet. Eine Einrichtung, die sich ausschließlich mit den Roma im Land und mit deren Problemen befasst – ohne dass dies bislang zu einer wesentlichen Verbesserung ihrer Lebensverhältnisse geführt hätte.

Bis Mitte des 19. Jahrhunderts wurden die Roma im Land des Grafen Dracula als Sklav(inn)en gehalten. Manches hat sich inzwischen zum Besseren hin gewandelt, dennoch leben heute sehr viele rumänische Roma in menschenunwürdigen, oft erbärmlichen Verhältnissen. Und das, obwohl Artikel 4 Absatz 2 der rumänischen Verfassung die Rechtsgleichheit aller garantiert und darauf aufbauende Gesetze ihre Herabwürdigung verbieten und obwohl die verschiedensten Institutionen seit Jahrzehnten gegen die Marginalisierung und Diskriminierung der Roma ankämpfen.

Auch die Demokratisierung des Landes und der Beitritt zur Europäischen Union im Jahr 2007 änderte nichts daran: Die Roma sind in Rumänien noch immer eine sozial weitgehend ausgeschlossene, an den Rand der Gesellschaft gedrängte Minderheit.

Und weil sie oft keinen Zugang zur Bildung und zu einer geregelten Arbeit haben, sehen sich viele dazu gezwungen, Gelegenheitsarbeiten zu verrichten, mit Schrott zu handeln, zu betteln oder auch illegale Geschäfte zu machen. Manche sind dabei erfolgreich und haben es mit dem Handel von Kupfer, Eisen, Stahl und Schrott zu Reichtum und Wohlstand gebracht. Andere haben sich auf die Anwerbung, den Handel und die (sexuelle) Ausbeutung von Frauen oder Kindern spezialisiert und sind auch dabei erfolgreich.

Rumänien ist spätestens seit den 1990er-Jahren Zielland zahlreicher Sextouristen, die vorwiegend aus den westlichen Industriestaaten stammen, nicht zuletzt aus dem deutschsprachigen Raum. Das führte dazu, dass in den vergangenen Jahren immer mehr Mädchen und Frauen, nicht zuletzt Romnija und Roma-Kinder der (Zwangs-)Prostitution zugeführt wurden.

Dabei war die Prostitution in Rumänien bis Anfang des Jahres 2014 verboten und mit Strafe bedroht. Es gab sie dennoch und sie nahm nicht zuletzt aufgrund des einsetzenden Sextourismus weiter zu. Weil es keine Gesundheitskontrollen gab, wurden Geschlechtskrankheiten bald zu einem ernsthaften Problem. Zeitweise waren siebzig bis achtzig Prozent der polizeilich in Erscheinung getretenen Prostituierten Rumäniens von Syphilis oder anderen Geschlechtskrankheiten betroffen.

Am 1. Februar des Jahres 2014 wurde das strafrechtliche Verbot der Prostitution in Rumänien dann aufgehoben. Seither wird sie als Ordnungswidrigkeit behandelt und mit Bußgeld geahndet. Wird verhängtes Bußgeld nicht bezahlt, so die Vorschriften, müssen Sozialstunden verrichtet oder muss eine Ersatzfreiheitsstrafe angetreten werden. Bald zeigte sich jedoch, dass der Verwaltungsaufwand bei dieser Regelung viel zu groß ist und verhängte Bußgelder so gut wie nie bezahlt wurden und diese Art der Ahndung daher nicht funktionierte. Also werden von der Polizei seit mehreren Jahren so gut wie keine Bußgelder mehr verhängt. Die Prostitution wird somit in Rumänien geduldet.

Umgesetzt und angewandt wird jedoch eine im Februar 2015 vorgenommene Novellierung des rumänischen Strafrechts, nach der Freier bestraft werden, die wissentlich minderjährige Prostituierte (ob männlich oder weiblich) in Anspruch nehmen. Dabei ist bereits der Versuch mit Strafe bedroht.

In den Rand- und Industriegebieten der Städte, auf Bahnhöfen und in Bahnhofsnähe, an Land- und Fernverkehrsstraßen oder aber in schmuddeligen Hotels, in Barbetrieben, Clubs oder versteckten Puffs bieten heute unzählige (Zwangs-)Prostituierte ihre Dienste an.

Bar- und Bordellbetriebe sind in den vergangenen Jahren in Rumänien wie Pilze aus dem Boden geschossen. Diese schnell anwachsende Sexindustrie führte dazu, dass auch Menschenhandel, Zuhälterei und Sexsklaverei zu einem gigantischen, nationalen wie internationalen Geschäft anwuchsen. Kriminelle Banden und Organisationen brachten zigtausende Frauen und Kinder – unter ihnen zahlreiche Romnija und Roma-Kinder – in ihre Abhängigkeit und beuteten sie erbarmungslos aus. Und diese Ausbeutung hält an. Erkennbar wird das nicht zuletzt an den zigtausenden, vielleicht auch hunderttausenden Frauen und Mädchen mit einem rumänischen Pass, die gegenwärtig in deutschen (österreichischen, Schweizer) Bordellen oder auf den Straßenstrichen im deutschsprachigen Raum tätig sind. Doch auch in Rumänien gab es in jüngster Zeit immer wieder Hinweise auf erschreckende, kriminelle Strukturen und Machenschaften im Bereich des Menschenhandels und der Sexsklaverei.

Caracal

Caracal ist eine kleine verschlafene Stadt in der Walachei, einer von Armut geplagten, an Bulgarien grenzenden Region. Hier in der Walachei und in den benachbarten Regionen Moldau und Bukowina wurden die »Zigeuner« bis 1855 als Sklaven gehalten. Die (zumeist sesshaften) »Vatraschi« (Ackerbauern und Gärtner) waren ihren Besitzern hilf- und rechtlos ausgeliefert. Sie wurden bei Ungehorsam oder Verfehlungen hart bestraft und wie das Vieh und andere Güter gehandelt. Ihnen gegenüber hatten die zumeist nomadischen, aber auch in diesen Regionen aufhältlichen »Lajaschi« gewisse Freiheiten und Vorteile. Doch auch sie waren zumeist im Besitz und in Diensten eines strengen Herrn.

Bis heute leben die Nachkommen der Sklav(inn)en von einst in diesen Regionen der Walachei, der Moldau und der Bukowina und manche Ereignisse erinnern an die längst vergangenen Zeiten der Sklaverei.

Im Jahr 2019 erlangte das Städtchen Caracal plötzlich traurige Berühmtheit. Die Bilder des Hauses, in dem der 65-jährige Gheorge D. zwei junge Mädchen ermordete, gingen um die Welt. Die Ermittlungen gegen den Tatverdächtigen waren bald abgeschlossen. Was sein gesellschaftliches Umfeld und das seiner Opfer betraf, tat sich jedoch ein Sumpf von bis dahin nicht vorstellbaren kriminellen Strukturen und Umtrieben auf, deren Vorhandensein das ganze Land erschütterte.

Die Ermittler enttarnten in und um Caracal einen Menschenhändlerring, der seit dem Jahr 2012 insgesamt mindestens 16 Mädchen im Alter von 14 bis 16 Jahren zur Prostitution gezwungen hatte. Die Masche der Zuhälter: Sie vergewaltigten ihre Opfer reihenweise und machten dabei Filmaufnahmen. Mit der Drohung, diese Aufnahmen Eltern, (Schul-)Freunden oder Bekannten zukommen zu lassen, erpressten sie die Betroffenen und zwangen sie zur Ausübung der Prostitution. Die jugendlichen Opfer, so musste festgestellt werden, waren über Jahre hinweg völlig ungeschützt und ihren Peinigern wie ihrem Schicksal hilflos ausgeliefert. Eine Journalistin der rumänischen Zeitung *Libertatea* stellte in diesem Zusammenhang zutreffend fest: »Man braucht die Mithilfe eines Dorfes, um ein Kind zu erziehen. Man braucht aber auch die Mitschuld eines Dorfes, um ein Kind fortgesetzt zu missbrauchen!«

Während in Caracal, wie bei Hinweisen auf Verbrechen des Menschenhandels und der Sexsklaverei generell festgestellt werden muss, viel weggesehen, geleugnet, verdrängt und geschwiegen oder gar aktiv an den Verbrechen mitgewirkt wurde, unternahmen die rumänischen Ermittler alles, um die kriminellen Umtriebe aufzuhellen und das kriminelle Netzwerk vollständig zu zerschlagen.

Bereits im Jahr 2016 gelang es ihnen, den örtlichen Polizeichef der benachbarten Stadt Mizil festzunehmen und zu inhaftieren. Ihm wurde nachgewiesen, den Verbrecherring, der die Minderjährigen sexuell ausbeutete, bewusst gedeckt zu haben. Das ist zum einen bemerkenswert, weil es deutlich macht, wie tief diese im Untergrund wütende, verbrecherische Organisation in einflussreiche, gesellschaftliche Bereiche eingedrungen war. Zum anderen zeigt es aber, dass die Ermittler der rumänischen Polizei sich nicht scheuten, ihre Recherchen auch auf mit Einfluss und Macht ausgestattete Kreise, auf staatliche Einrichtungen und auf die eigenen Reihen auszudehnen. Und das ist keine Selbstverständlichkeit in einem Land, in dem die Korruption noch immer ihre Blüten treibt.

Festgestellt wurde auch, dass von dieser Verbrecherorganisation eine Vielzahl junger Mädchen aus der Walachei, der Bukowina und der benachbarten Republik Moldau nach Mittel- und Westeuropa gehandelt und dort der Zwangsprostitution zugeführt wurde.

Armut, Hilf- und Schutzlosigkeit trieben und treiben viele unschuldige (Ur-)Enkelinnen der (Roma-)Sklavinnen und Sklaven von einst in die Hände der Sklavenhändler des 21. Jahrhunderts. Manche von ihnen, wie die Kinder von Caracal, fanden dabei den Tod. Andere wünschen sich diesen herbei. Mädchen und Frauen aus der Walachei, der Bukowina und aus der benachbarten Republik Moldau, die in einer ihnen fremden, westlichen Welt gefangen und dazu gezwungen sind, »sexuelle Dienstleistungen« zu erbringen.

Geradezu berüchtigt waren die in der Vergangenheit bekanntgewordenen Umtriebe um den Bukarester Nordbahnhof, wo zahlreiche wohnsitzlose und drogensüchtige Kinder der Prostitution nachgingen. Dort trieben sich 16- und 17-Jährige herum, die zum Teil schon seit Jahren »anschaffen« gingen und erzielte Einnahmen gleich wieder in Klebstoff tauschten, den sie schnüffelten, um ihren Alltag zu ertragen.

Hinweise, nach denen es auch 14-Jährige aus Kinderheimen waren, die von der Heimleitung im Einvernehmen mit korrupten Polizisten und Staatsanwälten am »Gara de Nord« der Prostitution zugeführt wurden, hatte man lange erfolgreich zu unterdrücken versucht – sie kamen dennoch ans Licht. Die für Menschenhandel und Organisierte Kriminalität (OK) zuständigen Kriminalisten und Staatsanwälte wiesen zum Beispiel nach, dass über den Leiter des Kinderheims »Pinocchio« 14-Jährige an ein Netzwerk von Menschenhändlern verkauft wurden. Und diese Frauen- und Mädchenhändler beuteten die Kinder nicht nur am »Gara de Nord« aus, sie verkauften die entwurzelten rumänischen Heimkinder, Waisenkinder, unter Hunger und Durst leidenden Straßen- und Roma-Kinder auch gern gewinnbringend weiter. Bevorzugt westwärts, wo die besten Preise erzielt wurden.

Bis heute wirft Rumänien Jahr für Jahr tausende Frauen und Mädchen – oft sind es noch Kinder – auf die (west-)europäischen Sexmärkte. Und viele von ihnen, ob aus Bukarest, Sibiu, Piteşti oder Temeswar, aus den Dörfern Transsylvaniens (Siebenbürgens), der Walachei im Süden oder den Regionen Moldau und Bukowina im Osten, sind ethnisch den Roma zuzuordnen. Es sind Kinder und Jugendliche, die nie eine Chance hatten und die bis heute keine Chance haben, ihrem Schicksal, dem Leben in der (Zwangs-)Prostitution, zu entgehen. Nur wenige von ihnen haben Glück und werden in einer Hilfseinrichtung aufgenommen.

Engel der Verlorenen

Niemand kennt die Abläufe der schmutzigen Geschäfte mit jungen Frauen aus Rumänien besser als Jana Matei. Die Psychologin betreibt im Raum Bukarest Schutzhäuser für junge, zumeist minderjährige Mädchen, die der Sexsklaverei in Rumänien, in Spanien oder Italien, in Wien, Zürich,

Hamburg oder Berlin entkommen und auf zumeist abenteuerliche Weise zurück ins Heimatland geflohen sind. Jana Matei nimmt sie auf und beschützt sie vor ihren Peinigern, vor Einzeltätern sowie Menschenhändler- und Zuhälterbanden, die nach ihnen suchen, um ihre Flucht zu rächen oder um sie weiterhin ausbeuten zu können.

750 Mädchen (Durchschnittsalter 14 Jahre) und junge Frauen hat Jana Matei mit ihrem zwanzigköpfigen Team seit 1999 in den drei Heimen aufgenommen. 82 Prozent von ihnen konnten wieder in einen normalen Alltag eingegliedert werden. Eine traurige und doch großartige Bilanz!

Die unermüdliche Helferin der in Not geratenen Mädchen und Frauen erinnert sich noch gut an die Zeit nach Ceaușescu und daran, wie die Jugoslawienkriege in den 1990er-Jahren die Geschäfte der Frauen- und Kinderhändler befeuerten.

»Damals wurden unzählige Mädchen und Frauen aus Litauen, Mazedonien, Russland, Bulgarien und Rumänien im Rahmen der Ströme von Migrant(inn)en, versteckt im Kofferraum von Pkw, auf den Ladeflächen von Lastkraftwagen oder in Schlauchbooten, an die italienische Küste verschleppt und dann in den westeuropäischen Metropolen der Zwangsprostitution zugeführt. Heute wird die »Ware Frau und Kind« dank des Schengen-Abkommens legal, ohne Kontrollen und ohne Probleme in Land- oder Luftfahrzeugen über die Grenzen gebracht. Die Opferzahlen steigen seit dem Beitritt Rumäniens zur Europäische Union unaufhörlich an und die Mädchen, die zur Prostitution gezwungen werden, sind immer jünger. Befragt man sie in Deutschland in Österreich oder in der Schweiz, so geben sie alle an, freiwillig der Prostitution nachzugehen. Sie werden jedoch schon in Rumänien manipuliert und darauf eingeschworen, so zu antworten.«

Jana Matei stimmt es traurig und wütend zugleich, dass Südosteuropa zum Hauptlieferanten der Frauen und Kinder wurde, die auf den Sexmärkten Westeuropas als (Zwangs-)Prostituierte ausgebeutet werden. Gemäß der Feststellung der »Nationalen Behörde für Prävention des Menschenhandels« (ANITP) im Jahr 2022 sind 80 Prozent der gehandelten rumänischen Staatsbürger weiblich, mehr als die Hälfte davon ist minderjährig und etwa 70 Prozent dieser Mädchen werden nach ihrer Ausreise zur Prostitution gezwungen.

Allein in Spanien sind heute etwa ein Drittel aller (Zwangs-)Prostituierten Rumäninnen, viele davon Romnija und Roma-Kinder. Entwurzelte, allein gelassene, ihren Peinigern hilflos ausgelieferte Frauen und Kinder, Romnija und Roma-Kinder, die rücksichtslos benutzt und ausgebeutet, geschlagen und gequält, vergewaltigt und psychisch gebrochen werden.

»Im Europa des 21. Jahrhunderts«, so stellt die Psychologin Jana Matei fest, »findet anhaltend eine massenhafte, bestens organisierte Vergewaltigung hunderttausender Mädchen und Frauen statt!«

Die menschenverachtenden Geschäfte der Frauen- und Kinderhändler laufen anhaltend gut, weiß die Helferin, die ständig neue Opfer aufnimmt und betreut und durch deren Leidensgeschichten bestens darüber informiert ist, was auf den europäischen Sexmärkten geschieht. Sie laufen gut, die Geschäfte mit der »Ware Frau«, weil sie lukrativer und dazu auch noch risikoarm sind, risikoärmer als der Handel mit Waffen, Drogen oder anderen illegalen Gütern. Die Frauen und Mädchen werden – in bewährter Weise mit einem interessanten Jobangebot oder der Vorspiegelung großer Liebe und einer goldenen Zukunft – geködert, für ein paar Euro an einen Schlepper oder eine Schlepperorganisation oder aber direkt an einen Zuhälter, eine Zuhälterbande oder ein Bordell verkauft. Immer häufiger wird jungen Rumäninnen bei Online-Treffen vorgegaukelt, jemand in einem attraktiven Auswanderungsland habe sich unsterblich in sie verliebt (eine Variante der sogenannten »Loverboy-Methode«). Als Lockvögel werden gutaussehende und erfolgreich erscheinende Ausländer oder Auslandsrumänen eingesetzt.

Meistens lernen die Opfer diese über Instagram oder Facebook kennen. Und so werden sie dann ins Ausland gelockt. Nach Erkenntnissen des Leiters der »Internationalen Organisation für Migration« (IOM) in Rumänien, Mircea Mocanu, waren es bis in die 1990er-Jahre hinein kriminelle Banden, die nach Frauen und Mädchen jagten, um sie dann westwärts zu schleusen und der Sexsklaverei zuzuführen. Seit dem EU-Beitritt sind es vermehrt Einzeltäter und kleine Tätergruppierungen, die bevorzugt und gezielt in abgelegenen, ländlichen Regionen Rumäniens tätig werden, wo die Kinder arm, unbedarft und wenig mit den Gefahren dieser Welt vertraut sind. Dabei kommt den Tätern auch zugute, dass in diesen Armutsregionen zehntausende Kinder ohne Eltern aufwachsen, weil diese als Gastarbeiter in Westeuropa tätig sind.

Zumeist werden schon in der Schleusungsphase gezielt Abhängigkeit und Hilflosigkeit erzeugt und zugleich demonstriert. Der Pass gelangt unter einem Vorwand in die Hände der Täter, das Handy geht verloren. Brücken zur Heimat und zur Hilfe hin werden auf diese Weise abgebaut. Und dann wird den Betroffenen klargemacht, dass der versprochene Traumjob nicht (mehr) zu haben ist, dass man aber zum Glück eine Alternative hat. Den Bedauernswerten wird unverblümt eröffnet, wohin die Reise wirklich geht. Leisten sie Widerstand, wird dieser gebrochen. Sie werden geschlagen und nicht selten so oft und von so vielen vergewaltigt, bis jeder Widerstand gebrochen ist.

Davon, was in Rumänien, vor allem aber auch in den beliebten Zielländern Deutschland, Österreich und der Schweiz, von den zuständigen Behörden unternommen wird, um diesen Verbrechen wirksam(er) zu begegnen, ist Jana Matei enttäuscht. »Manchmal werden sie, die Opfer dieses Geschehens, von der Polizei befreit«, so berichtet sie, »dann aber auch gleich wieder der Willkür ihrer Peiniger überlassen.«

Die Polizei ist nach Ansicht von Jana Matei auch nur unzureichend ausgebildet, um auf diesem Feld erfolgreich zu sein und diese bestens organisierte Kriminalität des Menschenhandels und der Sexsklaverei besser zu bekämpfen. Die Zusammenarbeit über Ländergrenzen hinweg ist zudem noch immer schwierig und funktioniert oft nicht in der gewünschten und erforderlichen Weise. Die Menschenhändler haben somit leichtes Spiel …

»In all den von dieser Kriminalität betroffenen Ländern wird immer wieder über diese Verbrechen diskutiert und geklagt. Man zeigt sich ein ums andere Mal betroffen und entsetzt. Prozesse und Verurteilungen von Menschenhändlern aber«, so klagt die Helferin in der Not, »gibt es nur selten.«

Die traurige Wahrheit: In unseren ach so modernen Gesellschaften, inmitten der Europäischen Union, werden täglich unzählige Kinder verkauft, versklavt und vergewaltigt – und alle schauen weg!

Jana Matei beklagt auch, dass diese Kriminalität des Menschenhandels und der Sexsklaverei nicht nur unzureichend bekämpft, sondern gelegentlich – ob bewusst oder unbewusst – sogar gefördert wird. Sie dürfte dabei vor allem an die die Realität ignorierenden oder verkennenden Gesetze, an eine das Geschehen verharmlosende Sprache, an die einschlägige Werbung in den sozialen Medien und auch an Serviceleistungen wie »Verrichtungsboxen« – also auch und nicht zuletzt an die Gegebenheiten in Deutschland denken.

Auch müsse man nicht nur gegen die Ausbeutung rumänischer Kinder, sondern auch gegen die Wortwahl und Sprache ankämpfen, die in diesem Zusammenhang in Deutschland verwendet wird. Sie dürfte dabei an Begriffe wie »Sexarbeit« und »Sexarbeiterinnen«, »Erotikgewerbe«, »Erotikhostessen« oder an die selbst in der deutschen Gesetzgebung verwendeten, verharmlosenden und das Geschehen legalisierenden und beschönigenden Begriffe wie »Prostitutionsgewerbe« oder »sexuelle Dienstleistungen« denken.

Vor allem aber wird diese menschenverachtende Kriminalität nach Jana Mateis Einschätzung durch das Wegschauen und Schweigen, durch die Ignoranz und das Versagen der (politisch) Verantwortlichen ermöglicht und begünstigt.

Der Menschenhandel im Fokus rumänischer Ermittler und Strafverfolgungsbehörden

Ovidiu Vladoiu, Chief Commissioner beim Brasov Regional Center, weiß nur zu genau, was mit den Kindern Rumäniens in Deutschland (Österreich und der Schweiz) geschieht. Der erfahrene Ermittler kennt die Abläufe des Menschenhandels und die ausbeuterischen, nationalen wie internationalen Geschäfte, denen nur allzu viele rumänische Frauen und Kinder zum Opfer fallen, durch seine jahrelange Tätigkeit im Bereich dieser (Organisierten) Kriminalität. Er weiß, mit welchen Mitteln und Methoden und auf welchen Wegen die Romnija und Roma-Kinder, aber auch die aus der Armut kommenden Kinder der rumänischen Mehrheitsgesellschaft geködert und mit welchen Versprechungen sie nach Spanien, Deutschland, Österreich, in die Niederlande, in die Schweiz und in andere Länder gelockt und der (Zwangs-)Prostitution zugeführt werden.

Ovidiu Vladoiu hat zahlreiche nationale und internationale Verfahren wegen Menschenhandels durchgeführt und dabei enge Verbindungen zu den Ermittlungsbehörden in Schweden und in andere Nordländer, aber auch nach Deutschland geknüpft. »Schweden war einmal beliebtes Zielland dieser Kriminellen, ist heute aber nur noch von untergeordneter Bedeutung«, weiß er. »Deutschland, Österreich und die Schweiz sind dagegen für die Täter und Tätergruppierungen weiterhin von großem Interesse. Tausende Kinder Rumäniens, viele davon den Roma zuzuordnen, werden Jahr für Jahr direkt oder aber über Spanien in den deutschsprachigen Raum gehandelt und dort ausgebeutet. Deshalb muss in Deutschland, in Österreich und in der Schweiz, aber auch hier in Rumänien mehr getan werden, um die Frauen und Kinder vor dieser rücksichtslosen Ausbeutung zu schützen«, fordert er, und seinen Gesichtszügen ist zu entnehmen, dass er das bisherige Engagement im Kampf gegen den Menschenhandel und die sexuelle Ausbeutung für völlig unzureichend hält.

Der Menschenhandel hat sich seinen Beobachtungen gemäß neben und in Verbindung mit dem Handel von illegalen Drogen zum bedeutsamsten und lukrativsten Geschäftsfeld der Organisierten Kriminalität (OK) entwickelt. Das habe man bei der rumänischen Polizei frühzeitig erkannt. So sollen in Rumänien im Jahr 2016 472 Urteile wegen Menschenhandels ergangen sein. In den folgenden Jahren seien es dann allerdings weniger Verurteilungen gewesen, obwohl die Kriminalität seinen Beobachtungen nach nicht rückläufig war und bis heute nicht rückläufig ist.

Vieles blieb und bleibt also in den letzten Jahren im Dunkelfeld und genau das bereitet dem Ermittler Sorgen, denn nachlassen, so betont er, dürfe man bei der Bekämpfung dieser Verbrechen nicht.

Was aber geschieht in Deutschland? Wie viele Urteile wegen Menschenhandels zum Zweck der sexuellen Ausbeutung sind in den vergangenen Jahren in Deutschland ergangen und wie viele ergehen heute?

Vladoiu weiß, dass 2021 in Deutschland nur 291 und davor wie danach nicht viel mehr Ermittlungsverfahren wegen sexueller Ausbeutung – wegen Menschenhandels zum Zweck der sexuellen Ausbeutung, Zuhälterei und anderer, einschlägiger Delikte – durchgeführt wurden und dass die wenigsten davon in einem angemessenen Urteil gegen den oder die Täter mündeten. Der etwas vorwurfsvolle Unterton in seiner Frage ist deshalb nicht zu überhören und die Sorgenfalten auf seiner Stirn sind nicht zu übersehen.

In Kreisen rumänischer Ermittler scheint man zu wissen, dass die Anzahl der in Deutschland, in Österreich und in der Schweiz durchgeführten Ermittlungsverfahren wegen Menschenhandels und sexueller Ausbeutung im Vergleich zum Kriminalitätsaufkommen verschwinden gering ist. Ovidiu Vladoiu will dies aus höflicher Zurückhaltung und angesichts der von ihm beklagten Defizite im eigenen Land nicht näher ausführen. Aber er ist erkennbar unzufrieden mit dem, was in den Zielländern des Menschenhandels im Bereich der Ermittlungstätigkeit und der Strafverfolgung geschieht.

Im Dezember 2022 wurden im siebenbürgischen Städtchen Săcele der britisch-amerikanische Influencer Andrew Tate und sein Bruder Tristan festgenommen. Beide wurden im Juni 2023 von der rumänischen Staatsanwaltschaft der »Direktion zur Bekämpfung des Organisierten Verbrechens und des Terrorismus« (DIKOT) zusammen mit ihren Komplizen wegen Frauenhandels und mehrerer Vergewaltigungen angeklagt. Die Verhaftung dieser Internet-VIPs sorgte weltweit für Schlagzeilen. Und sie war wieder einmal ein Beweis dafür, dass die rumänische Polizei aber auch die sieben rumänischen Staatsanwälte der neu geschaffenen »Sonderabteilung zur Bekämpfung des Menschenhandels« bemüht sind, die Täter zur Verantwortung zu ziehen und die Kinder ihres Landes vor Menschenhandel, Sexsklaverei und allen damit verbundenen leidvollen Erfahrungen zu schützen.

Nicht nur Ovidiu Vladoiu würde sich wünschen, dass auch in Deutschland, in Österreich und in der Schweiz mehr getan wird, um die Frauen und Kinder zu schützen oder aus ihrer Zwangslage zu befreien und die Täter zur Verantwortung zu ziehen.

Republik Moldau – wie im Armenhaus Europas Frauen und Kinder zur Ware werden

»Mariana haben sie erhängt, Natascha wurde ertränkt, Tanea haben sie zu Tode geprügelt, eine andere in den Kanal geworfen und wie Iulia umgekommen ist, weiß ich nicht mehr so genau.«

Die Geschehnisse, von denen die Prostituierten am Rand einer Landstraße im Norden der Republik Moldau berichten, hören sich an wie Szenen aus einem schlechten Kriminalroman. Sie beschreiben jedoch reales Geschehen. Die etwa 20.000 Frauen und Mädchen, die in der Republik Moldau der Prostitution nachgehen, leben gefährlich. Man zollt ihnen in dem kleinen Land keinen Respekt, nicht zuletzt deshalb, weil viele von ihnen Romnija und Roma-Kinder sind. Sie werden oft als minderwertig betrachtet, verachtet und die an ihnen begangenen Gewalttaten sind alltäglich.

Von der Polizei haben sie wenig Hilfe oder Beistand zu erwarten, denn Prostitution ist in der Republik Moldau verboten. Werden sie bei der Prostitutionsausübung angetroffen, haben sie eine Geldstrafe von mehr als zweitausend moldawischen Lei, umgerechnet mehr als hundert Euro, zu bezahlen. Das ist viel Geld in der kleinen, verarmten Republik, wo der Dirnenlohn zumeist nicht mehr als hundert Lei, umgerechnet fünf Euro, beträgt. Das ist viel Geld für eine Romni auf dem Straßenstrich.

In der Republik Moldau wurden, bevor die Flüchtlingswelle aus der Ukraine das kleine Land überschwemmte, 27.000 Roma gezählt. Es könnten heute 100.000 und mehr sein, die in der kleinen Republik leben. Mit der vom UN-Menschenrechtsrat festgestellten Aufnahme von 420.000 Ukraine-Flüchtlingen, die allein im Jahr 2022 ins Land kamen, hat die Republik Moldau, gemessen an der Bevölkerungszahl von etwa 2,5 Millionen, mehr Ukraine-Flüchtlinge aufgenommen als jedes andere Land. Und auch von den aus der Ukraine geflüchteten Frauen und Mädchen dürften sich manche dazu gezwungen sehen, in Moldau der Prostitution nachzugehen. Nicht zuletzt diejenigen, die den Roma angehören.

Die geflüchteten Roma, Romnija und Roma-Kinder wurden in der kleinen und verarmten Republik oft wenig freundlich empfangen und zumeist auch nicht zusammen mit anderen Flüchtlingen in den staatlichen Flüchtlingszentren untergebracht. Sie mussten sehen, wo sie unterkommen und sich oft mit erbärmlichen Unterkünften begnügen. Weil einige von ihnen im Besitz von Ausweispapieren waren, die sie zur Ein- oder Weiterreise in die EU-Staaten berechtigte, andere aber nicht, kam es auch zur Trennung mancher Familien. Die Situation für aus der Ukraine in die Republik Moldau geflüchteten Roma und Roma-Familien war und ist also in mehrerlei Hinsicht sehr schwierig. So schwierig, dass es manche vorzogen, wieder in die Ukraine und damit in die Kriegsgebiete zurückzukehren.

Andere greifen bis heute nach einem der wenigen Strohhalme, die ein etwas besseres Leben versprechen, und dazu gehört nicht zuletzt die Prostitution. Trotz Verbots prostituieren sich gegenwärtig allein in der moldawischen Hauptstadt Chisinau schätzungsweise 5000 bis 7000 Frauen und Mädchen und viele von ihnen sind Romnija. Eine dafür bekannte Meile ist die Calea Basarabici, die durch ein zur Nachtzeit wenig beleuchtetes Industriegebiet führt. Vermehrt gibt es jedoch auch »Appartement-Mädchen« also Frauen, die in ihrer Wohnung, in der Wohnung des Freiers oder in Hotels ihre Dienste anbieten.

Mit Sorge wird bei den Sicherheitsbehörden des Landes registriert, dass es immer mehr minderjährige Mädchen sind, die sich dazu gezwungen sehen. Obwohl sexuelle Handlungen mit Minderjährigen in der Republik Moldau mit Gefängnisstrafen bedroht sind, werden bei Kontrollen vermehrt Kinder, die zumeist den Roma angehören, bei der Prostitutionsausübung angetroffen.

Für die jungen Menschen gibt es in der Republik Moldau kaum Perspektiven, sie haben meist keine andere Wahl, als das kleine und verarmte Land zu verlassen. Etwa die Hälfte der Einwohner(innen) ist seit der Entlassung der Republik Moldau in die Selbständigkeit im Jahr 1991 bereits weggezogen oder weggehandelt worden. Und die Migrationsbereitschaft ist angesichts der Armut und Perspektivlosigkeit weiterhin groß. Auch und vor allem bei den Roma, die neben der Armut noch unter Diskriminierung und erbarmungsloser Ausgrenzung zu leiden haben.

Diese in der Republik Moldau seit Jahren feststellbare, sehr ausgeprägte Migrationsbereitschaft hat in dem kleinen Land bis zu 200 nicht lizenzierte »Vermittlungsagenturen« auf den Plan gerufen, die ihre (Schleuser-) Dienste anbieten. Es handelt sich dabei um Einzelpersonen oder Organisationen, die mit verlockenden Angeboten, mit »besten Westkontakten«, »unglaublich gut bezahlten Arbeitsplätzen« und »zahlreichen glücklichen Kundinnen« werben und auf diese Weise versuchen, Ausreisewillige in ihre Fänge zu bekommen, um mit ihnen so schmutzige wie kriminelle Geschäfte zu machen.

Während die männlichen Migranten nicht selten in illegalen und schlecht bezahlten Arbeits- und Ausbeutungsverhältnissen landen, werden viele der so angeworbenen und westwärts geschleusten Frauen und Kinder der (Zwangs-)Prostitution zugeführt.

Die Republik Moldau ist kein EU-Mitgliedsstaat, dennoch ist es für die Schleuser und Geschleusten kein Problem, in die EU-Länder einzureisen. Rumänien hingegen ist seit 2007 Mitglied der Europäischen Union, und so bemühten sich viele Moldauer(innen) schon vor dem EU-Beitritt Rumäniens um einen rumänischen Pass, um damit die Freizügigkeiten in Anspruch nehmen zu können, die innerhalb der Europäischen Union gewährt werden. Das war und ist bis heute legal möglich, weil dafür nicht mehr als eine Verwaltungsgebühr von etwa 36 Euro aufzubringen ist (für viele Moldauer(innen) das größere Problem) und nachgewiesen werden muss, dass ein Vorfahre die rumänischer Staatsangehörigkeit besaß. Das ist deshalb fast immer der Fall, weil die kleine Republik in der Vergangenheit immer wieder Spielball der Mächte war und einmal der Sowjetunion, dann wieder Rumänien zugeordnet wurde.

Es ist somit davon auszugehen, dass viele Bürger(innen) der Republik Moldau im Besitz eines rumänischen Passes sind. Und davon, dass nicht wenige der in deutschen (österreichischen oder Schweizer) Bordellen oder auf den Straßenstrichen westeuropäischer Staaten tätigen, mit einem rumänischen Pass ausgestatteten Frauen und Mädchen Moldauerinnen sind.

Für die Menschenhändler von Moldau war es aber auch schon Jahre vor dem Beitritt Rumäniens zur Europäischen Union kein Problem, für sich und ihre »Handelsware« ein Einreisevisum nach Deutschland zu bekommen. Schon zu Beginn des 21. Jahrhunderts bildeten sich vor der dem Gebäude der Deutschen Botschaft in Chişinău täglich lange Warteschlangen. Schön geordnet, wie aus Sowjetzeiten gewohnt, standen im Jahr 2002 schon in den frühen Morgenstunden hundert und mehr Menschen an, um ein Visum für die Einreise nach Deutschland zu ergattern. Dem aufmerksamen Beobachter entging nicht, dass im Eingangsbereich des Botschaftsgebäudes, unmittelbar neben der Eingangstür, im Schatten von Bäumen mehrere, in diesem Land eher seltene, PS-starke Nobelkarossen der Marke Mercedes-Benz parkten. Auf dem Fahrer- und Beifahrersitz der Fahrzeuge machten es sich auffallend gut gekleidete Herren, zwischen dreißig und vierzig Jahre alt, mit glänzend gegeltem Haar und Designer-Sonnenbrillen auf der Nase, bequem. Wurde die Eingangstür zur Botschaft dann, pünktlich um neun Uhr, geöffnet, griffen diese Herren in das Geschehen ein. Sie bestimmten, wer von den Wartenden das Gebäude betreten durfte und wer nicht. Zu beobachten war, dass dabei immer wieder ein Packen Geldscheine den Besitzer wechselte, dass einige der Herren und ganze Gruppen junger Frauen problemlos eingelassen wurden und wiederum andere aus der Warteschlange enttäuscht den Rückzug antreten mussten. Sich gegen ihre Zurückweisung aufzulehnen, wagten die Betroffenen nicht. Zu mächtig und gefürchtet waren diese Angehörigen krimineller und der OK zuzuordnender Banden, von zu vielen der von ihnen begangenen Gräueltaten hatte man gehört.

Dem deutschen Botschafter waren diese Abläufe bekannt und dennoch wusste er sich nicht zu helfen, stellte bloß fest: »Nicht wir von der Botschaft entscheiden darüber, wer nach Deutschland einreisen darf, sondern allein Angehörige von Banden und Organisationen, die der OK zuzuordnen sind. Ich habe es dem Auswärtigen Amt in Berlin wiederholt mitgeteilt – geändert hat sich daran bis heute nichts.«

Romnija und Roma-Kinder, die heute von Moldau aus nach Deutschland (Österreich oder die Schweiz) vermittelt und geschleust und der (Zwangs-) Prostitution zugeführt werden, sind also zumeist mit einem rumänischen Pass ausgestattet. Und die in dem Ausweispapier enthaltene Altersangabe ist zudem oft fragwürdig oder falsch.

Das ist deshalb möglich und nicht selten der Fall, weil diese Kinder aufgrund der bei den Roma üblichen Hausgeburten keine Geburtsurkunde besitzen und die ausstellende Behörde somit ganz auf die Angaben der Antragstellerin oder von deren Begleitpersonen (Vater, Mutter, Onkel, Schwager …) angewiesen ist. Soll das jeweilige Kind oder die Jugendliche in der (Zwangs-)Prostitution eingesetzt werden, wird von Menschenhändlern und Zuhältern ein Dokument beantragt, das die Volljährigkeit der Besitzerin nachweist, obwohl diese vielleicht erst 12 oder 14 Jahre alt ist. Der beantragte Pass wird in aller Regel den Angaben entsprechend ausgestellt, selbst wenn diese fragwürdig oder unglaubhaft erscheinen. Der Nachweis des tatsächlichen Alters wäre schließlich nur mit einem erheblichen Aufwand möglich. Das wiederum hat zur Folge, dass betroffene Kinder oder Jugendliche nicht nur auf den westeuropäischen Straßenstrichen, sondern auch in deutschen (österreichischen, Schweizer) Puffs tätig werden können und tätig sind. Die Bordellbetreiber dürften kein Interesse daran haben, das Alter der Besitzerin eines solchen Dokuments infrage zu stellen, zumal die Nachfrage nach »Kindfrauen« ausgesprochen groß ist und auch den örtlich zuständigen Behörden wäre es, wenn überhaupt, nur mit großem Aufwand möglich, den Nachweis einer falschen Altersangabe zu führen.

Ungeachtet solcher Machenschaften und Tricks im Rahmen des Menschenhandels und der Sexsklaverei nehmen die Geschäfte in der Casea Besarabici und in anderen dunklen Ecken von Chişinău in jüngster Zeit nicht nur zu, sondern auch immer bedrohlichere Formen an. Die Vielzahl der geflüchteten ukrainischen Frauen, die sich gezwungen sehen, der Prostitution nachzugehen, führt zu harten Konkurrenzkämpfen und zu gewaltsamen Auseinandersetzungen zwischen den Zugewanderten und den Etablierten.

Den Neuankömmlingen wird vorgeworfen, mit Dumpingpreisen die Geschäfte zu verderben, mit Drogen zu handeln und Drogen zu konsumieren, von Zuhältern »betreut« zu werden und Geschlechtskrankheiten zu verbreiten.

Der zunehmende Konkurrenzdruck befeuert die ohnehin ausgeprägte Migrationsbereitschaft zusätzlich und der Handel von Frauen und Kindern, allen voran von Romnija und Roma-Kindern aus der Republik Moldau nach Deutschland (nach Österreich und in die Schweiz), nimmt weiterhin zu. Schon heute dürften auf deutschen (österreichischen und Schweizer) Straßenstrichen wie in so manchen Bordellbetrieben eine Vielzahl von minderjährigen Moldauerinnen tätig sein, die mit einem Pass ausgestattet sind, der sie als volljährige rumänische Staatsbürgerinnen ausweist.

In der verarmten Republik werden aber auch unzählige Kleinkinder vermisst. In der Vergangenheit wurden in großer Not immer wieder Kinder, nicht zuletzt Roma-Kinder, vor Waisen- und Kinderheimen abgestellt, und die Eltern machten sich auf, um in Russland, in Rumänien oder in Westeuropa etwas Geld zu verdienen – in der Hoffnung, dass sie ihre Sprösslinge, wenn sie zurückkommen, wieder in die Arme nehmen können. Das aber war nicht immer der Fall. Über Nacht verschwanden zum Teil ganze »Kontingente« solcher Heimkinder nach unbekannt. Wo die Not so groß ist, werden auch Kleinkinder zur Ware. Und die internationale Pädokriminellen-Szene weiß, wo sie ihre Opfer findet. Der Moldauer Rechtsanwalt Benjamin Lup hat es sich zur Aufgabe gemacht, nach ihnen zu fahnden. Unlängst konnte er drei entführte Kinder in Belgien ausfindig machen und befreien. Diese berichteten, dass weitere zehn oder zwölf moldawische (Roma-)Kinder in Belgien gefangen sind, irgendwo in einer belgischen Stadt, in einer wenig belebten Straße, in einem Kellerraum … Die Kriminalgeschichte des Kinderfängers und Kindermörders Marc Dutroux und seiner Kompliz(inn)en, welche bis Mitte der 1990er-Jahre nach Kindern jagten, die sie dann in Belgien gefangen hielten und sexuell missbrauchten, ist bis heute nicht aufgearbeitet.

Ukraine – wie Krieg Menschenhandel, Sexsklaverei und sexuelle Ausbeutung von Kindern befeuert

Die etwa 400.000 romanisprachigen Menschen in der Ukraine lebten schon vor Beginn der kriegerischen Auseinandersetzungen im Februar des Jahres 2020 zu etwa 70 Prozent in Gettos, Lagern und Armenvierteln. Und die wenigen, mehr oder weniger gut in die Mehrheitsgesellschaft integrierten Roma entkamen dem Elend in solchen Ansammlungen von erbärmlichen Hütten und Baracken zumeist nur deshalb, weil sie ihre Zugehörigkeit zu der Minderheit verschwiegen oder leugneten.

Manche Roma-Familien lebten und leben noch immer in den ukrainischen Wäldern, ohne jede Infrastruktur, ohne sanitäre Anlagen, ohne Wasser, ohne Strom. Und für sie gibt es keine staatlichen Hilfen und niemand, der sie mit etwas Essbarem versorgt. Für sie gab es auch keine Impf-Angebote, als Corona wütete. Die Lebenserwartung der Roma in der Ukraine ist ohnehin erheblich geringer als die der ukrainischen Mehrheitsbevölkerung.

Fragt man, warum Roma-Kinder in den Schulen der Ukraine segregiert werden, bekommt man zur Antwort, dass die Eltern der anderen Kinder es so wollen, weil sich die Roma-Kinder nicht waschen. Dass es in den Elendsvierteln, aus denen sie kommen, weder eine Wasserversorgung noch eine Kanalisation gibt, wird in diesem Zusammenhang zumeist außer Acht gelassen. Die Diskriminierung und Ausgrenzung der Roma in der Ukraine gleicht damit dem Umgang mit Minderheiten in vielen anderen Ländern. Dennoch scheint die ablehnende Haltung der Ukrainer(innen) den Roma gegenüber besonders ausgeprägt, was daran liegen könnte, dass viele von ihnen selbst weit unterhalb der Armutsgrenze leben.

Der Übergang von der Plan- zur Marktwirtschaft, der mit einem wirtschaftlichen Niedergang verbunden war und Arbeitslosigkeit sowie große Armut zur Folge hatte, zwang die Menschen in der Ukraine zu den verschiedensten Überlebensstrategien. Auch Prostitution und Kinderprostitution, die durch einen gleichzeitig anwachsenden Prostitutionstourismus befeuert wurden, gehörten dazu und nahmen bald nie gekannte Ausmaße an. Begünstigt wurde diese Entwicklung durch das ukrainische Recht, welches die Prostitution und auch die Kinderprostitution nur unklar definiert. Der Sexkauf ist zwar illegal und Zuwiderhandlungen sind mit zum Teil sehr harten Strafen bedroht. Zumindest die Erwachsenenprostitution wird jedoch weitgehend ignoriert und geduldet.

Betroffen von der zunehmenden Verarmung waren und sind vor allem die im Land lebenden Roma. Ihr Anteil an der Prostitution wie an der Kinderprostitution war und ist dementsprechend hoch. Schätzungen zufolge dürften in dem geplagten Land schon vor Kriegsbeginn 180.000 Frauen oder noch mehr der Prostitution nachgegangen sein. Etwa dreißig Prozent von ihnen sind drogenabhängig, nicht weniger sind HIV-infiziert. Nach einer Studie des ukrainischen Instituts für Sozialforschung ist jede sechste ukrainische Prostituierte minderjährig, elf Prozent sind zwischen 12 und 15 Jahre alt, zwanzig Prozent 16 bis 17 Jahre alt, manche sind aber auch erst 10.

Für »sexuelle Dienste« von einer Stunde werden von den in Wohnungen und auf den Straßen anschaffenden Frauen oder Mädchen bis zu 800 Griwna, umgerechnet etwa 80 Euro, verlangt. Knapp die Hälfte davon bleibt der Prostituierten, die andere Hälfte geht an die Hintermänner, also an Zuhälter, Vermieter oder an Polizisten, die wegschauen.

Ukrainische Frauen, allen voran ukrainische Romnija, sind auch eine begehrte »Handelsware«. Sie werden von Menschenhändlern seit Jahrzehnten in die Balkanstaaten, in den Nahen Osten, bevorzugt aber auch in den deutschsprachigen Raum gehandelt und der sexuellen Ausbeutung zugeführt. Gut organisierte, kriminellen Netzwerke sind über ganz Europa gespannt, und es gibt bewährte Verbindungen zwischen ukrainischen Frauen- und Kinderhändlern sowie polnischen und deutschen Kriminellen.

Nur zu gut erinnert man sich noch daran, wie der Bundestagsabgeordnete, stellvertretende Vorsitzende des Zentralrats der Juden in Deutschland und »Fernsehprediger« Michel Friedman nach einer Kokain-Affäre und ausschweifenden Nächten mit von Kriminellen aus der Ukraine eingeschleusten Zwangsprostituierten im Jahr 2003 Ruhm und Ehre verlor.

Nach Schätzungen der »Internationalen Organisation für Migration« (IOM) wurden seit der Entlassung der Ukraine in die Selbstständigkeit im Jahr 1991 über eine halbe Million ukrainische Frauen und Kinder westwärts gehandelt und der (Zwangs)Prostitution zugeführt. Doch so dramatisch dieser Handel mit ukrainischen Frauen auch ist: Das größere ukrainische Problem ist die Kinderprostitution.

Es gibt unzählige Waisenkinder, Obdachlose und Straßenkinder, die über Monate oder Jahre hinweg in dunklen Kellerlöchern oder Heizungsschächten ukrainischer Städte leben. Wie viele es sind, lässt sich nur erahnen. Ihre Anzahl und ihr Elend könnte alles Vorstellbare sprengen. Auch weiß man nicht, wie viele dieser zumeist ausgehungerten, verdreckten, von Läusen geplagten, blutig gekratzten und kranken Kinder zur Prostitution oder/und zur Herstellung kinderpornografischer Produkte gezwungen werden. Und wie viele von ihnen täglich Klebstoff schnüffeln, um den Hunger, die Kälte und die sexuelle Gewalt, der sie ausgesetzt sind, zu ertragen.

Die Vielzahl der Straßenkinder war schon vor Kriegsbeginn ein gravierendes ukrainisches Problem, das sich durch die kriegerischen Ereignisse noch erheblich vergrößert haben dürfte.

Erschütternde Berichte von ukrainischen Straßenkindern in einer kalten Welt mit brutalen, gnadenlosen Regeln, in einer Welt des Bettelns, des Stehlens, der Prostitution und der Gewalt, gingen schon vor Kriegsbeginn hinaus in alle Welt. Die wahre und doch kaum glaubhafte Geschichte von dem siebenjährigen Mädchen zum Beispiel, das mit ihrem dreijährigen Bruder auf der Straße und in Heizungsschächten (über-)lebte und verzweifelt versuchte, sich selbst und ihr kleines Brüderchen am Leben zu halten.

Die ethnische Zugehörigkeit dieser Kinder ist nirgendwo erfasst. Sicher ist jedoch, Roma-Kinder sind bei diesen Ärmsten der Armen alles andere als unterrepräsentiert.

Die Straßenkinder der Ukraine sind mehr als eine bedauerliche Randerscheinung. Sie stellen ein Versagen dar, das sicher geglaubte menschliche Errungenschaften infrage stellt. Sie lassen alle Bekenntnisse zu Menschenrechten, zu menschlicher Würde, zu Recht und Rechtsstaatlichkeit zu hohlen Phrasen verkommen. Und diese Kinder gehen alle an: Die Verantwortlichen in Kiew wie in Moskau, in Brüssel und Berlin, in Genf und in Wien.

Es sind Straßen- und nur in seltenen Fällen Waisenkinder. Es ist die Armut, die Verelendung und die Hoffnungslosigkeit, es ist der Wodka und es ist die häusliche Gewalt, es sind die überaus strengen Regeln und harten Bedingungen in den Kinderheimen, die diese Kinder auf die Straße und in die Hände von Zuhältern, von Pädokriminellen und von skrupellosen Kinderporno-Produzenten treibt.

Schon vor Beginn der kriegerischen Auseinandersetzungen waren im Osten der Ukraine Produktionsstätten für kinderpornografische Erzeugnisse angesiedelt. Und die Produkte wurden in die ganze Welt verkauft. Während sie bis in die 1990er-Jahre hinein mit Kindern hergestellt wurden, deren Heimat im südostasiatischen Raum zu vermuten war, tauchten plötzlich vermehrt Produkte mit Kindern (mittel-)europäischen Aussehens auf. Filme, die in weiten Teilen von der ukrainischen und der russischen Kinderporno-Industrie im Osten der Ukraine hergestellt und vertrieben worden sein dürften.

Der Standort dieser Produktionsstätten im Raum Donezk und Odessa wurde nicht zufällig gewählt, sondern bot sich an, weil es in dieser Region ein unermesslich großes Angebot an schutzlos ausgelieferten Straßenkindern gab. Ein breites Angebot von Kindern, von Jungen wie von Mädchen, nach denen niemand mehr fragt, nach denen kein Hahn mehr kräht.

Warum das bei der Herstellung von Kinderpornografie von größter Bedeutung ist, wird klar erkennbar und verständlich, wenn man die Inhalte dieser Erzeugnisse zur Kenntnis nimmt. Was diese betrifft, wird kriminalistisch auf internationaler Ebene zwischen LO-Filme, SM-Filme, Trash-Filme sowie Snuff-Filme unterschieden.

Dabei steht »LO« für Lolita, also für ein weibliches (in dem Zusammenhang aber auch männliches) Kind. Inhaltlich beschränken sich diese Produkte auf verschiedenste sexuelle Handlungen allgemeiner Art mit einem Kind.

»SM« steht für Sadismus/Masochismus, also für Quälen und für Quälen-Lassen. Bei diesen Produktionen haben die betroffenen Kinder oft schon sehr viel zu ertragen. Die Filme zeigen sexuell motivierte, aber auch sehr schmerzhafte, qualvolle Handlungen und Tatbegehungsweisen.

»Trash« steht für Ausschneiden, für Entfernen. All das, was eigentlich wegen seiner Brutalität und Unzumutbarkeit herausgeschnitten werden müsste (Würgen, Atemnot, Austritt von Blut, Angst- und Todesschreie ...), ist Inhalt solcher Produktionen.

Und »Snuff« steht für Auslöschen, für Töten. Die Filme zeigen im Zusammenhang mit sexuellen Handlungen das zumeist qualvolle Töten eines oder mehrerer Kinder. Mit diesen Produktionen werden sadistische Fantasien von Tätern bedient, die Kinder nicht nur sexuell missbrauchen und ausbeuten, sondern in diesem Zusammenhang auch an den Rand des Todes bringen wollen (und dabei überziehen), oder aber bewusst töten, weil das Sterben eines Kindes ihr (sexuelles) Verlangen befriedigt.

Während LO-Filme auf den Märkten relativ leicht und auch preiswert zu haben sind, gelten SM-Filme schon als eine gewisse Rarität und Besonderheit. Ihre Herstellung ist schwieriger und zumeist auch mit größeren Risiken verbunden als die Herstellung von LO-Filmen. Deshalb sind Produkte dieser Art in der Regel auch teurer.

Noch rarer und teurer, weil bei der Herstellung mit noch mehr Risiken verbunden, aber nicht weniger gefragt, sind Trash-Filme. Sie können nur mit Kindern hergestellt werden, die vollkommen ungeschützt sind und bei denen die Tatfolgen unbemerkt bleiben – zum Beispiel mit ukrainischen Straßenkindern. Gleiches gilt für Aufzeichnungen von sexuellen Handlungen, die mit dem Tod eines oder mehrerer Kinder enden. Auch dabei bevorzugen die Produzenten und Täter aus Sicherheitsgründen Kinder, für die sich niemand mehr interessiert, deren plötzliches Verschwinden niemand bemerkt oder interessiert. Ukrainische Straßenkinder zum Beispiel, die schon seit Monaten oder gar Jahren auf der Straße und in dunklen Heizungs- oder Kellerschächten leben, die schutzlos und allein gelassen sind.

Kriegerische Auseinandersetzungen befeuern Armut, Elend, Kriminalität und die sexuelle Ausbeutung von Frauen und Kindern. Auch die ohnehin prekäre Lebenssituation der ukrainischen Roma verschlechterte sich nach Kriegsausbruch im Jahr 2020 zusehends. Weil ihnen zumeist weder staatliche noch private Hilfe oder Unterstützung in irgendeiner Form zukam, hatten sie deutlich mehr als die Angehörigen der Mehrheitsgesellschaft unter den Kriegswirren zu leiden. Gleichgültig, ob sie im Land blieben oder flüchteten: Der Armut und Diskriminierung entkamen sie nicht.

Bei denen, die geflüchtet sind, handelte es sich zumeist um hilfsbedürftige Großfamilien mit zwanzig und mehr Personen (darunter viele Kinder), die aufgrund der katastrophalen Lebensverhältnisse das Land verließen. Doch wo sie auch hinkamen, statt auf Schutz und Hilfe stießen sie auf Misstrauen, Ablehnung und Hass. Sie wurden an allen Stationen ihrer Flucht ungleich schlechter behandelt als andere. Manche wurden schon in Polen nicht ins Land gelassen, sondern zurückgewiesen, andere wurden aus dem Zug geworfen, und weil Roma zumeist keine Ausweispapiere besitzen, wurde ihnen grundsätzlich unterstellt, falsche Angaben zu machen und nicht aus der Ukraine geflüchtet zu sein.

Die sexuelle Ausbeutung ukrainischer Frauen, ukrainischer Romnija und die brutale Ausbeutung der ukrainischen Straßen- und Roma-Kinder in all ihren Erscheinungsformen ist nicht nur ein Problem der Ukraine, sondern auch ein Problem anderer, nicht zuletzt westeuropäischer Länder. Sie stellen die Sexkäufer und die (Kinder-)Prostitutionstouristen, die diese verarmten Frauen und Kinder ausbeuten. Sie betätigen sich als Zuhälter und sie stellen die Pädokriminellen, die sich an diesen Kindern vergehen und diese kinderpornografischen Produkte kaufen und konsumieren. Sie tolerieren die Ausbeutung von (ukrainischen) Frauen und Kindern seit Jahrzehnten oder verkennen diese – ob bewusst oder verdrängt – als sexuelle Dienstleistungen. Sie ermöglichen und begünstigen durch ihre liberale Gesetzgebung den Handel und die sexuelle Ausbeutung dieser Frauen und Kindern anhaltend und in hohem Maße. Sie stellen die Plattformen für deren sexuelle Ausbeutung zur Verfügung. Und sie nehmen es hin, dass diese Kriminalität über Jahrzehnte hinweg in weiten Teilen im Dunkelfeld verbleibt. Sie stellen die Täter, die Ukraine stellt die bedauernswerten Opfer.

Menschen auf der Flucht, allen voran die Frauen und Kinder, so weiß man aus vielen leidvollen Erfahrungen der Vergangenheit, sind immer aufs Äußerste gefährdet, Opfer sexueller Ausbeutung zu werden. Sie verfügen über wenig Geld, wenig Kontakte, wenig Schutz, und die Risiken sind groß. In ganz besonderem Maße gilt das für die Romnija und Roma-Kinder. Und so stellte der Sonderbeauftragte der »Organisation für Sicherheit und Zusammenarbeit in Europa« (OSZE) zur Bekämpfung des Menschenhandels auch bald fest, dass infolge des Krieges etwa zehnmal mehr Ukrainerinnen für sexuelle Dienstleistungen angeworben wurden als zuvor. Auch wenn es, was die aus der Ukraine geflüchteten Romnija und Roma-Kinder betrifft, keine verlässlichen Zahlen gibt, weil die Behörden und Statistiker nicht nach Ethnien unterscheiden, ist davon auszugehen, dass ihr Anteil an den sexuell Ausgebeuteten besonders hoch ist.

Von 33.000 in Berlin angekommenen Ukraine-Flüchtlingen (Stand Mitte 2022) bekannten sich rund 2000 dazu, den Roma anzugehören. Der Anteil derjenigen, die der Minderheit zuzuordnen sind, sich aber nicht dazu bekennen, dürfte jedoch ungleich höher sein. Es könnten somit zehn Prozent der Ukraine-Flüchtlinge oder noch mehr sein, die der Minderheit angehören, und es könnten aufgrund ihrer besonders ausgeprägten Hilflosigkeit sehr viele sein, die Opfer von fragwürdigen Hilfsangeboten, von Menschenhändlern, Zuhältern und anderen Ausbeutern wurden.

Mit verschiedenen EU-Programmen (zum Beispiel STOP und Daphne) wurde in der Vergangenheit versucht, den Menschenhandel von der Ukraine und anderen Staaten im Osten und Südosten Europas nach Westen zu unterbinden. Es gelang nur teilweise und in begrenztem Rahmen.

Die alten und bewährten Handelswege der »Ware Mensch« vom kriminalistisch seit jeher bedeutsamen »Südost-Kreuz« (den Staaten rund ums Schwarze Meer) aus nach Westeuropa sind noch immer von größter Bedeutung. Sie sind weitgehend identisch mit den Fluchtrouten, die seit dem Ausbruch der Auseinandersetzungen in der Ukraine Jahr 2020 benutzt werden. Dadurch löste die Flucht zahlloser allein reisender Ukrainerinnen in Richtung Westen auch gleich hektische Aktivitäten von Menschenhändlern und Zuhältern aus. Nicht nur im Berliner Hauptbahnhof, bereits an der ukrainisch-polnischen Grenze wurde von deutschen Zuhältern versucht, flüchtende Frauen und Kinder mit fragwürdigen Hilfsangeboten (kostenloser Transport westwärts, kostenlose Unterkunft und Verpflegung …) zu ködern. Auch die Angebote und Nachfragen in den Datennetzen nach »Ukraina-Girls« oder nach »ukrainischen Escorts« nahmen sprunghaft zu. »Diese Flüchtlinge sind uns sehr willkommen!«, wurde in Bezug auf junge Ukrainerinnen in den sozialen Netzwerken in geradezu zynischer Weise festgestellt.

Hinweise auf Aktivitäten und Angriffe von Zuhältern wie von Pädokriminellen in Erstaufnahmeeinrichtungen und Flüchtlingsunterkünften mehrten sich und sind bis heute ein nur ungern wahrgenommenes, aber großes und vielerorts unterschätztes und verdrängtes Problem.

Ob im Zusammenhang mit dem Ukraine-Krieg und den Fluchtbewegungen oder nicht: In deutschen Großstädten, allen voran in Deutschlands Hauptstadt Berlin, sind Romnija und Roma-Kinder aus der Ukraine, aber auch solche aus Rumänien, Bulgarien, der Slowakei und anderen Ländern des Ostens und Südostens Europas sowie Frauen und Kinder aus anderen verarmten Regionen dieser Welt gezwungen, ihren Körper für oft weniger als das zu verkaufen, was eine Schachtel Zigaretten kostet.

Und auch in den in den Hierarchien der deutschen (österreichischen, Schweizer) Milieus im Rotlicht sind sie ganz unten angesiedelt, die Romnija und die Roma-Kinder. Auch in diesen Milieus entgehen sie ihrer Verachtung und Diskriminierung nicht.

Deshalb sind sie, so wie in ihren Herkunftsländern im Osten und Südosten Europas, auch in den deutschen (österreichischen oder Schweizer)

Städten bemüht, nicht als Romnija erkannt und behandelt zu werden. Sie geben sich nahezu alle als Rumäninnen, Bulgarinnen oder noch lieber als Spanierinnen, als Portugiesinnen, Kolumbianerinnen oder als Angehörige eines anderen südamerikanischen Landes aus. Damit sie wenigstens so behandelt werden, wie andere (Zwangs-)Prostituierte auch.

Ungarn – Romnija, Partys und Prostitutionstourismus

Einer Volkszählung im Jahr 2001 zufolge leben in Ungarn 205.720 Roma. Doch die Zahl ist so nichtssagend wie die Ergebnisse von Volkszählungen in anderen Ländern auch. Tatsächlich könnten in Ungarn eine Million oder noch mehr Roma ansässig sein. Stigmatisierung und Scham veranlassen die Roma auch im Land der Magyaren dazu, ihre Zugehörigkeit zu der Minderheit zu verdecken und zu verschweigen. Auch in Ungarn sind die sozialen und wirtschaftlichen Bedingungen vieler Roma-Familien prekär. Sie haben häufig keinen gleichberechtigten Zugang zur Bildung, zur Arbeit, zu menschenwürdigem Wohnen und zur Gesundheitsversorgung.

Zwar wurden sie in der postsozialistischen Zeit politisch anerkannt und 1993 wurde in Ungarn ein »Gesetz zum Schutz nationaler und ethnischer Minderheiten« erlassen. Und diesem Gesetz folgten auch zahllose weitere nationale und internationale (europäische) Initiativen, Vorgaben, Programme und Projekte zur Verbesserung ihrer Lebensverhältnisse. Zum Beispiel wurde während der ungarischen Ratspräsidentschaft im Jahre 2011 die »EU-Rahmenstrategie zur Verbesserung der Lage der Roma in Europa« verfasst. Dabei wurde, ausgehend von 500.000 bis 600.000 in Ungarn in extremer Armut lebenden Roma, unter anderem festgelegt, dass alle Roma-Kinder eine achtjährige Pflichtschule zu besuchen haben und dass die Anzahl der Abiturient(inn)en, der Studierenden und der Fachhochschüler(innen) unter den Roma deutlich erhöht werden soll. Die Wohnanlagen sollten im Rahmen dieses Strategiepapiers mit Wasser und Strom versorgt, die Infrastruktur (Straßen, Kinderspielplätze …) sollte in den ungarischen Roma-Siedlungen und -vierteln spürbar verbessert werden. Umgesetzt wurde das alles nicht oder nur zu kleinen Teilen.

Im Oktober 2020 wurde dann von der Europäischen Kommission ein Zehnjahresplan zur Verbesserung der Lebenssituation der Roma mit sieben Schwerpunkten in Kraft gesetzt:

- Gleichstellung
- Inklusion
- Teilhabe
- Bildung
- Beschäftigung
- Gesundheit
- Wohnen

So richtig mit Leben gefüllt wurde dieser Plan nicht, so wie viele andere Initiativen und gut gemeinte Vorgaben auch. Und so haben die Roma in Ungarn bis heute unter einem tief verwurzelten Rassismus und unter einer teilweise brutalen Ausgrenzung zu leiden. Rechtsextreme neigen zudem immer wieder zu wahren Hetzkampagnen. Rassistisch motivierte Übergriffe bis hin zu Gewalttaten sind nicht selten.

Solche gipfelten in den Jahren 2008 und 2009 in einer Mordserie, der sechs Roma zum Opfer fielen, darunter ein Kleinkind. 55 Personen wurden damals zudem teilweise schwer verletzt. Eine kriminelle, rechtsradikale Bande, angeführt von einem gewissen Arpad Kiss, mordete skrupellos und aus dem Hinterhalt. Dabei gingen die Bandenmitglieder feige, kaltblütig und grausam vor. Sie zündeten Häuser an und schossen auf die Männer, Frauen und Kinder, die aus den Flammen flüchteten, oder sie ermordeten sie im Schlaf. Und das alles nur aus einem einzigen Grund: Antiziganismus, Hass auf die Roma, die Romnija und die Roma-Kinder. Arpad Kiss gestand die Taten spät, aber er gestand. Im Jahr 2020, so erzählte er, habe er den ungarischen Ermittlungsbehörden alles Wissenswerte mitgeteilt und dabei auch umfangreiche Details über Mittäter und Komplizen preisgegeben. Er wunderte sich sehr, dass diese Mitteilungen keine weiteren Maßnahmen auslösten, sondern ergebnislos blieben. Und so scheint die Mordserie bis heute nicht vollständig aufgeklärt zu sein. Das Interesse daran ist offensichtlich nicht allzu groß.

Aufklärung und Rechtsprechung sind in Ungarn, was an Angehörigen der Minderheit begangene Straftaten betrifft, besorgniserregend, und politisch werden die bestehenden Ressentiments gegenüber den Roma oft mehr geschürt als bekämpft. Dass sich die Roma in einem Land, das Inklusion, Zugang zu Bildung, zu Arbeit und zu einem gesicherten Einkommen verspricht, aber diese Versprechen nicht einhält, weiterhin mit mehr oder weniger legalen Tätigkeiten befassen (müssen), liegt auf der Hand. Wie sonst könnten sie und ihre Familien (über-)leben?

Im Land der Puszta und des Paprikas sind zwar nur etwa 15.000 Frauen als Prostituierte registriert, schätzungsweise gehen jedoch mindestens 100.000 der (Zwangs-)Prostitution nach. Etwa jede fünfte der in Ungarn tätigen (Zwangs-)Prostituierten ist minderjährig, die meisten sind zwischen vierzehn und siebzehn Jahre alt und etwa 60 Prozent der ungarischen (Zwangs-)Prostituierten sind Romnija. Dieser hohe Anteil ist nicht zuletzt darauf zurückzuführen, dass 95 Prozent der ungarischen Frauen, aber nur 67 Prozent der Romnija einen Schulabschluss haben. Und dass selbst diese 67 Prozent oft keine Chance haben, auf dem Arbeitsmarkt Fuß zu fassen – weil sie Romnija sind.

Für viele von ihnen scheint die Prostitution somit der einzige Weg, für sich und ihre oft zahlreichen Kinder ein Mindesteinkommen zu schaffen. Zu dieser Not kommt dann allerdings häufig noch die Nötigung hinzu, denn die Frauen und Kinder sind ihren Zuhältern zumeist hilflos ausgeliefert.

Es gibt in Ungarn zwar Regelungen zur Verhinderung des Menschenhandels, der Sexsklaverei und der Zuhälterei, sie werden jedoch nur wenig umgesetzt. Und so werden seit Jahrzehnten von ungarischen Zuhältern (Zwangs-)Prostituierte aus allen Landesteilen angekarrt, wenn am nordwestlich von Budapest gelegenen Hungaro-Ring die Motoren aufheulen und das vorwiegend von deutschen, österreichischen und italienischen Gästen besuchte Formel-1-Rennen stattfindet. Inzwischen gibt es aber nicht mehr nur an der Rennstrecke und während des Formel-1-Rennens ein breites Angebot an »Sexarbeiterinnen«, sondern das ganze Jahr über im gesamten Land. Budapest hat sich zu einer preiswerten Partystadt entwickelt und auf den Partymeilen, in Clubs und in Bädern werden rauschende Sexpartys gefeiert. Ungarns Sexmärkte gelten inzwischen als total überschwemmt. Das wiederum führt zu Dumpingpreisen und zu einer Billigprostitution, der vor allem die Romnija ausgeliefert sind. Neben der Überschwemmung der Märkte mit der »Ware Sex« und zahlreicher Konkurrenz haben sie mit weiteren Problemen zu kämpfen. Sie leben und »arbeiten« in einem Graubereich zwischen Duldungszonen (»türemli zona«), behördlichen Gängeleien und Behördenwillkür sowie in einem Umfeld mit ausgesprochen hohem Kriminalitätsaufkommen.

Die Prostitution ist in Ungarn seit dem Jahr 1999 erlaubt, faktisch ist sie dennoch verboten. Denn es gibt Vorschriften, die einen Mindestabstand von Schulen, Kindergärten, von öffentlichen Einrichtungen und bestimmten Gebäuden, von unzähligen Straßen und Plätzen vorschreiben, was so ziemlich alle der etwa 500 in Budapest vermuteten Bordellbetriebe und die Prostitution auf den Straßen der Landeshauptstadt sowie im gesamten Land illegal macht. Bei diesen Gegebenheiten verwundert es nicht, dass die ungarischen Zuhälter bemüht sind, die von ihnen »betreuten« Frauen ins nahe gelegene westliche Ausland zu bringen, wo die Bedingungen für die Prostitutionsausübung weit besser und die Einkünfte ungleich vielversprechender sind als in Buda und in Pest sowie in anderen ungarischen Städten und Regionen.

Leila

Kristof galt als Charmeur. Er umgarnte die junge Leila, sagte ihr immer wieder, wie schön sie sei und wie sehr er sie liebe. Bald schmiedeten die beiden Pläne: Eine gemeinsame Zukunft – heiraten – Hochzeitsreise nach Griechenland – Kinder … Da sie weder Arbeit noch Geld hatten, schlug Kristof vor, nicht in Ungarn zu bleiben, sondern nach Deutschland auszuwandern, wo er sich in der Baubranche selbstständig machen und viel Geld verdienen wollte.

Er habe gute Kontakte nach Deutschland, so erzählte er, und es gebe genügend ungarische Männer, die in Deutschland für ihn arbeiten würden, und Leila, der deutschen Sprache mächtig, könne die Büroarbeiten erledigen. Leila fand das überzeugend und willigte begeistert ein. Dann ging alles sehr schnell. Sie fuhren nach Deutschland und Leila kam bei einem Bekannten von Kristof unter. Da sich die Firmengründung verzögerte, das Geld aber knapp wurde, schlug Kristof vor, Leila solle vorübergehend als Kellnerin arbeiten. Die Freundin des Bekannten von Kristof brachte sie daraufhin in eine schummrige Bar, in der sich ausschließlich männliche Gäste aufhielten. Leila kamen plötzlich Bedenken. Ihre Begleiterin forderte sie dann aber eindringlich dazu auf, mit ihr und einem der Gäste in einen anderen Raum zu gehen. Dort zeigte sie ihr dann unverblümt das, was sie in den nächsten Tagen zu tun hatte. Leila war schockiert und wie gelähmt. Sie konnte und sie wollte sich nicht an Männer verkaufen!

Also lief sie davon und teilte Kristof in aller Deutlichkeit mit, dass sie sich niemals prostituieren werde. Der aber war diesbezüglich ganz anderer Meinung. Seit Ton wurde plötzlich unfreundlich, er beschimpfte Leila und er begann auch gleich damit, auf sie einzuschlagen. Leila war sich mit einem Mal klar darüber, wie hilflos sie Kristof und seinen Freunden ausgeliefert war. Nicht viel später entschuldigte sich Kristof für sein Verhalten und versicherte Leila wieder seiner Liebe. Leila solle nur drei Wochen in der Bar durchhalten, ihm und der gemeinsamen Zukunft zuliebe, dann sei der Spuk vorbei ...

»Am nächsten Tag musste ich mit elf Männern zusammen sein«, berichtete sie später. »Bei einem ›Party-Treff‹ wurde ich von einem zum anderen weitergereicht. Bezahlt wurden 150 Euro – egal, wie viele mich wollten und wie oft sie es wollten. Ich hatte ihnen zur Verfügung zu stehen. Als es endlich vorbei war, bekam ich Weinkrämpfe. Kristof holte mich ab und als ich mich beklagte, wurde er wieder sehr grob. Mehr und mehr entpuppte sich in ihm der brutale Zuhälter. Er nahm mir den Pass weg und das Handy. Ich hatte plötzlich keine Möglichkeit mehr, jemand um Hilfe zu bitten. »Nur drei Wochen«, sagte er, »dann hast du es geschafft, dann wird alles besser.« Es wurden acht lange Monate! Leila war aber schon nach wenigen Tagen seelisch wie körperlich am Ende. Doch Kristof wusste zu helfen.

Sie wurde, um sie weiterhin gefügig zu machen, Tag für Tag mit Drogen vollgepumpt. Sie versuchte wegzulaufen, hatte aber keine Chance. Sie wurde permanent sorgsam bewacht, abwechselnd von zwei Männern und von der Frau, die sie rund um die Uhr »betreute« – ihre persönliche Security.

Bald wurde sie auch an Kunden in einem Hotel vermittelt. Ihre Bewacher warteten dann vor der Tür, bis sie fertig war, nahmen ihr das Geld ab und brachten sie wieder zurück in die Wohnung, wo sie Leila gefangen hielten. Weigerte sie sich, sich fremden Männern hinzugeben, wurde das sofort bitter bestraft.

Der Mann, in den sie so sehr verliebt war, schlug auf sie ein, trat sie mit Füßen und trieb sie durchs Zimmer, setzte eine Axt an ihren Hals, vergewaltigte sie brutal ... Auch drohte er ihr damit, ihrem Sohn in Ungarn und ihren anderen Familienangehörigen etwas anzutun, wenn sie nicht gehorche. Kristof entpuppte sich als rücksichtsloser Zuhälter. Leila hatte nur noch große Angst vor ihm.

Eines Tages gelang es ihr dann, sich Zugang zum Internet zu verschaffen und Kontakt zu einem vertrauenswürdigen Bekannten in Ungarn aufzunehmen. Der verständigte ihre Eltern, die auch gleich Anzeige erstatteten.

Als Kristof davon erfuhr, tobte er und Leila glaubte, es wäre ihr sicherer Tod. In ihrer Verzweiflung versprach sie ihm, ihn noch immer zu lieben und in Zukunft alles zu tun, was er auch von ihr verlange. Und sie bot sie ihm an, nach Ungarn zu fahren, um die Angaben ihrer Eltern zu widerrufen und die Anzeige zurückziehen. Sie versprach ihm, dann auch unverzüglich wieder zu ihm zurückzukommen. »Zum Glück hat er mir das geglaubt«, erzählte sie später. Denn durch die Reise nach Ungarn kam sie endlich frei.

Leila zog die Anzeige ihrer Eltern nicht zurück, sondern machte zusätzliche Angaben zu dem, was ihr angetan wurde. Daraufhin konnte die Frau, die sie in Deutschland anleitete und »betreute«, festgenommen und zu einer mehrjährigen Haftstrafe verurteilt werden. Sie war Mitglied einer ungarischen Bande, die seit mehreren Jahren mit Romnija und anderen ungarischen Frauen und Mädchen handelte, diese der Zwangsprostitution zuführte und dafür Beziehungen nach Deutschland, Frankreich, England, Spanien und in die Schweiz unterhielt. Kristof konnte zunächst untertauchen. Doch nach ihm wurde auch wegen eines Tötungsdelikts ermittelt und gefahndet. Er war führendes Mitglied dieser Bande.

Leila fand in Österreich bei der Menschenrechts- und Frauenhilfsorganisation SOLWODI (Solidarity with Women in Distress – Solidarität mit Frauen in Not) Schutz und Betreuung. SOLWODI wurde im Jahr 1985 von der Ordensschwester Dr. Lea Ackermann in Mombasa/Kenia gegründet, um die dortigen Frauen vor dem ausufernden Prostitutionstourismus zu schützen. Seit 1987 gibt es die Organisation in Deutschland und seit dem Jahr 2013 auch in Österreich.

Und SOLWODI Österreich ist es zu verdanken, dass Leila heute über das, was sie erleben musste und zu ertragen hatte, wieder sprechen kann, ohne in Weinkrämpfe zu verfallen, und dass sie ihr Leben neu ordnen und wieder hoffnungsvoll in die Zukunft blicken kann. Vergessen und vollständig verarbeiten aber wird sie die dramatischen Erlebnisse nie. Und die Angst, sie könnte Kristof irgendwann wieder einmal begegnen, lässt sie nicht los.

Die »Loverboy-Methode« und andere bewährte Anwerbungspraktiken

Leila wurde Opfer eines »Loverboys«. Einer zuhälterischen Methode, die in den 1990er-Jahren von den Niederlanden nach Deutschland überschwappte und die sich inzwischen nicht nur in Ungarn, sondern in ganz Europa zunehmender Beliebtheit erfreut. So neu, wie oft vermutet wird, ist diese »Loverboy-Methode« allerdings nicht. Denn es gab schon immer Zuhälter, die ein oft unglaubliches Geschick dabei bewiesen, ein Mädchen oder eine Frau zu umgarnen und zu vereinnahmen, um sie dann in der Prostitution auszubeuten. Neu an der »Loverboy-Methode« ist, dass sowohl die Täter wie auch die Opfer immer jünger werden. Die Täter sind manchmal noch im jugendlichen Alter oder aber junge Erwachsene und ihre Opfer sind manchmal erst 15 Jahre alt oder nur wenig älter. Doch auch erwachsene Frauen fallen diesem Tätertyp zum Opfer.

Die Vorgehensweise der »Loverboys« ist geprägt vom Vortäuschen einer großen Liebe und vom Versprechen einer gemeinsamen, goldenen Zukunft. Die auserwählten Opfer werden umgarnt und persönlich oder auch über das Internet, zum Beispiel über Chatforen mit Onlinespielen, kontaktiert, mit Komplimenten überhäuft und mit Geschenken verwöhnt. Dabei haben die »Loverboys« nur ein Ziel: ihr Gegenüber der (Zwangs-) Prostitution zuzuführen und es auszubeuten.

In der Anwerbungsphase erfahren die Täter zumeist viel Nützliches über die soziale und familiäre Situation der jeweils Auserwählten, über deren Interessen, Hobbys und Gewohnheiten. Primär sind sie zunächst allerdings nur darauf bedacht, das für ihre Ziele erforderliche Vertrauen herzustellen und nicht allzu viel zu verändern. Dann isolieren sie ihr Opfer – zumeist sehr geschickt und unbemerkt – zunehmend von ihrem bisherigen sozialen Umfeld. Sie binden die jeweils Auserwählte an sich, begleiten diese auf all ihren Wegen, versuchen Kontakte zu Eltern, Verwandten und Bekannten einzuschränken und zu unterbinden. Sie bringen ihr Opfer auf diese Weise mehr und mehr in ihre Abhängigkeit. Diese Abhängigkeit und Hilflosigkeit bekommt es zumeist sehr bald zu spüren. Ihm wird eröffnet, wohin die die Reise wirklich gehen soll, dass es – nur für einen gewissen Zeitraum und im Interesse der gemeinsamen, goldenen Zukunft – der Prostitution nachgehen soll. Kommt es hier zum Widerstand, kippt die bisher versprochene und vorgelebte »große Liebe« oft sehr plötzlich und schlägt in Rücksichtslosigkeit und Brutalität um. Drohungen, Schläge, Vergewaltigungen sind gängige Mittel, um die Opfer gefügig zu machen. Die betroffenen Mädchen oder Frauen werden in dieser Phase häufig so lange gedemütigt und gequält, bis jeder Widerstand erlischt.

Die »Loverboy-Methode«, so scheint es, fand in den vergangenen Jahren vermehrt Anwendung. Es gibt jedoch noch andere, bestens bewährte Anwerbungsmethoden. Von der Armut, vor allem aber von der Perspektivlosigkeit vieler junger Mädchen und Frauen und von deren ausgeprägter Migrationsbereitschaft wissend, wird mit »besten Westkontakten« und »gut bezahlten Traumjobs« in Deutschland, in Österreich oder in der Schweiz geworben, um die Auserwählten zu ködern. Oder es wird, ganz auf das Talent, auf die Wünsche und Träume vieler Mädchen im Osten und Südosten Europas zugeschnitten (insbesondere auch auf das Talent und die Träume vieler Romnija und Roma-Kinder) eine Karriere als Tänzerin auf westlichen Bühnen versprochen. Bei all diesen perfiden Anwerbungsmethoden werden die häufig problematischen familiären, wirtschaftlichen und sozialen Verhältnisse der jungen Frauen, deren Hoffnungslosigkeit sowie die zumeist sehr ausgeprägte Migrationsbereitschaft genutzt, um erfolgreich zu sein. Es sind Push- und Pull-Faktoren, die diese Kriminalität so sehr begünstigen und dazu führen, dass die Täter und Tätergruppierungen leichtes Spiel haben und kontinuierlich erfolgreich sind: einerseits die Armut und das triste Grau des Ostens, die oft schwierige familiäre und soziale Situation, die Perspektivlosigkeit und andererseits die bunte und moderne Welt des Westens, der in Aussicht gestellte, gut bezahlte Arbeitsplatz, der Wohlstand, die Chancen …

Doch manchmal ist es nichts als pure Gewalt, die angewandt wird, um Frauen oder Kinder der (Zwangs-)Prostitution zuzuführen. Bei manchen Ethnien, vorwiegend bei solchen mit patriarchalisch geprägten Strukturen, ist es oft gar nicht erforderlich, zu täuschen oder falsche Versprechungen zu machen, um ans gewünschte Ziel zu kommen. Die jeweils auserwählten Frauen und Kinder werden ungefragt und oft gegen ihren ausdrücklichen Willen der Prostitution zugeführt. Auch Romnija und Roma-Kinder sind davon betroffen.

Zara

Zara, ein gut aussehendes, aber sehr armes Roma-Kind, wusste oder ahnte nicht, was Anna, eine ehemalige Prostituierte, und Lazlo, einst Annas Zuhälter, mit ihr vorhatten. Zara sollte in die Schweiz verbracht werden und dort viel Geld verdienen.

An einem kalten Februartag war es so weit. Anna und Lazlo brachten Zara zum Bahnhof Budapest-Keleti und fuhren mit ihr mit dem Zug nach Zürich. Unterwegs wurde sie darüber aufgeklärt, dass sie in Zürich – für ihren Vater und für ihre Familie – tätig werden und viel Geld verdienen müsse. Auch wurde sie darüber informiert, dass sie die Anweisungen von Anna und Lazlo zu befolgen habe. Zara verspürte große Angst, fühlte sich jedoch dem Vater und der Familie gegenüber verpflichtet.

In Zürich angekommen, wurde sie trotz der Kälte mit leichter, aufreizender Kleidung ausgestattet und auf dem berüchtigten Oltner Straßenstrich abgestellt. Von nun an war sie keinen Schritt mehr unbeaufsichtigt. 500 Schweizer Franken hatte sie täglich abzuliefern, an Wochenenden mindestens das Doppelte. Für sie selbst blieben nicht mehr als ein paar Almosen. Lieferte sie das geforderte Geld nicht ab oder widersetzte sie sich den Anweisungen von Anna, die nun als ihre Zuhälterin fungierte und ihre Kunden rekrutierte, sowie die jeweiligen Einsatzzeiten und Preise festlegte, setzte es Schläge. War ihr unwohl, war sie krank und wollte sie nicht, wurde sie von Anna auf den Strich geprügelt.

Zum Glück wurde die Zürcher Polizei auf das zuhälterische Treiben von Anna und Lazlo und auf die Notlage von Zara aufmerksam. Sie leitete ein Ermittlungs- und Strafverfahren ein und bald darauf standen Anna und Lazlo vor dem zuständigen Zürcher Bezirksgericht. Die beiden wurden unter anderem wegen Zuhälterei und Körperverletzung zu dreißig Monaten Haft verurteilt, und Zara, das hübsche, aber in wenigen Monaten scheinbar um Jahre gealterte Roma-Kind, wurde aus der Sexsklaverei befreit.

Es könnten zehntausende (Roma-)Mädchen mit ungarischem Pass sein, die gegenwärtig im deutschsprachigen Raum in der Zwangsprostitution gefangen sind und bislang nicht das Glück hatten, Schutz von SOLWODI oder einer anderen Hilfsorganisation zu bekommen.

Auffällig ist, dass der Anteil an Ungarinnen in der (Zwangs-)Prostitution in bestimmten Städten und Regionen sehr hoch ist, während in anderen Rotlichtmilieus keine oder nur vereinzelt Ungarinnen tätig sind. Das lässt auf mehrere, unabhängig voneinander agierende Täter und Tätergruppierungen sowie auf unterschiedliche Vernetzungsstrukturen schließen. Was die Romnija betrifft, dürften Angehörige verschiedener, in Ungarn ansässiger Familien und Sippen mit Familienangehörigen kooperieren, die in Deutschland (Österreich oder der Schweiz) leben.

Albanien – Bettelkinder, Sexsklavinnen und ein Versteck in den Bergen

Über 100.000 Roma und eine kleinere Gruppe von Sinti und Aschkali (eine muslimische Minderheit, die auch den »Zigeunern« zugeordnet wird) leben schätzungsweise in Albanien. Die allermeisten von ihnen in heruntergekommenen Lagern und Behausungen rund um die Hauptstadt Tirana sowie am Rand anderer Städte und Dörfer.

Alle Menschen in Albanien leiden bis heute unter der leidvollen Geschichte des Landes, die für die Menschen hart und brutal war, doch am schlimmsten war es für die dort lebenden Sinti und Aschkali.

Nach dem Sturz des kommunistischen Regimes, welches das Land politisch und wirtschaftlich isoliert hatte, veränderte sich vieles zum Besseren hin. Dennoch gilt Albanien bis heute als extrem arm. Etwa ein Viertel der Bevölkerung lebt von einem Einkommen von höchstens eineinhalb US-Dollar pro Tag. Schlechte Bedingungen und schlechte Ausstattung von Schulen und Universitäten, ein desolater Arbeitsmarkt, eine in Teilen korrupte Verwaltung und mafiöse Strukturen im Wirtschaftsleben sind die wesentlichen Gründe dafür, dass das Land nur schleppend vorankommt. Zudem verließen schon in den 1990er-Jahren 400.000 Albaner(innen) ihr Land in Richtung Italien, Griechenland, Westeuropa oder Amerika, um dem Elend zu entkommen. Menschen, die Albanien so dringend bräuchte, um voranschreiten.

Dass die ethnischen Minderheiten der Sinti und Aschkali auch heute noch am allermeisten unter der Armut zu leiden haben, verwundert nicht. Sie sind vom gesellschaftlichen Leben weitgehend ausgeschlossen. Viele von ihnen sind amtlich nicht registriert, weshalb ihnen auch die elementarsten Grundrechte verwehrt bleiben. Ohne Personalpapiere haben sie zum Beispiel keinen Anspruch auf ärztliche Behandlung, auf einen Kindergarten- oder Schulbesuch oder auf Hilfe und Beistand vonseiten der Behörden. Die Roma werden auch in Albanien diskriminiert und verfolgt. Sie leben auf der Straße und werden wie Hunde von der Straße gejagt. Bauen sie sich eine kleine Behausung aus Brettern, Plastikteilen und Autoschrott, so wird diese nicht selten schon nach wenigen Tagen in Brand gesteckt, um sie zu vertreiben. Frauen gebären unter schlimmsten Bedingungen – viele Kinder. Kinder, die niemand haben will.

Auf den Straßen Albaniens kann man auf Romnija treffen, die ihr Neugeborenes verschenken wollen, weil sie es selbst nicht ernähren können. Vielleicht aber auch deshalb, weil das Kind ein Mädchen ist. Mädchen sind in Albanien unerwünscht und zumeist nur auf dem Papier gleichberechtigt. »Nur ein Sohn hält das Feuer im Haus am Brennen«, lautet ein viel gebrauchtes Sprichwort, und kündigt sich ein Mädchen an, wird dieses oft abgetrieben oder getötet.

Diese fehlende Wertschätzung von Mädchen steht in engem Zusammenhang mit dem Frauen- und Kinderhandel, mit der Prostitution und mit der Sexsklaverei. Mit einem Kriminalitätsbereich, der in Albanien seit den 1990er-Jahren eine wesentliche Rolle spielt. Denn aufgrund der fehlenden Wertschätzung von Mädchen finden die albanischen Männer keine Frauen mehr. Gewalt, Menschenhandel und (Zwangs-)Prostitution nehmen dadurch zwangsläufig zu.

50.000 und mehr albanische Kinder, viele den Minderheiten zugehörend, versuchen mit der Arbeit auf der Straße (Bettelei), mit Wanderarbeit, mit Tätigkeiten in der Landwirtschaft oder mit der Prostitution zu überleben. Vielen Kinder der Minderheiten bleibt es noch immer verwehrt, eine Schule zu besuchen und später einer geregelten Arbeit nachzugehen. Kinderarbeit, Kinderhandel und Kinderprostitution sind noch immer verbreitet, obwohl Albanien sich bemüht, die Voraussetzungen für eine Aufnahme in die Europäische Union zu erfüllen, und deshalb größeren Wert auf wirtschaftliche Entwicklung, auf Bildung und auf die Bekämpfung der Organisierten Kriminalität legt.

Während in einem EU-Fortschrittsbericht bereits 2012 festgestellt wurde, dass Albanien auf einem guten Weg ist, die Kriterien für einen EU-Beitritt zu erfüllen, muss heute festgestellt werden, dass dieser Prozess nur sehr langsam voranschreitet. Er wird nicht zuletzt durch das Treiben krimineller Clans (durch die albanische Mafia), die sich neben anderen kriminellen Geschäften seit den 1990er-Jahren sehr intensiv im Bereich des internationalen Frauen- und Kinderhandels und der (Zwangs-)Prostitution engagieren, erheblich erschwert und blockiert.

Man trifft in Albanien noch immer auf eine Vielzahl von Bettelkindern. Selbst auf solche (Roma-)Kinder, die nicht um Geld, sondern nur um einen Schluck Wasser betteln. Und Mädchen der Sinti und Aschkali werden, weil es keine Alternativen zu geben scheint, noch immer zur Prostitution gezwungen. Sie sind in ständiger Gefahr, missbraucht und misshandelt zu werden, ohne dass Staat oder Gesellschaft versuchen, es zu verhindern.

Sie werden in Albanien, zum Beispiel entlang der Fernstraße, die von Tirana aus nach Durres und ans Meer führt, an versteckten und mehr oder weniger geheim gehaltenen Orten – Prostitution ist in Albanien verboten und mit hohen Geld- oder Haftstrafen bedroht – der (Zwangs-)Prostitution zugeführt. Vor allem aber werden zigtausende von ihnen ins Ausland verbracht und verkauft. Die albanische Mafia rekrutiert die »Handelsware Frau« in großer Anzahl, und das nicht nur in Albanien. Das Jagdgebiet krimineller albanischer und kosovo-albanischer Clans erstreckt sich längst auch auf Kosovo, Nordmazedonien, Montenegro und auf andere (West-)Balkan-Staaten.

Und es sind nicht nur Roma-Frauen und Kinder, sondern auch Frauen und Mädchen der jeweiligen Mehrheitsgesellschaften, die von albanischen Verbrecherorganisationen rekrutiert und in Deutschland, Österreich, der Schweiz oder in anderen Staaten der Sexsklaverei zugeführt werden. Die albanische Mafia ist ein kriminelles Netzwerk, das sich über Europa gelegt hat und in dem unzählige Mädchen und Frauen gefangen sind.

Wie aber kamen diese albanischen Clans dazu, sich so intensiv im Bereich des internationalen Frauen- und Kinderhandels zu engagieren? Wie gelang es ihnen, trotz der übermächtig erscheinenden Konkurrenz von 'Ndrangheta, Camorra, Cosa Nostra und Co in Italien Fuß zu fassen und innerhalb kürzester Zeit die Straßenprostitution in Italien zu kontrollieren? Wie konnten sich diese kriminellen albanischen Clans trotz vieler anderer auf diesem Feld tätiger, kleiner und großer Organisationen eine Vormachtstellung im Bereich des Frauenhandels in Europa und darüber hinaus erkämpfen und diese über Jahrzehnte hinweg behaupten?

Vom kriminalistisch seit jeher bedeutsamen Südost-Kreuz (den Staaten rund ums Schwarze Meer) aus wurden schon in den 1990er-Jahren illegale Güter aller Art und auch Menschen über die verschiedenen Balkan-Schienen westwärts gehandelt und geschleust. Als die Jugoslawien-Kriege einsetzten und immer heftiger wurden, sahen sich die Schleuserbanden gezwungen, nach Ausweichrouten zu suchen. Dabei entdeckten sie die Route über Albanien und weiter auf dem Seeweg nach Italien, von wo aus die illegale »Handelsware« dann weiter in andere westliche EU-Staaten geschleust wurde. Und weil diese Route durch ihr Land führte, wurden albanische Clans auf die so schmutzigen wie lukrativen Geschäfte des Frauen- und Kinderhandels aufmerksam und sie stiegen, ohne zu zögern und mit ungewöhnlicher Intensität und Brutalität, in das Geschehen ein. Zugute kam ihnen dabei der Zusammenbruch des sozialistischen Hoxha-Systems in den Jahren 1990/1991, der es plötzlich möglich machte, in das zwar sehr nahe, aber bis dahin unerreichbare Italien auszureisen.

Und weil in Italien nach dem Zusammenbruch der »Pizza-Connection« eine Marktlücke entstand, weil sich die italienischen Gangster von 'Ndrangheta, Cosa Nostra, Camorra und Co in dieser Zeit mehr der Wirtschaftskriminalität zuwandten, gelang es den albanischen Tätergruppierungen und Clans in kürzester Zeit, das Unmögliche wahrzumachen: Sie kontrollierten in weiten Teilen die Prostitution in Italien. Während bis Ende der 1980er-Jahre allenfalls einzelne albanische Täter oder Tätergruppierungen als Handlanger von Cosa Nostra und Co fungierten, rissen albanische Tätergruppierungen nun die Handelsgeschäfte mit Frauen und Kindern und die Prostitution in Italien mit brachialer Gewalt an sich. Sie räumten jede Konkurrenz aus dem Weg und sie töteten dabei skrupellos!

Christian Amiard, Chef des »Zentralen Büros für die Bekämpfung des Menschenhandels« (OCRTEH) der französischen Regierung, berichtete von regelrechten Lagern, in denen Mädchen und Frauen in dieser Zeit von albanischen Gangstern abgerichtet, vergewaltigt und auf ihren

Einsatz in Westeuropa vorbereitet wurden. Leisteten sie Widerstand, schreckten die Täter vor Folter nicht zurück. Verbrennungen, Elektroschocks, Abschneiden von Gliedern sollen gängige Praktiken gewesen sein, und man warf Frauen oder Kinder, die sich nicht unterordnen und nicht gehorchen wollten, zur Abschreckung für andere einfach aus dem Fenster – mehrstöckiger Häuser.

Ein Mitglied der Mafia-Untersuchungskommission im italienischen Parlament stellte damals fest, dass die albanischen Tätergruppierungen und Clans regelrechte Prostitutionskartelle aufgebaut hatten, dass sie Geschäftsverbindungen zu anderen kriminellen Vereinigungen unterhielten und dass sie ihre Aktivitäten immer mehr ausweiteten.

Ein italienischer Mafia-Staatsanwalt bemerkte damals: »Es ist sehr schwer, im Kampf gegen die italienische Mafia Erfolge zu erzielen, es ist unmöglich, die Albaner zu kontrollieren oder zu stoppen.«

Die Einflussnahme und die Übernahme krimineller Geschäfte in Italien war jedoch erst der Anfang eines so gewaltigen wie gewaltsamen Siegeszuges. Kriminelle albanische Clans (man sprach inzwischen europaweit von der albanischen Mafia) drangen weiter nach Westeuropa und bis an die Ostküste der USA vor. In Deutschland herrschten sie bald über Rotlichtobjekte und -bezirke in Hamburg St. Pauli und in vielen anderen deutschen Großstädten. Sie schleusten immer mehr Frauen und Kinder westwärts und führten sie der (Zwangs-)Prostitution zu. Als im Jahr 2015 die Flüchtlingsströme einsetzten, nutzten sie diese geschickt für ihre kriminellen Geschäfte. Sie transportierten die »Ware Frau« zusammen mit den Flüchtigen auf deren Routen westwärts.

Inzwischen investieren sie neben ihrem Engagement im Rotlicht vor allem auch in Immobilien. In Hamburg St. Pauli und in anderen deutschen Städten sollen sie inzwischen ganze Straßenzüge ihr eigen nennen und sie setzten sich auf diese Weise fest. Manche von denen, die aus dem Nichts kamen, zählen sich heute – nicht nur in Hamburg – zur wohlhabenden und »besseren Gesellschaft«, pflegen vielerlei nützliche Kontakte zu Einflussreichen und Mächtigen und feiern Hochzeiten und andere rauschende Feste in den teuersten Luxushotels.

An ihre höchst kriminellen Geschäfte mit Romnija und Roma-Kindern, mit Frauen und Kindern aus Albanien und anderen Staaten Ost- und Südosteuropas, an deren rücksichtslose sexuelle Ausbeutung und an ihr brutales und oft tödliches zuhälterisches Engagement erinnern sie sich beim besten Willen nicht mehr. Damit wollen sie nicht mehr in Verbindung gebracht werden. »Damit«, so sagen sie heute, »hatten und haben wir nichts zu tun.«

Dessen ungeachtet dürften sie bis heute zahlreiche Rotlichtobjekte und ganze Rotlichtmeilen besitzen und beherrschen. Und sie dürften weiterhin für die Zufuhr von »Frischfleisch«, vorwiegend aus den Westbalkanstaaten, für die deutschen (österreichischen, Schweizer) Sexmärkte sorgen. Dabei agieren sie aber nicht mehr an vorderster Front, sondern verdeckt im Hintergrund, in sicherer zweiter oder dritter Reihe – scheinbar weit vom eigentlichen Geschehen und von allem Bösen entfernt. Die Drecksarbeit verrichten andere.

Rovena

Die kleine deutsche Delegation wurde von der Stellvertretenden Innenministerin Albaniens, die zugleich oberste Polizeichefin des Landes war, zu einer Fahrt in die Berge eingeladen.

In einem robusten Kleinbus ging es über Stunden auf unwegsamem Gelände bergwärts. Bald gab es keine Straßen, keine befestigten Wege, keine Hinweise auf menschliche Zivilisation mehr. Das Fahrzeug kletterte immer höher, fraß sich immer tiefer in die Abgeschiedenheit und Einsamkeit einer wilden, zerklüfteten Bergwelt hinein.

Plötzlich und unerwartet tauchten in einer kleinen Senke zwei alte, vom Verfall bedrohte Häuser auf, weiträumig von einem gut drei Meter hohen Stacheldrahtzaun umgeben. Um den Zaun patrouillierten uniformierte, mit Maschinenpistolen bewaffnete albanische Polizisten – rund um die Uhr, Tag für Tag, Woche für Woche, Jahr für Jahr …

In den Häusern traf die Delegation auf ein gutes Dutzend junger Mädchen und Frauen: Opfer des Menschenhandels und der Sexsklaverei, Opfer krimineller albanischer Clans, Opfer der albanischen Mafia. Sie alle waren hinter glitzernden Fassaden durch die Hölle der Sexsklaverei gegangen – in Spanien, in Italien, in Deutschland, in Österreich oder in der Schweiz. Eines Tages hatten sie es nicht mehr ausgehalten, was ihnen zugemutet und angetan wurde. Sie hatten eine Gelegenheit genutzt, waren geflohen und auf zumeist abenteuerliche Weise wieder in ihr Heimatland zurückgekehrt.

»Damit übten sie Verrat«, erklärte die Polizeichefin, »und Verrat wird gelegentlich mit dem Tode bestraft! Und weil das so ist, weil die Menschenhändler und Zuhälter nach ihnen suchen und weil die albanische Mafia nicht vergisst, über Generationen hinweg, wurden diese Frauen und Mädchen hierher in Sicherheit gebracht.«

Es ist nicht absehbar, ob sie dieses Versteck jemals wieder werden verlassen können, deshalb werden sie hier in der Einsamkeit als Köchinnen, Friseurinnen oder Näherinnen ausgebildet und beschäftigt. Für Abwechslung und Unterhaltung sorgt in dieser Abgeschiedenheit allein ein vier und sechs Jahre altes Brüderpaar, welches das Schicksal der Mädchen und Frauen teilt. Der Vater dieser Buben hat in einem Streit einen Nachbarn erschlagen. Und die Verwandten des Erschlagenen haben sich aufgemacht, um die Tat zu rächen und die beiden Söhne des Täters zu töten. Es gibt sie noch, hier in den Bergen, die Vendetta, die Blutrache. Die Deutschen wurden den Mädchen und Frauen vorgestellt. Sie blickten in junge, aber fahle und von viel Leid gezeichnete Gesichter. Die in der Abgeschiedenheit und Einsamkeit Gefangenen verbeugten sich höflich, versuchten zu lächeln, was nur mühsam gelang.

Eine der jungen Frauen, eine Romni mit dunklem Teint, schwarzem Haar und dunkel funkelnden Augen, ergriff plötzlich das Wort. In einem Anflug von Mut, Stolz und Verzweiflung baute sie sich vor den deutschen Delegierten auf. Tränen kullerten über ihr hübsches Gesicht: »Ich bin Rovena und frage Sie: Warum gibt es so etwas in Ihrem Land, warum kann und darf es so etwas in Ihrem Land geben?«

Die in gebrochenem Deutsch gesprochenen Worte trafen die Deutschen wie Pfeile. Sie waren sichtlich überrascht – und betroffen. Eine schlüssige Antwort fanden sie nicht. Was ihr in Deutschland angetan wurde, wollte *nach längerem Schweigen einer der Delegierten wissen. Rovena dachte kurz nach, schluchzte, wollte antworten: »Lassen wir das, ich will Sie nicht damit quälen«, sagte der Deutsche, als er bemerkte, wie schwer es Rovena fiel, über das Erlebte zu sprechen.*

Die beiden zu einem Leben in der Einsamkeit verdammten Buben drängelten sich an Ravena heran, um sie tröstend an der Hand zu nehmen. Jede und jeder Angehörige dieser Schicksalsgemeinschaft scheint dem und der anderen beizustehen. Lange, zu lange stand ihnen niemand bei. Damals im Rotlichtmilieu, in einer für sie fremden, kalten, grauenvollen Welt. Lange, zu lange wurden sie allein gelassen im Elend hinter glitzernden Fassaden – inmitten moderner, rechtsstaatlicher Gesellschaften.

Albanien ist bestrebt, Mitglied der Europäischen Union zu werden. Das scheitert bislang vor allem an der Korruption und der Organisierten Kriminalität, die das Land noch immer fest im Griff haben. Die Deutschen wurden von der stellvertretenden Innenministerin des Landes nicht zuletzt deshalb zu diesem Versteck in den Bergen geführt, um ihnen vor Augen zu führen, dass die Regierenden in Albanien sehr viel tun, um die OK wirksam(er) zu bekämpfen, um die Bedingungen für einen EU-Beitritt zu erfüllen.

Die Deutschen aber waren vor allem von den Worten Rovenas tief beeindruckt, dachten über die Gegebenheiten in ihrem eigenen Land nach. Das Bild des Mädchens, die Tränen in ihren feurigen, dunklen Augen, die herausfordernden, fragenden Blicke ließen sie nicht mehr los.

»Warum kann und darf es so etwas in unserem Land geben?«

Trägt Deutschland, tragen wir, die Deutschen, tragen die deutsche Politik und die deutsche Gesetzgebung vielleicht (Mit-)Schuld daran, dass Rovena und ein gutes Dutzend weiterer junger Frauen in diesem Versteck in der albanischen Bergwelt leben müssen, auf nicht absehbare Zeit, vielleicht für immer? Ist es nicht Deutschland, das die Plattformen für die Ausbeutung dieser jungen Menschen zur Verfügung stellte und weiterhin zur Verfügung stellt, ist es nicht der sogenannte »Rechtsstaat« der Bundesrepublik Deutschland, Österreichs, der Schweiz und ein paar anderer westeuropäischer Länder, der die idealen Rahmenbedingungen für den internationalen Menschenhandel zum Zweck der Sexsklaverei und damit für die Zerstörung dieser jungen Menschen bietet?

Ist es tatsächlich ein »Prostitutionsgewerbe« und sind es tatsächlich »sexuelle Dienstleistungen«, die von Rovena und den Frauen in diesem Versteck in den albanischen Bergen und von anderen Ausländerinnen aus allen möglichen Armutsgebieten dieser Welt erbracht wurden und erbracht werden, wovon der deutsche Gesetzgeber grundsätzlich ausgeht? Oder ist das eine gesetzgeberische Schönmalerei, eine bewusste oder unbewusste, jedenfalls verhängnisvolle Verkennung des tatsächlichen Geschehens?

Ist es allein Albanien oder sind es vor allem auch Deutschland, Österreich und die Schweiz, die allen Grund haben, diese viel beschriebene und zurecht gefürchtete OK und deren lukratives Geschäftsfeld »Menschenhandel und Sexsklaverei« endlich zu bekämpfen?

Es waren bedrückende, quälende Fragen, die sich den deutschen Delegationsmitgliedern auf der Rückfahrt von den albanischen Bergen stellten. Und Rovenas Auftritt, Rovenas Worte wirkten lange nach.

Man sei dabei, die Prostitutionsgesetzgebung (wieder einmal) zu evaluieren, sagte man den deutschen Delegierten nach ihrer Rückkehr in die Heimat in den verantwortlichen politischen Kreisen, nachdem sie ihre Eindrücke und Bedenken vorgetragen hatten. Zu den erforderlichen grundlegenden Veränderungen im Bereich der Prostitutionsgesetzgebung aber kam es bislang nicht. Weder in Deutschland und Österreich noch in der Schweiz.

Serbien – die Balkan-Szene, Sternchen, Promis und Roma-Kinder auf dem Straßenstrich

Berichten die Medien in Serbien über Prostitution und wird über die »käufliche Liebe« im Land diskutiert, dann betrifft das nur selten die vielen Romnija und Roma-Kinder, die sich dazu gezwungen sehen, in der serbischen Hauptstadt und in anderen Städten und Regionen des Landes der Prostitution nachzugehen. Vielmehr sorgt eine andere Art der Prostitution für Schlagzeilen: eine bestens organisierte und verdeckt ablaufende Elite-Prostitution. Escort-Dienste und »Edel-Prostituierte«, die von prominenten Politikern, namhaften Fußball- und Basketballstars, Businessmännern, Bankiers und Anwälten in Anspruch genommen werden, erschüttern die Balkan-Szene immer wieder aufs Neue.

Im Jahr 2019 klickten am Flughafen »Nikola Tesla« in Belgrad wieder einmal die Handschellen. Serbiens bekanntester und erfolgreichster Zuhälter Mihailo Maksimović wurde festgenommen und inhaftiert. Bei der Durchsuchung seiner Wohnanlage wurde eine Liste der Mädchen aufgefunden, die für ihn »anzuschaffen« hatten. Es waren zahlreich Sterne und Sternchen der Balkan-Szene. Sie alle, so wurde festgestellt, waren verpflichtet, im Rahmen von Kursen, für die jeweils 1000 Euro an Maksimović zu bezahlen waren, ein sogenanntes »Live-Coaching-Diplom« zu erwerben. Ein Tarnunternehmen, mit dem die zuhälterische Tätigkeit des Maksimović verdeckt und jeder Konflikt mit dem Gesetz vermieden werden sollte. Der öffentliche Unmut wuchs in der Vergangenheit an, weil es nie gelang, die Stars und Sternchen in Diensten des Oberzuhälters zu belangen (Prostitution ist in Serbien verboten und wird als Ordnungswidrigkeit bestraft) und die so zahlungskräftige wie prominente Kundschaft namhaft zu machen und der Öffentlichkeit zu präsentieren. Immer wieder gab es Anlass zur Vermutung, dass hochrangige Politiker, Juristen, Polizisten, Sport- und Wirtschaftsgrößen in diese zuhälterischen

Geschäfte des Mihailo Maksimović und Konsorten verwickelt sind und sich der Edel-Prostituierten bedienen.

Serbien ist ein multikulturelles Land mit vielen Minderheiten, denen ein solider Rechtsrahmen eingeräumt wird und die zuständigen Behörden sind auch bemüht, die Lage der Roma im Land erträglich zu gestalten und – wo erforderlich – spürbar zu verbessern. Die Umsetzung der Rechte für die Minderheiten ist regional allerdings sehr unterschiedlich, so jedenfalls wurde in einem Bericht des Europarats zum Schutz nationaler Minderheiten (FCNM) in Serbien festgestellt.

So gibt es in Serbien nach Schätzungen der Nichtregierungsorganisation »Praxis« mindestens 6500 »legally invisible persons«, also rechtlich unsichtbare Personen. Und das sind vor allem Roma. Sie sind zwar im Land geboren, wurden jedoch nie in einem Geburtsregister erfasst. Damit haben sie weder Anspruch auf Sozialhilfe noch die Chance auf einen Platz in der Schule oder einen Ausbildungsplatz. Es gibt sie faktisch nicht und sie sind bei all ihren Anliegen gezwungen, zunächst ihre Existenz nachzuweisen. Ermöglicht wurde das mit einem Gesetz, das im September 2012 in Kraft gesetzt wurde und das – verbunden mit einem großen Aufwand – die Möglichkeit bietet, nachträglich eine Geburtsurkunde zu beantragen. Die wenigsten machen davon Gebrauch. Und so ist das Leben vieler Roma in weiten Teilen Serbiens noch immer von

- räumlicher Diskriminierung (isolierte Roma-Siedlungen, Gettos),
- wirtschaftlicher Diskriminierung (Arbeitslosigkeit, schlecht bezahlte, schwere, gefährliche oder schmutzige Arbeiten),
- Bildungsdiskriminierung (Analphabetentum) und
- politischer Diskriminierung (die Roma sind eine machtlose Gruppe)

geprägt, was die Minderheit dazu zwingt, sich in »grauen Wirtschaftsbereichen« (Schmuggel, Flohmärkte, Kleinkriminalität, Prostitution …) zu betätigen. Illegale Siedlungen entstehen, werden aber staatlicherseits bald wieder zwangsgeräumt und dem Erdboden gleichgemacht – von den Bewohnern dann schnell wieder aufgebaut, weil die Räume der als Alternative angebotenen Containersiedlungen mit nicht mehr als sechzehn Quadratmetern (für sechs Personen gedacht) viel zu klein und wenig attraktiv sind.

Bei einer Volkszählung im Jahr 1991 wurden in Serbien 140.237 Roma gezählt. Es könnten jedoch schon damals und es können heute auch 600.000 oder noch mehr Roma sein, die in dem Westbalkanland sesshaft sind. Offizielle und verlässliche Zahlen gibt es auch in Serbien nicht.

Es existiert jedenfalls kaum ein Ort, kein Dorf, keine Stadt, in Serbien ohne »Roma-Mahalla«, ohne eine Roma-Siedlung. Allein am Stadtrand von Belgrad gibt es etwa 150 Roma-Enklaven, unhygienische Siedlungen ohne jede elementare, kommunale Infrastruktur. Und in diesen erbärmlichen Siedlungen wachsen viele Kinder auf. Kinder, die schon in jungen Jahren von – oft verunreinigtem – Heroin gezeichnet sind, die sich täglich in die Stadt aufmachen, um zu betteln oder mit der Prostitution Einnahmen zu erzielen, was ohne die Droge nicht zu ertragen wäre, was sie, kaum ein paar Jahre auf der Welt, unweigerlich zerstört. Viele von ihnen prostituieren sich, nur um den täglichen Heroin-Bedarf zu decken. Die Ärztinnen und Ärzte der Belgrader Kliniken wissen von diesem Elend. Immer wieder werden Roma-Kinder eingeliefert, die wegen der Einnahme illegaler und verunreinigter Drogen in Lebensgefahr schweben.

Weil Serbien in den vergangenen Jahren hunderttausende Flüchtlinge, vorwiegend aus Syrien und Afghanistan, zu versorgen hatte und weiterhin zu versorgen hat, haben die Roma-Kinder auf dem Strich in Belgrad und anderswo unliebsame Konkurrenz bekommen. Es sind vor allem junge Männer, aber auch unbegleitete, verloren gegangene Jugendliche und Kinder, die sich zum Beispiel in einer Lagerhalle in der Nähe des Belgrader Hauptbahnhofs niedergelassen haben. Dort lungern sie herum, manche kaum zehn Jahre alt, hungrig und perspektivlos, in schmutzige Decken gehüllt, um sich vor der Kälte zu schützen … Und um wieder einmal satt zu werden, gehen auch sie der (Kinder-)Prostitution nach. Eine erstaunlich große Anzahl Pädokrimineller aus Belgrad und ganz Serbien, aber auch aus dem westlichen Ausland haben diese Kinder schnell entdeckt.

Trotz des Prostitutionsverbots schätzt man, dass in Serbien etwa 40.000 Frauen, vorwiegend Romnija, aber auch Frauen aus der Republik Moldau, Russland und den benachbarten Staaten der Prostitution nachgehen. Es gibt Strip-Clubs, Barbetriebe und ähnliche (Tarn-)Einrichtungen, und Belgrads Taxifahrer kennen die Adressen der illegalen Bordelle, etwa dreißig Minuten vom Stadtzentrum entfernt. Die Straßenprostitution, vorwiegend an den Jugopetrol-Tankstellen, in Parkanlagen und an Bushaltestellen, an den Ausfallstraßen auf Bahnhöfen oder in Bahnhofsnähe, ist fast ausschließlich in der Hand von Romnija. Sie werden größtenteils zuhälterisch »betreut« und ausgebeutet. Erst im August des Jahres 2022 wurde von der Belgrader Polizei – wieder einmal – ein Zuhälterring zerschlagen. Interessant dabei: Haupttäterin war eine 34-jährige Serbin, die sich, zusammen mit mehreren anderen Zuhälterinnen, bereicherte, indem sie den in Not befindlichen Armutsprostituierten ihre Einnahmen nahezu vollständig abnahm. Allein der von dieser Zuhälterinnenbande engagierte Fahrer, der die Romnija zu den über eine Webseite akquirierten Kunden zu bringen hatte, war männlich – die persönliche Security der Ausgebeuteten.

Auch in Serbien leben die Roma, Romnija und die vielen Roma-Kinder bis heute in einer von Stigmatisierung, Diskriminierung und Ausgrenzung geprägten Parallelgesellschaft. Wenn sich die Mehrheitsgesellschaft mit ihnen befasst, geht es zumeist um Ärgernisse wie um illegale Behausungen, hinterlassene Müllhalden, Kleinstkriminalität, um Bettelei oder um Prostitution. Positive, anerkennenswerte Verhaltensweisen von Roma, Romnija oder Roma-Kindern oder deren Familien und Sippen werden dagegen nicht oder nur wenig zur Kenntnis genommen und nur selten thematisiert.

Wer weiß schon davon und wer will es wissen, dass etwa 70 Prozent der in Serbien lebenden Roma praktizierende Christen sind (in der Mehrheit orthodoxe Christen) und dass ihre vielen Kinder getauft werden. Wer weiß davon, dass sich 67 Prozent der Roma kirchlich trauen lassen, dass 69,6 Prozent von ihnen in ihren zumeist erbärmlichen Hütten Weihnachten und Ostern feiern, dass 83 Prozent der Verstorbenen kirchlich bestattet werden?

Die Stigmata »faulenzen, Geige fiedeln und Hühner oder Kupfer klauen …« sind dagegen fest im Bewusstsein der Mehrheitsgesellschaft verankert. Ganz so, wie bei den Menschen in den anderen Balkanstaaten und wie in Deutschland, in Österreich und in der Schweiz auch.

Slowakei – Billigsex und billiges Saufen und diejenigen, die darunter leiden

Annähernd zehn Prozent der slowakischen Bevölkerung sind Roma. Geschätzte 480.000 bis 520.000 von ihnen leben größtenteils in Slums am Rande der Dörfer und Städte oder aber versteckt in den Wäldern, ohne fließend Wasser, ohne Strom. Sie sind ausgegrenzt und fristen ihr Dasein abseits und zumeist strikt getrennt von der slowakischen Mehrheitsgesellschaft. Zwar bekennt sich die Slowakische Republik seit ihrem Entstehen am 1. Jänner 1993 zu allen bedeutsamen internationalen politischen und rechtlichen Vorgaben hinsichtlich der Einhaltung und des Schutzes von Menschenrechten und Grundfreiheiten sowie zu den Rechten nationaler Minderheiten. Die Assimilationspolitik – vorwiegend während der kommunistischen Diktatur – hat das Misstrauen zwischen den Roma und der Mehrheitsgesellschaft jedoch sehr vertieft und führte zu einer anwachsenden Distanzierung. Im ostslowakischen Dorf Ostrovany und in mehreren anderen Orten der Slowakei wurden in den vergangenen Jahren Mauern errichtet, um die Roma von den »weißen« Nachbarn fernzuhalten. Auch um die größte Roma-Siedlung des Landes, »Lunik 9« in Kosice, bestehend aus heruntergekommenen Plattenbauten aus den 1970er-Jahren, entstand in der Vergangenheit plötzlich ein Wall, der die Roma von den slowakischen Bewohner(inne)n der Stadt fernhalten sollte. Die größten und scheinbar unüberwindbaren Mauern aber, so scheint es, existieren in den Köpfen der Menschen.

Die liberale Regierung unter Iveta Radičová versuchte das Ruder im Jahr 2010 mit dringend erforderlichen Roma-freundlichen Programmen herumzureißen und beschloss Maßnahmen wie den

- sozialen Wohnungsbau für die Minderheit,
- Bildungsprogramme,

- Gesundheitsberatung sowie
- Roma-Assistenten an den Schulen.

Doch bevor sie diese Pläne verwirklichen konnte, trat sie als Ministerpräsidentin am 10. März 2012 nach verlorenen Wahlen zurück.

Inzwischen herrschen, wie nicht zuletzt die aufgrund der Corona-Pandemie getroffenen Maßnahmen zeigen, wieder ganz andere Vorstellungen über den Umgang mit der Minderheit.

Der im März 2021 in Amt und Würden gekommene rechtsnationale Premier Igor Matović ließ, als die Corona-Pandemie ausbrach, alle Roma-Siedlungen abriegeln und im Rahmen einer »militärischen Operation« Massentests durchführen. Sondermaßnahmen dieser Art schufen neben dem ohnehin verbreiteten Antiziganismus zusätzlichen Hass. Und so ist und bleibt das Verhältnis zwischen den Roma und der slowakischen Mehrheitsgesellschaft weiterhin angespannt.

Die bei den Präsidentschaftswahlen im Jahr 2019 gewählte und seit dem 15. Juni 2019 amtierende Zuzana Čaputová bemüht sich allerdings wieder, gegen die Korruption und Benachteiligung der Minderheiten im Land anzukämpfen.

Die Prostitution und die Zuhälterei sowie das Organisieren oder Fördern von Sexkauf sind in der Slowakei gesetzlich nicht geregelt. Und so gibt es Straßenprostitution, Wohnungsprostitution, Massageclubs, Barbetriebe, Escortservice und viele mehr oder weniger getarnte Bordelle im Land.

Es gibt (Roma-)Frauen und -kinder sowie Zuhälter(innen), die in und um alle größeren Bahnhöfe nach Kundschaft Ausschau halten. Es gibt entsprechende Angebote an Tankstellen, auf Parkplätzen und an belebten Land- und Ausfallstraßen. Auf allen Straßenstrichen, so zum Beispiel in der Krížna-Straße oder in der Panónska-Straße von Bratislava oder an den in Richtung Ungarn führenden Straßen sowie an vielen anderen Stellen der Hauptstadt und des gesamten Landes, sind Prostituierte anzutreffen. Viele von ihnen sind Romnija oder Roma-Kinder. Auch im Bereich des Bahnhofs Bratislava-Petržalka, dem »neuen Hauptbahnhof« der slowakischen Hauptstadt, sind Prostituierte mitsamt ihren Zuhältern oder Zuhälterinnen nicht zu übersehen. Dort ist aber auch eine sehr hohe Polizeipräsenz feststellbar und es wird aus gutem Grunde viel kontrolliert.

Die Barbetriebe, Clubs und Bordelle von Bratislava – von Kennern wird die slowakische Hauptstadt seit einigen Jahren auch »Partyslava« genannt –, in denen viele Romnija tätig sind, werden von Einzelpersonen, Personengruppen oder Gesellschaften betrieben und kontrolliert. Es ist davon auszugehen, dass die jeweiligen Betreiber auch darüber entscheiden, welche Frauen im jeweiligen Etablissement tätig werden, welche Leistungen sie für wie viel Geld zu erbringen haben, und dass sie, die Betreiber dieser Einrichtungen sowie die Zuhälter der einzelnen Frauen und Kinder, die eigentlichen und einzigen Profiteure der Prostitution sind. Von einer freiwilligen und selbstbestimmten Prostitution scheinen die in den slowakischen Bar- und Bordellbetrieben tätigen Romnija und Roma-Kinder jedenfalls so weit entfernt zu sein wie ihre Leidensgenossinnen auf dem Straßenstrich. Sie sind – von Hunger, Armut, Ausgrenzung und Chancenlosigkeit sowie von Puffbetreibern und Zuhältern getrieben – dazu verdammt, in schummrigen Bars oder auf den Straßen tätig zu werden.

Nicht wenige dieser Betreiber(innen) der mehr oder weniger getarnten Barbetriebe, Puffs oder Etablissements von »Partyslava« bieten die Frauen und Mädchen bevorzugt und gezielt ausländischen, der slowakischen Sprache nicht mächtigen Touristen an und sind darauf spezialisiert, diese bis aufs Hemd auszunehmen. Die Prostitution dient ihnen im Wesentlichen nur als Lockmittel für Diebstähle und Raubstraftaten. Die ahnungslosen Gäste werden mit allerlei Techniken und Tricks, mit Betäubungsmitteln wie KO-Tropfen oder mit Drogen außer Gefecht gesetzt, und wenn sie, auf welche Art auch immer, das Lokal verlassen, dann vermissen sie ihr gesamtes Bargeld, Kreditkarten sowie Ausweispapiere und anderes mehr.

In der Vergangenheit waren neben Erlebnishungrigen aus dem benachbarten Österreich und aus Deutschland vor allem britische Männer die Leidtragenden solchen Geschehens. Auf der Insel hatte sich herumgesprochen, was »Partyslava« so alles zu bieten hat: »Billigen Sex und billiges Saufen!«

Geschäftstüchtige Reiseveranstalter nahmen die Partystadt in ihr Programm auf, und bald wurden in Bratislava innerhalb einer Woche über 600 (männliche) britische Touristen gezählt, die zum »Stag Do«, zum Junggesellenabschied anreisten und in den Bars, Clubs und Saloons wilde Orgien feierten. Wie ernüchtert viele Briten waren, nachdem sie feststellen mussten, dass ihre Brieftaschen samt Inhalt, Geld und Kreditkarten verschwunden waren. Was die mit diesen umtriebigen Horden junger Männer konfrontierten Romnija und Roma-Kinder im Rahmen dieses ausufernden Prostitutionstourismus erleben und erleiden mussten, kann man nur erahnen. Es gibt mehrere Gründe dafür, dass diese Art des Tourismus inzwischen zumindest wieder auf ein erträglicheres Maß zurückgeführt wurde. Die Betroffenen hatten zu oft den Verlust ihrer Wertsachen zu beklagen, die zu gut siebzig Prozent katholische Bevölkerung der Slowakei empörte sich gegen diese Art des Tourismus und forderte die Politik auf, das Treiben zu beenden, und so wurde die Polizeipräsenz spürbar erhöht.

Dessen ungeachtet sahen sich unzählige Romnija und Roma-Kinder aber weiterhin veranlasst, der Prostitution nachzugehen. Auf einem Straßenstrich, auf Bahnhöfen, in Bars, Clubs und Saloons. Und weil sich die dabei erzielten Einnahmen in überschaubaren Grenzen hielten, gewannen die Vermittlungsgeschäfte ins benachbarte Ausland mehr und mehr an Bedeutung. Der Handel von slowakischen Mädchen und Frauen wie von slowakischen Romnija und Roma-Kindern in den deutschsprachigen Raum nahm dramatisch zu.

Es gibt, von den EU-Programmen abgesehen, nur wenige Anzeichen und nur wenige Initiativen, Programme oder Projekte, die zeitnah zu einer verbesserten Lebenssituation der Roma in der Slowakei führen könnten. Was es in der Slowakei wie in den anderen südosteuropäischen Staaten gibt, sind kleinere Hilfsprojekte, die oft Erstaunliches leisten und den betroffenen Menschen etwas Hoffnung geben.

In Roškovce, einer versteckt in den Wäldern gelegenen Siedlung im Nordosten des Landes, bemüht sich zum Beispiel die tschechische Nichtregierungsorganisation »Člověk v tismí« (Menschen in Not) seit Jahren, die Roma-Kinder auf einen Grundschulbesuch vorzubereiten, und das mit Erfolg. In dem 350 Einwohner zählenden Ort, wo das Elend zuhause ist, spricht man nur Romani. Und würden die etwa 120 Kinder des Slums nicht in Slowakisch unterrichtet, blieben sie zwangsläufig schon nach der 1. Klasse Grundschule sitzen. Also werden von den Sozialarbeiterinnen und -pädagoginnen von »Člověk v tismí« das ganze Jahr über etwa vierzig Kinder im Vorschulalter betreut, in Slowakisch unterrichtet und so auf den Besuch der Grundschule vorbereitet. Die Kinder danken es ihren Helferinnen mit erstaunlich guten Leistungen.

Auch eine ganz andere Initiative ist bemerkenswert: Im Jahr 2015 wurde von der NGO »Civil and Human Rights Advisory Council« Klage im Sinne des Antidiskriminierungsgesetzes gegen die Slowakische Republik eingereicht. Und das, so die Begründung, »weil in der Stadt Stará Ľubovňa gegen den Grundsatz der Gleichbehandlung verstoßen und versäumt wurde, ausreichende Präventionsmaßnahmen zum Schutz vor Diskriminierung sowie geeignete Maßnahmen zur Beseitigung der Diskriminierung von Roma-Kindern zu treffen«.

Der Oberste Gerichtshof des Landes entschied im Februar 2023 im Sinne der klagenden NGO und forderte die Verantwortlichen in Stará Ľubovňa dazu auf, unverzüglich die erforderlichen Maßnahmen zu treffen, um der anhaltenden Diskriminierung von Roma-Kindern entgegenzuwirken. Das Urteil, so hofft man nicht nur bei der NGO, könnte sich positiv auf alle Schulen in der Nähe von Roma-Siedlungen im gesamten Land auswirken. Im April 2023 verklagte dann auch die Europäische Kommission die Slowakische Republik vor dem Europäischen Gerichtshof (EuGH) wegen unzureichender Maßnahmen gegen die Diskriminierung von Roma-Kindern in den Schulen. Auch das könnte die slowakischen Roma-Kinder zu einem verbesserten Start ins Leben führen.

Bis die Träume der kleinen Romni aber Wirklichkeit werden, bis sie Rechtsanwältin, Krankenschwester oder auch nur fleißige und angemessen bezahlte Arbeiterinnen in einer Fabrik werden können und sich nicht mehr zum Betteln oder zur Prostitution gezwungen sehen, und bis die jungen Roma Ärzte, Informatiker oder Facharbeiter werden können und nicht mehr zuhälterisch tätig werden, dürften in der Slowakei noch einige Jahre oder gar Jahrzehnte vergehen. Und daran wird die bei den Parlamentswahlen im Oktober 2023 siegreiche EU-kritische Partei Smer-SD wohl auch nichts ändern.

Republik Tschechien – (Zwangs-)Prostitution in Prag, Menschenhändlerringe und Pädokriminelle im deutsch-tschechischen Grenzgebiet

Bei einer Volkszählung im Jahr 2021 wurden in Tschechien 21.000 Roma gezählt. Die Regierung in Prag geht jedoch von mindestens 250.000 in der Tschechischen Republik ansässigen Roma aus. Auch die Roma in Tschechien wissen nur zu gut, welche Nachteile es noch immer mit sich bringt, der Minderheit anzugehören und welche Privilegien denen zukommen, die der Mehrheitsgesellschaft zugeordnet werden. Zudem erinnert man sich in Tschechien noch recht gut an die vielen Gräueltaten, die während des Dritten Reiches an den Roma begangen wurden. An den Mai des Jahres 1942 zum Beispiel, als im böhmischen Dorf Lety über 1300 Roma gefangen genommen wurden. 327 von ihnen starben damals an Hunger und an Krankheiten, und die Überlebenden wurden nach Auschwitz verbracht. Nach 1945 waren von den etwa 5000 Sinti und Roma im Protektorat Böhmen nur noch 500 am Leben.

Jana Horváthová, Direktorin des Museums für Roma-Kultur in Brünn, stellt fest, dass achtzig Prozent der Roma in Tschechien auch heute noch arm und völlig isoliert leben, sozial benachteiligt werden, hoch verschuldet und ohne Arbeit sind. Vermehrt werde versucht, solche Gemeinschaften zu trennen und die Bewohner(innen) (willkürlich) zu verteilen. Die Wurzeln des Übels sieht sie vor allem in der kommunistischen Zeit, in der die Sonderschulen für Roma-Kinder mit sehr begrenzten Lehrplänen ausgestattet wurden und die Kinder nicht oder nur sehr schlecht ausgebildet wurden. An der Segregation hat sich ihrer Meinung nach nur wenig geändert, Konzepte der Inklusion haben in Tschechien noch immer wenig Fürsprecher.

Roma in Tschechien sterben durchschnittlich 18 Jahre früher als die Tschech(inn)en, und in Zeitungsberichten und Fernsehdiskussionen ist noch immer von den »sozial Unangepassten« die Rede, während man an den Stammtischen von »Parasiten« oder einfach und abfällig von den »cikani«, also von den »Zigeunern«, spricht.

Während es für die allermeisten Ukraine-Flüchtlinge kein Problem war, in Tschechien schnell eine Wohnung und einen Arbeitsplatz zu finden, war und ist das für die aus der Ukraine geflüchteten Roma oft mit großen Hürden versehen oder gar unmöglich.

Ungeachtet der anhaltend schlechten Gesamtsituation gibt es auch in Tschechien einige private Initiativen, die der Minderheit im Land beistehen und die ihr Hoffnung geben.

So vergibt die NGO Romea Jahr für Jahr mehr als 350 Hochschulstipendien an junge Romnija und Roma. Die tschechische Sängerin Ida Kelarová stellt jedes Jahr aufs Neue einen Chor von fünfzig Roma-Mädchen und -Jungen zusammen, welcher mit Musikern der Tschechischen Philharmonie ein Programm mit Roma-Liedern öffentlich aufführt und Begeisterungsstürme auslöst. Die über Tschechien hinaus bekannte Sängerin will damit fehlendes Wissen um die Sprache und Kultur der Roma vermitteln, Stolz und Selbstbewusstseins der Roma-Kinder fördern und so die Voraussetzungen dafür schaffen, dass die Kinder in einer modernen Welt zurechtkommen.

Doch auch seitens der Regierung gibt es Versuche, der anhaltenden Diskriminierung der Roma wirksam(er) zu begegnen. Im Dezember 2022 wurde die 41-jährige Lucie Fuková zur ersten Roma-Regierungsbeauftragten Tschechiens ernannt. Sie weiß, vor ihr liegt ein Berg von Notwendigkeiten, ein Berg von Aufgaben. Prioritär will sie dafür sorgen, dass die Mittel, die von der Tschechischen Republik und von der Europäischen Union für die Verbesserung der Situation der Roma-Community zur Verfügung gestellt werden, auch da ankommen, wo sie hingehören.

Es wird also viel Hilfreiches getan, es ist aber auch noch viel Hilfreiches zu tun, um die Roma in Tschechien zu integrieren und ihre oft nur schwer zu ertragenden Lebensverhältnisse zu verbessern.

Die Prostitution galt in Tschechien lange als parasitäres Verhalten und sie war im sozialistischen System bis zum Jahr 1990 verboten. Seither findet sie in einer rechtlichen Grauzone statt und wurde lange Zeit im tschechischen Recht nicht berücksichtigt. Im Jahr 2010 wurde die Prostitution dann im Zusammenhang mit der Gefährdung der moralischen Entwicklung von Kindern ins Strafrecht aufgenommen. Auf weitergehende Regelungen wurde allerdings verzichtet. Die Prostitution ist somit in Tschechien legal, aber unreguliert. Sie wird als pathologisches, unvermeidliches Phänomen wahrgenommen, dessen Auswirkungen auf die Öffentlichkeit zu reduzieren sind. Die Kommunen regeln die Prostitution im Sinne der öffentlichen Ordnung und sie richten Sperrzonen ein. Nach einer Entscheidung des Obersten Gerichtshofs von 2007 dürfen Gemeinden die Straßenprostitution auch vollständig verbieten. Wird ein solches Verbot missachtet, wird das mit Bußgeld geahndet.

Es gibt in Tschechien unzählige Barbetriebe, »Cabarets«, Sauna-Clubs, Massage- und Tantra-Saloons, Straßenstriche und private Einrichtungen, in denen der Prostitution nachgegangen wird. Allein in der Landeshauptstadt Prag wurden, vorwiegend im Stadtzentrum rund um den Wenzelsplatz, über hundert solche Einrichtungen gezählt. Und es wird vermutet, dass es in der Stadt zusätzlich weit über tausend private Adressen gibt, an denen der Prostitution nachgegangen wird. Hinzu kommen hunderte, vielleicht auch tausende Mädchen und Frauen, die sich auf den Straßen der Hauptstadt und darüber hinaus auch im gesamten Land anbieten.

Während in früheren Zeiten das Stadtzentrum, rund um den Wenzelsplatz, ein ausuferndes Prostitutionsaufkommen aufwies, haben sich die Straßenstriche in Prag inzwischen in die verschiedenen Stadtbezirke verlagert. Heute ist zum Beispiel der Karlsplatz ein beliebter Standort von (Zwangs-)Prostituierten. Die allermeisten Frauen (und Kinder), die auf einem Straßenstrich in Prag »anschaffen«, sind Ausländerinnen. Die Mehrzahl kommt aus Bulgarien, viele von ihnen sind Romnija.

In den als Barbetriebe, Clubs und Saloons getarnten Bordellbetrieben sind neben den etwa achtzig Prozent Tschechinnen noch Frauen aus der Slowakei und den Staaten der ehemaligen Sowjetunion, Frauen aus Nigeria,

Ghana, Vietnam, aber auch Romnija aus Bulgarien, Ungarn und Rumänien tätig. Und für all diese Betriebe wird nach Kräften geworben. Dabei ist man vor allem um Touristen bemüht. Um die Geschäfte anzukurbeln, fährt zum Beispiel regelmäßig ein Luxus-Taxi vom Flughafen Prag in Richtung Innenstadt, in welchem eine Stripperin die ankommenden Gäste auf das Nachtleben von Prag einstimmen soll.

Ein ausuferndes Prostitutionsgeschehen ist in Tschechien seit vielen Jahren in der Grenzregion zu Deutschland hin feststellbar. Und dabei spielen viele Romnija und Roma-Kinder eine so bedeutsame wie traurige Rolle. Fährt man mit dem Pkw über die deutsch-tschechische Grenze, wird man nicht selten zuerst von einer oder mehreren (Zwangs-)Prostituierten empfangen, die am Straßenrand oder an der ersten Tankstelle stehen. Verdeckter laufen die inzwischen seit Jahrzehnten stattfindenden Geschäfte mit Kindern ab. Schmutzige, menschenverachtende Geschäfte mit hilf- und wehrlosen, wahrlich bedauernswerten Roma-Kindern. Und es sind nahezu ausschließlich Deutsche, die diesen Grenzraum als ergiebiges Jagdgebiet erkannt haben und inzwischen seit Jahrzehnten nutzen, nicht selten sehr angesehene Mitbürger, die der Pädosexuellen- und Pädokriminellenszene zuzuordnen sind.

Mateo

Es ist ein Fahrzeug, das man in Tschechien eher selten sieht. Immer freitags, in den späten Abendstunden, taucht der silberfarbene Porsche-Cayenne mit deutschem Kennzeichen am Stadtrand des tschechischen Grenzstädtchens Cheb auf. Das Fahrzeug wird im Dunkel unter Bäumen geparkt, der Fahrer bleibt im Fahrzeug sitzen und wartet geduldig. Zeitgleich macht sich in den heruntergekommenen Plattenbauten der Roma-Siedlung von Cheb eine Romni und junge Mutter daran, eines ihrer sechs Kinder, den vierjährigen Mateo, schön anzukleiden und auf das Wochenende vorzubereiten. Dann geht sie, mit dem Kind an der Hand, in Richtung Stadtrand. Sie sieht sich immer wieder um, ob ihr jemand folgt, ob sie jemand sieht. Sie weiß, wo der Porsche steht und sie geht gezielt auf das Fahrzeug zu. Dann sieht sie sich noch einmal um und verschwindet gleich darauf mit Mateo im Dunkel unter den Bäumen.

Die Beifahrertür wird geöffnet. Mateo weiß, was er zu tun hat und klettert ins Fahrzeug. Die Tür schlägt leise hinter ihm zu. Der Porsche-Motor heult auf. Die Mutter winkt dem Kind noch einmal traurig lächelnd nach. Mateo winkt mit seinen beiden, dünnen Ärmchen zurück. Dann verschwindet das Fahrzeug hinter einer Wegbiegung. Und die Romni geht nachdenklich und langsamen Schrittes zu den heruntergekommenen Plattenbauten der Roma-Siedlung zurück.

Es ist später Sonntagabend. Der silberfarbene Porsche-Cayenne nähert sich Cheb. In den Plattenbauten macht sich Mateos Mutter auf und geht in Richtung Stadtrand. Schnellen Schrittes, sie wirkt sorgenvoll, unruhig, nervös. Wie würde sie Mateo diesmal antreffen? Eilends verschwindet sie im Dunkel unter den Bäumen. Und sie wartet, geht unruhig hin und her. Dann, endlich, nimmt sie das ihr bekannte Motorengeräusch in der Ferne wahr. Es kommt rasch näher. Der Porsche biegt ein und hält an, im Dunkel unter den Bäumen. Die Beifahrertür wird geöffnet, Mateo springt heraus, der Mutter in die Arme. Tränenvoll sieht sie Mateo tief in die Augen. Das Kind ist kreidebleich, zittert, wirkt verstört. Die Romni streicht ihm liebevoll und tröstend über sein volles, blau-schwarzes Haar. Ohne auszusteigen, übergibt der Fahrer des Porsche Mateos Mutter ein paar Geldscheine. »Wie vereinbart«, sagt er. Dann geht das Seitenfenster wieder hoch, der Motor heult auf und der Unbekannte verschwindet mit seiner Nobelkarosse hinter der ersten Wegbiegung. Die junge Romni geht mit Mateo an der Hand zu den Plattenbauten zurück. »Ich will das nicht, ich lass das nicht mehr zu, nie mehr!«, nimmt sie sich vor. Aber gleichzeitig quälen sie wieder große Sorgen. Wie sollen Mateo und seine Geschwisterchen satt werden, wenn sie sich nicht prostituiert und Mateo die Wochenenden nicht bei dem wohlhabenden Onkel in Deutschland verbringt?

Freitagabend, eine Woche später. Der silberfarbene Porsche-Cayenne nähert sich dem Stadtrand von Cheb, in der nahe gelegenen Roma-Siedlung macht sich Mateos Mutter daran, das Kind schön herzurichten …

Karo e.V. – eine verdienstvolle Einrichtung

Cathrin Schauer ist ausgebildete Krankenschwester, Diplomsozialpädagogin und Diplomsozialarbeiterin (FH), vor allem aber ist sie Geschäftsführerin im Vorstand von KARO e. V., einer Organisation, die seit dem Jahr 1994 im tschechischen Grenzgebiet gegen die Drogenszene, den Menschenhandel und die sexuelle Ausbeutung von Frauen und Kindern ankämpft und Betroffenen unkonventionelle professionelle Hilfe anbietet.

KARO bietet neben aufsuchender Sozialarbeit und Streetwork in der Prostitutions- und Drogenszene der tschechischen Grenzregion eine Anlauf- und Beratungsstelle im tschechischen Cheb sowie eine Beratungsstelle für Opfer des sexuellen Missbrauchs, ritueller Gewalt, des Menschenhandels und der Zwangsprostitution in Plauen. Zudem betreibt KARO ein Schutzhaus, in dem bis zu zwanzig Opfern des Menschenhandels und der Sexsklaverei Sicherheit gewährt werden kann und unterhält in Plauen die gern in Anspruch genommene Babyklappe »Käferle«. KARO e. V. ist fraglos eine sehr verdienstvolle und im deutsch-tschechischen Grenzgebiet nicht mehr wegzudenkende Organisation, die jedoch nicht immer angemessen gewürdigt wird, sondern gelegentlich mit Störmanövern und Anfeindungen zu kämpfen hat – und das nicht nur von den Profiteuren der kriminellen Umtriebe im Grenzgebiet. Cathrin Schauer und ihre Mitarbeiter(innen) ist bewusst, dass sie in einem Milieu tätig sind, das zunehmend und in weiten Teilen einem Geschäftsfeld Organisierter Kriminalität (OK) zuzuordnen ist, einem Geschäftsfeld, in dem Armutsprostitution, Sex mit Kindern, illegaler Drogenhandel und massiver Drogenmissbrauch eine zentrale Rolle spielen. Das hohe Organisationsniveau und geschickte Tarnverhalten der Täter und Tätergruppierungen erschwert die Arbeit der Mitarbeiter(innen) von KARO, motiviert sie aber zugleich und hält sie nicht davon ab, engagiert gegen die sexuelle Ausbeutung von (Roma-) Frauen und Kindern im deutsch-tschechischen Grenzgebiet anzukämpfen und den zahlreichen Opfern beizustehen.

KARO – der Verein ist das Lebenswerk von Cathrin Schauer. Niemand kennt – nach gut einem Vierteljahrhundert Tätigkeit in diesem Milieu – die

Abläufe des Menschenhandels, der (Zwangs-)Prostitution, der Kinderprostitution und der Zuhälterei im deutsch-tschechischen Grenzgebiet besser als sie: die alltäglichen und allnächtlichen Besuche, die Hilflosigkeit, das Leid und die Zerstörung der Opfer. Ihr sind auch die Täter und Strukturen bekannt, die für die brutale Ausbeutung und das Elend der Frauen und Kinder, insbesondere der Romnija und Roma-Kinder im Grenzgebiet, verantwortlich sind.

Was liegt näher, als diese so erfahrene wie bewundernswerte Helferin selbst zu Wort kommen zu lassen, was könnte authentischer sein, als diese engagierte und verdienstvolle Frau über die Verbrechen und die kriminellen Umtriebe im deutsch-tschechischen Grenzgebiet berichten zu lassen, mit denen sie und ihre Mitarbeiter(innen) in der Vergangenheit konfrontiert wurden und konfrontiert sind?

»Es sind immer wieder die gleichen oder sehr ähnliche Geschichten«, sagt sie, »und es ist, als hätte sie ein Krimiautor vom anderen abgeschrieben. Es sind jedoch keine fiktiven, sondern wahre Geschichten, es sind lebendige Frauen und Kinder, die wie Ware transferiert werden und unter sklavenähnlichen Bedingungen leben und arbeiten müssen. Es sind Kinder, die ihrer Kindheit beraubt werden, Frauen, denen ihre Würde genommen wird. Es ist Realität, oft grauenvolle Realität. Es sind Schicksale, oft nur schwer zu ertragen. Schicksale wie das von Katharina.

Katharina

Sie war minderjährig und fast noch ein Kind, als sie verkauft und zur Prostitutionsausübung in eine tschechische Grenzstadt verbracht wurde. Sie wurde fortgesetzt misshandelt, sexuell genötigt und missbraucht und dann von ihrem Zuhälter geschwängert. Die Deutschen würden viel Geld für eine Schwangere bezahlen, erzählten sie ihr. Also wurde sie auf die Straße gestellt oder in einem Zimmer eingesperrt, in dem sie deutsche Sextouristen zu empfangen hatte.

Später haben ihr die Zuhälter das Kind weggenommen. Als Pfand, um sie weiterhin gefügig zu machen. Oft hörte sie das Baby im Nachbarzimmer schreien. »Ich weiß, sie haben es einmal in eine Wanne mit kaltem Wasser gesetzt«, erzählte sie. Was sonst noch mit dem Kind geschah, wusste sie nicht. »Vieles, sehr vieles deutete auf fortgesetzten sexuellen Missbrauch hin. Darauf, dass das Kind Pädokriminellen überlassen wurde.«

Zwischendurch wurde Katharina auch in deutsche Bordelle verkauft. Es gab und gibt funktionierende Verbindungen zwischen Zuhältern im deutsch-tschechischen Grenzraum und Bordellbetreibern in Deutschland.

Irgendwann nutzte Katharina eine günstige Gelegenheit. Sie lief zusammen mit ihrem Kind davon. Und sie landete in den Armen von KARO und war damit in Sicherheit.

Die Anwerbung von Frauen und Kindern erfolgt nach Cathrin Schauer in den verschiedensten Armutsgebieten verschiedener Länder und Regionen, zumeist über organisierte Händlersysteme. Mit Gewalt oder falschen Versprechungen wie einer Arbeitsstelle als Kindermädchen, Küchenhilfe oder Hotelangestellte. Sie werden so von ihrem familiären und sozialen Umfeld losgelöst, an bestimmte Orte verbracht und dort zur Prostitution gezwungen.

Kinder werden bevorzugt in Heimen oder dort angeworben, wo sozial schwache Familienstrukturen dies erleichtern. Der Handel zum Zweck der sexuellen Ausbeutung erfolgt innerhalb der Grenzregion, von dort aus auch nach Deutschland und in andere europäische Länder. Dabei werden die Ausweisdokumente von den Zuhälterinnen oder Zuhältern einbehalten. Minderjährige haben zudem oft gefälschte Dokumente. Im tschechischen Grenzraum leben die Betroffenen zumeist mit anderen zusammen in einem Zimmer und sie sind ihren Zuhälter(inne)n vollkommen ausgeliefert. Oftmals haben die Frauen oder Kinder keine Kenntnis davon, in welchem Land oder in welcher Region sie sich befinden. Um sie gefügig zu halten, werden verschiedene Mittel der Abschreckung genutzt: Videofilme zum Beispiel, die zeigen, wie Frauen nach misslungenen Fluchtversuchen auf grausame Weise umgebracht werden. Die Einnahmen aus der Prostitution sind zumeist vollständig an die Zuhälter(innen) abzuliefern. Die Frauen und Mädchen bekommen lediglich Unterkunft, Nahrung und eventuell auch Kleidung, aber kein Bargeld. Auf dem Straßenstrich gibt es strenge

Kontrollmechanismen. Sie werden von den Zuhälter(inne)n an den jeweiligen Standort verbracht und dort auch wieder abgeholt. Der Standort wird von einem in der Nähe geparkten Pkw oder von einem Hauseingang aus überwacht. Vor allem Minderjährige werden sehr streng kontrolliert und nie allein gelassen.

Treffen die Sozialarbeiter(innen) bei der Streetwork neue Minderjährige auf dem Straßenstrich an, sehen sie die Angst in ihren Gesichtern. Sie reden nicht viel, geben sich aber als volljährig aus. Oft sieht man sie nur einmal und dann nie wieder. Sie werden weiterverkauft und weggebracht – an Orte, wo niemand danach fragt, wer sie sind und wie es ihnen geht. Ältere Frauen, die schon länger in diesem Milieu sind, haben sich oft schon an die tägliche Gewalt gewöhnt, sind drogenabhängig und sehen für sich keinen anderen Lebensweg mehr. Sie geben an, freiwillig der Prostitution nachzugehen. Erst in längeren, vertraulichen Gesprächen berichten sie die Wahrheit. So wie die 35-jährige Marianne, die nach zwanzig Jahren Zwangsprostitution in eine Schutzeinrichtung von KARO kam.

Marianne

»Ich war 15 Jahre alt und hielt es zuhause nicht mehr aus. In der Schule hatte ich so ›coole‹ Freunde, die alles machen durften. Einer von ihnen war so etwas wie meine erste Liebe. Ich bin von zuhause weggelaufen und mit ihm herumgezogen und herumgehangen. Irgendwann brauchten wir Geld. Ich wurde mit ein paar anderen Mädchen asiatisch aussehenden Männern vorgestellt. Diese haben uns begutachtet wie Ware. Ich aber verstand nicht, um was es ging. Einen Tag später sollte ich zusammen mit einem der Asiaten etwas kochen. Dann fiel die Wohnungstür zu und sie wurde auch gleich abgeschlossen. Plötzlich war ich mit sechs Männern allein …

Danach war alles anders. Die Welt hatte sich für mich verändert und sie sollte nie mehr so sein, wie sie war. Zurück nach Hause konnte und wollte ich nach der Gruppenvergewaltigung nicht mehr. Dunkel sind meine Erinnerungen an die nun folgenden Jahre. Ich wurde an Zuhälter verkauft und von diesen weitergereicht. Immer dorthin, wo die Nachfrage gerade groß war. Die

Zuhälter in Tschechien, oft sind es Vietnamesen, sind wie ein Spinnennetz organisiert und sie tauschen sich ständig aus. Ihr Netz reicht über Tschechien hinaus bis weit nach Deutschland hinein und auch in andere Länder. Sie veranstalten jedes Jahr richtig große Treffen zum Erfahrungsaustausch.

Der Kinderhandel ging damals immer von Teplice aus. Dort kamen Mädchen aus allen Regionen Tschechiens an. Teplice war ein richtiger Umschlagplatz. Im Verlauf der Zeit bekam ich mit, wie alles läuft. Auch erfuhr ich meinen Kaufpreis und wusste von da an, welchen Betrag ich abzuarbeiten hatte. Ich musste in Clubs und auf den Straßen Tschechiens, Deutschlands und Belgiens tätig werden. Für Zuhälter aus Vietnam, für Türken, Araber und Deutsche. Ich wurde spielsüchtig und drogenabhängig. Die allermeisten Sextouristen, die nach Tschechien kamen, verlangten ungeschützten Geschlechtsverkehr. Ich hatte keine Wahl.

Ich weiß auch, dass manche ihre Opfer quälten, vergewaltigten oder in den Kofferraum ihres Autos sperrten und dann irgendwo weggeworfen haben. Manche lagen wie Dreck auf der Landstraße, nackt, wie Gott sie schuf. Und auch solche Frauen sprachen dann noch von Glück – weil sie überlebt haben.«

Die allermeisten Betroffenen solch krimineller und perverser Machenschaften gleiten in die Drogensucht ab oder sie werden gezielt unter Drogen gesetzt. Drogen stumpfen ab. Die Frauen können nächtelang wach bleiben, sie fühlen nichts und essen nichts und ihr Selbstwertgefühl geht vollkommen verloren. Es ist oft schwer, zu ihnen durchzudringen, es ist schwer, sie zu erreichen.

Kinder, die von klein an vernachlässigt und sexuell ausgebeutet werden, sind extrem traumatisiert. Einige wirken dadurch wie geistig behindert. Sie sind ängstlich oder aggressiv, haben Lernstörungen und fantasieren. Geschlechtskrankheiten, Verbrennungen, verfaulte Zähne sind nur einige der Anzeichen für Sexsklaverei und sexuelle Gewalt. Ein von KARO betreuter neunjähriger Junge macht ständig in die Hose, zieht sich manchmal auf der Straße nackt aus, schreit andere Kinder an und bedroht sie.

Viele der von sexueller Ausbeutung betroffenen Frauen und Kinder in der Grenzregion leiden doppelt unter ihrer Stigmatisierung, denn sie sind Romnija und Roma-Kinder und allein deshalb benachteiligt. Selbst diejenigen Romnija, die einen Ausstieg aus dem Prostitutionsmilieu schaffen, bekommen oft keine menschenwürdige Unterkunft, keine Arbeit, keine Chance.

Kein »anständiger« Vermieter stellt in Tschechien eine Wohnung für eine Romnija zur Verfügung, schon gar nicht für eine Romnija mit Kindern. Deshalb sind Roma-Frauen und -kinder häufig auf Menschen angewiesen, die wenig vertrauenswürdig sind und die ihre Notlage schamlos ausnutzen. Auch für KARO ist es sehr schwierig, ihnen eine Perspektive zu bieten.

Ähnlich problematisch ist die Lage in den Kinderheimen der Grenzregion, in denen KARO Präventionsveranstaltungen zum Thema Menschenhandel und Prostitution durchführt. Roma-Kinder und solche, die in ihrem jungen Leben nichts als Gewalt erlebt haben, blicken zumeist in eine perspektivlose Zukunft. So wie Monika, die inzwischen ihr halbes Leben auf dem Straßenstrich steht, seit sie mit achtzehn Jahren aus dem Kinderheim entlassen wurde – mit nichts, außer einem Ausweis in der Tasche. »Was sollte ich tun und wohin sollte ich gehen, 18 Jahre alt, kein Geld, keine Familie, keine Perspektive …?«, klagt sie. Oder die transsexuelle Romina, die den Sozialarbeiterinnen von KARO davon berichtet, dass sie das alles von ihrer Mutter gelernt habe. Diese habe sie schon im Alter von dreizehn Jahren mit auf die Straße genommen.

Es geht bei der Arbeit von KARO immer wieder um schwerste Straftaten und Menschenrechtsverletzungen. Die betroffenen Frauen und Kinder haben Todesängste und weigern sich, die an ihnen begangenen Verbrechen anzuzeigen. Zu groß sind ihre Ängste vor den Konsequenzen. Nicht zu Unrecht, denn sie werden permanent von Zuhältern überwacht und bedroht.

Bei der örtlichen Polizei wird ihnen nicht immer geglaubt und nicht immer geholfen. Aus solchen Gründen bleiben die allermeisten dieser menschenverachtenden Verbrechen, die hier im Grenzraum begangen werden, ohne strafrechtliche Konsequenzen. Das wiederum hat zur Folge, dass die Öffentlichkeit kaum Kenntnis von all diesen Problemen erlangt und dass dieses Geschehen selbst bei den Behörden wie den Sozial- oder Jugendämtern nicht den Stellenwert hat, den es haben müsste. Auch KARO stößt bei offiziellen Entscheidungsträgern immer wieder auf Unverständnis oder wird sogar als verleumderisch dargestellt. Der Verein trifft oft auf eine Mauer des Ignorierens, des Verdrängens und des Nicht-wahrhaben-Wollens.

Die unfassbare Brutalität, mit der nicht nur Romnija und Roma-Kinder in den Grenzregionen zur Tschechischen Republik hin ausgebeutet werden, zeigt ein Interview, das Cathrin Schauer mit einer Betroffenen führte, die seit ihrem zwölften Lebensjahr zur Prostitution gezwungen wurde:

Wie bist Du zur Prostitution gekommen?

Ich wurde einfach weggeschleppt, von fremden Männern. Dann wurde ich an einen Nachtclub verkauft, der zugesperrt war. Ich wusste damals nicht, was mit mir passieren würde. Von Anfang an wurde ich geschlagen und behandelt wie ein Stück Fleisch. Die Männer sind gekommen, haben dafür bezahlt und sind dann wieder gegangen …

Was hast du damals gefühlt?

In mir war große Angst vor jedem Kunden. Wie er mir wohl wehtun würde, jeder auf seine Art. Ich habe nur noch schwarzgesehen durch die Gewalt und durch den Druck der Zuhälter. Meine Gefühle waren eine Mischung aus Angst, Schmerzen und Gewalt. Verursacht durch psychischen und körperlichen Missbrauch. Damit meine ich die vielen blauen Flecken auf dem ganzen Körper, die sowohl von Schlägen der Zuhälter wie auch von Misshandlungen der Kunden herrührten.

In mir dominierte ein Gefühl des geistigen Nichts – ich bin ein Niemand!

Hast du mitbekommen, was mit den anderen Kindern geschah?

Ganz viele Kinder hatten gleiche oder noch viel schlimmere Erlebnisse. Es waren Kinder von fünf bis acht Jahren aber auch Zehn- bis Vierzehnjährige. Die jüngeren Kinder sind nicht rausgekommen aus ihrem Zimmer, das war zugesperrt. Alles hing von den Anfragen der Kunden ab, davon, welchen kleinen Jungen oder welches Mädchen sie wollten. Die Älteren, also die etwa Zehn- bis Vierzehnjährigen, waren zusammen mit mir und den älteren Frauen untergebracht. Wir haben die Zimmer der jüngeren Kinder nach jedem Ablauf aufgeräumt. Manche der kleinen Kinder lagen nackt in einer Ecke, zitterten und weinten. Auch ich hatte bei jedem Aufräumen Tränen in den Augen, wenn ich versuchte, ein Kind zu beruhigen. Wurde ich dabei erwischt, habe ich dafür eine Strafe vom Zuhälter bekommen. Ich musste zum Beispiel mit zwei oder drei Männern gleichzeitig schlafen, mindestens zwei Stunden lang.«

Haben das andere Menschen mitbekommen?

Bestimmt gibt es Leute, die davon wussten, aber nicht handeln wollten. Es gab Leute, die wollten gegen diesen Missbrauch von Kindern etwas tun, aber die Netzwerke wurden dennoch immer größer. Und da drin sind Leute, die mit Frauen und mit Kindern handeln wie auf dem Markt. Und die Leute, mit denen ich damals zusammenkam, haben alle davon gewusst: die Taxifahrer, die die Kinder mit der sogenannten »Bezugsperson« des Zuhälters einsammelten, die Polizisten … Nicht alle, aber einige haben die Zuhälter gut gekannt. Deshalb war die Angst zu groß, um Hilfe nachzusuchen. Alle wussten, was kommen würde, wenn … Alle hatten die Hoffnung auf Rettung verloren.

Was spürst du von all dem heute noch?

Wo soll ich da anfangen? Das ist ein schwarzer Schatten, den mir mein Schicksal vorgegeben hat. Und den muss ich den Rest meines Lebens mittragen. Das ist ein Teil meines Lebens, an den ich mich nicht gern erinnere. Diesen Koffer aber trage ich immer bei mir und es geht einfach nicht, ihn auszupacken.

Es gibt immer wieder Tage, an denen die Erinnerungen zurückkommen, und ich fühle mich dann einfach leer. Ich bin heute in der Lage, diese meine Vergangenheit zu akzeptieren. Aber die Nachwirkungen spüre ich noch immer. Ich versuche ein normales Leben zu führen. Die Schatten der Vergangenheit aber lassen mich nicht los.«

Bis heute hat sich im tschechischen Grenzraum – trotz der aufopferungsvollen und erfolgreichen Tätigkeit von Cathrin Schauer und ihren Mitarbeiter(innen) – nicht allzu viel zum Besseren hin gewendet. Noch immer drehen die Kriminellen nur wenige Kilometer hinter der Grenze unentwegt ihre Runden, halten Ausschau nach Frauen und nach Kindern. Nach Romnija und Roma-Kindern.

Viele von ihnen sind kaum zehn Jahre alt, aber schon auf den Straßen unterwegs, und manche von ihnen machen schon in diesem Alter ihre ersten Erfahrungen mit Drogen. Sie müssen sich der skrupellosen, von der anderen Seite der Grenze kommenden Kundschaft anbieten, denn ihre und ihrer Familien Armut ist himmelschreiend, die Prostitution von Müttern und Kindern oft der einzig erkennbare Ausweg aus bitterster Not. Eine Not, die von Wohlstandsbürgern, von Angehörigen der modernen, rechtsstaatlichen Gesellschaft von gleich nebenan schamlos ausgenutzt wird.

Wie brutal die Abläufe im deutsch-tschechischen Grenzgebiet noch immer sind, machte Cathrin Schauer bei einer Fachtagung deutlich, die in Plauen stattfand:

»Ich habe in der Vergangenheit unzählige Frauen und Kinder mit unfassbaren Schicksalen getroffen. Frauen, die blutig geschlagen wurden, im Unterleibsbereich aufgeschnitten waren, Hämatome im Gesicht hatten … Ich stand neben Zuhältern, die in aller Öffentlichkeit Frauen brüllend an den Haaren in Autos oder Hauseingänge zerrten oder in einem Fall an ein Auto banden und losfuhren.

An dieser Brutalität hat sich bis heute nichts geändert. Davon unabhängig gibt es immer wieder neue Ideen, neue Geschäftspraktiken, neue Geschäftsmodelle … In jüngster Zeit stellen wir fest, dass Frauen und Kinder vermehrt in den Slums ihrer Heimatländer rekrutiert werden und dass es in Plauen, im Vogtlandkreis und in Chemnitz deutsche Männer gibt, die zahlreiche alte und (halb-)verfallene Häuser aufkaufen und Wohnungen gezielt an die Ärmsten der Armen vermieten. Und in diesen Wohnungen findet dann (Zwangs-)Prostitution statt. Es gibt Hinweise auf Erwachsenen- und auf Kinderprostitution.

Immer wieder tauchen die Namen dieser Investoren im Zusammenhang mit dem Menschenhandel und der sexuellen Ausbeutung von Frauen und Kindern auf. Ich kann nur hoffen, dass die zuständigen Ermittlungsbehörden diese Entwicklung inzwischen auch registriert haben und die erforderlichen Recherchen und Überwachungsmaßnahmen einleiten. Ich habe jedenfalls, was diese neuen Erkenntnisse betrifft, schlimmste Befürchtungen.

Denn die betroffenen Frauen und Kinder, die Romnija und Roma-Kinder, leben gefährlich, lebensgefährlich!«

Suzanna

Suzanna hat nicht überlebt. Wir haben sie regelmäßig in ihrer Bordell-Wohnung aufgesucht und begleitet. Sie war klein, zierlich, zerbrechlich. Manchmal erzählte sie uns, dass ihr ein Freier Geld klaute, ein anderer all ihre Kondome fortnahm. Auch berichtete sie immer wieder von der Nachfrage nach ungeschütztem Verkehr.

Wir spürten ihre Angst. In den letzten Wochen vor ihrem Tod wagte sie sich nicht mehr vor ihre Haustür aus Angst vor diesen »Idiotenmenschen«, wie sie ihre Besucher nannte. Wir von KARO konnten nur erahnen, was sich Tag für Tag und Nacht für Nacht in ihrer Wohnung und in ihrem Schlafzimmer abspielte. Ihre ins Leere starrenden traurigen Augen sagten mehr als tausend Worte.

Trotz allem hatte Suzanna Träume. Sie träumte davon, ein normales Leben zu führen, einem normalen Job nachzugehen. Sie wollte raus aus dieser Wohnung, raus aus der Prostitution. Aber sie war gefangen in einem Berg von Schulden, gefangen durch Angst, Scham und Gewalt.

Eines Tages meldete sich Suzanna nicht mehr. Unsere Anrufe nahm niemand mehr entgegen. Wir waren besorgt, rechneten mit dem Schlimmsten. Also informierten wir die Polizei, die sie dann tot in ihrer Wohnung auffand. Suzanna, so wurde festgestellt, wurde schon vor zwei Wochen getötet. Niemand im Haus hatte sie vermisst. Prostitution isoliert, Prostitution macht einsam.

Die Todesursache blieb unklar. Doch ob es ein gewaltsamer Tod war oder nicht: Suzannas ganzes Leben war von Gewalt geprägt. Nicht nur vonseiten der Zuhälter. Jeder Freier, den sie über sich ergehen lassen musste, übte Gewalt an ihr aus.

Doch nicht nur auf dem Territorium der Tschechischen Republik, auch im Rechtsstaat Bundesrepublik Deutschland gibt es zum Teil erhebliche Defizite, was den Umgang mit den Roma und die sexuelle Ausbeutung von Roma-Kindern betrifft. So wurde im Zusammenhang mit der Kinderprostitution von der Mitarbeiterin einer zuständigen deutschen Behörde geäußert, dass die Roma-Kinder sexuell eben weiter seien als andere Kinder. Auch wenn es nur ein Einzelfall gewesen sein sollte: Es ist haarsträubend, wenn im Zusammenhang mit der Ausbeutung dieser Kinder an vermeintlich kompetenter Stelle so argumentiert wird.

Das Leben der Roma, Romnija und Roma-Kinder ist auch in Deutschland zuweilen gefährlich, lebensgefährlich. Innerhalb weniger Wochen, am 29. Dezember 2017 und am 5. Februar 2018, brannten in der Trockentalstraße von Plauen zwei Häuser. Ein Brand forderte zwei Tote. Der zweite mehrere Schwerverletzte.

Bewohnt waren die Häuser von Drogenabhängigen, von Rechtsradikalen und von Roma-Familien. Auch Romni Lucia wohnte mit ihren Kindern dort. Sie räumte die Flaschen, die Scherben, den Müll, die Zigarettenkippen und die Müllbeutel immer wieder weg, die morgens im Treppenhaus herumlagen – wegen der Kinder. »Fick dich!«, riefen ihr die Rechtsradikalen zu.

Als das Haus zu brennen anfing, stand sie unter der Dusche. Sie zog sich eilig etwas über, rannte zu ihren Kindern. Da der Flur schon in Flammen stand und voller Rauch war, warf sie die Sechs- und Zehnjährige aus dem Fenster – den Menschen auf der Straße in die Arme. Dann rannte sie – den dreijährigen Demir schützend in den Armen – durch die Flammen, brachte ihn ins Freie. Sie erlitt schwere Verbrennungen am Körper. Auch die Haut von Demirs Händchen war zerstört.

Die Qualen, die Hautverpflanzungen, alles ist inzwischen vergessen. Die Narben aber sind geblieben, in ihrem Gesicht, auf ihrem Körper, an den Armen und an Demirs Händchen. Und nachts schläft Lucia nur noch selten vor drei Uhr ein. Sie hat Angst, es könnte wieder zu brennen beginnen. In dem verschlissenen Haus wohnen sie alle wieder zusammen: die Drogensüchtigen, die Rechtsradikalen, die Roma.

Als Lucia später mit ihrer elfjährigen Tochter am 3. Advent an einer Weihnachtsfeier von KARO teilnahm, wurde ein Räucherstäbchen angezündet. Lucias Tochter rannte daraufhin in panischer Angst davon.

Cathrin Schauer bemühte sich daraufhin um einen Therapieplatz für das traumatisierte Kind. Der Versuch scheiterte. »Wie so vieles …!«

Sie sagt es fast resignierend. Doch resignieren wird Cathrin Schauer nicht. Wer diese bewundernswerte Frau kennt, der weiß das.

Westwärts – der Handel von Romnija und Roma-Kindern zum Zweck der sexuellen Ausbeutung

In unmittelbarer Nähe größerer Roma-Siedlungen und Roma-Gettos in Bulgarien, Rumänien und verschiedenen Balkanstaaten befindet sich häufig ein mehr oder weniger prunkvolles Anwesen bis hin zu prächtigen Villen mit großzügigen Grünanlagen, von denen manche an das Schloss und an die Gärten von Versailles erinnern. Es sind Prachtbauten und sorgsam gepflegte Anlagen, die nicht zu den ärmlich und zurückgeblieben wirkenden Dörfern und Städten in diesen Ländern und schon gar nicht zu den jeweils benachbarten Elendssiedlungen passen wollen. In diesen noblen Häusern residieren sie, die wohlhabenden Roma-Könige, die Buli Baschas, die vermeintlichen oder tatsächlichen Herrscher über die Menschen im Elend nebenan. Und sie verstecken ihren Reichtum nicht. Im Gegenteil: Sie präsentieren ihn zumeist stolz und selbstbewusst. Sie sind einflussreich, pflegen oft beste Beziehungen auf dem jeweiligen politischen Parkett. Und sie sind bei den Regierenden zumeist gut angesehen. Weiß oder glaubt man doch, dass sie für zehntausende und noch mehr Wählerstimmen sorgen oder diese auch verhindern können. Und man rätselt nicht lange, woher ihr Reichtum kommt. Sie werden als die zentralen Figuren angesehen, die den Männern aus der jeweiligen Armensiedlung Arbeit in Deutschland verschaffen, die Horden von »Klaukids« und Bettelkinder ins westliche Europa ausschwärmen lassen, die dafür verantwortlich sind, dass Romnija und Roma-Kinder der (Zwangs-)Prostitution zugeführt werden – und die daran verdienen. In ihrem Auftrag, so wird vermutet, werden auch die Menschenhändler und Zuhälter tätig, die dieses Prostitutionsgeschehen kontrollieren. Bei ihnen, so ist man überzeugt, laufen die Fäden dieser mehr oder weniger kriminellen, Europa überspannenden Geschäfte zusammen. Sie sind die großen Profiteure und die Bosse einer bestens organisierten Kriminalität.

Tatsächlich wurde in Bulgarien bereits im Jahr 2011 einer der prominentesten Roma-Könige, der als Mafiosi geltende Kiril Raschkow, festgenommen, der als Hintermann von Diebes- und Bettelbanden und anderen kriminellen Vereinigungen galt und als »Zar Kiro« geradezu Berühmtheit erlangte. Ein Krimineller, der schon vor 1989, zur Zeit des Kommunismus, lange Jahre im Gefängnis gesessen sein soll. Er wurde als Herr tausender, ihm höriger Roma, als Betreiber eines europaweiten kriminellen Netzwerkes und als steinreicher Pate angesehen und er stellte sich selbst auch gerne so dar. Doch war er das auch?

Nach seiner Festnahme drohte und prahlte er noch damit, eine Armee aus 2000 »Zigeunern« aufstellen zu lassen, um seinen Machtbereich zu sichern. Doch nichts Derartiges geschah. Ganz im Gegenteil: In Stolipinowo, dem Elendsviertel von Plowdiw, das man zu seinem Machtbereich zählte, soll er sogar angefeindet und symbolisch zum Tode verurteilt worden sein. Und die Gesandten des österreichischen Stromkonzerns EVN, der das Netz von Stolipinowo gekauft hatte, suchten, als »Zar Kiro« noch in Freiheit war, lange Zeit so verzweifelt wie vergeblich nach einem Anführer, mit dem man über die Strompreise hätte verhandeln können. Dieser Anführer war nicht aufzufinden, diesen Anführer gab es nicht.

Herrschte »Zar Kiro« also gar nicht über Stolipinowo und war er vielleicht gar nicht so reich und mächtig, wie es schien und wie er sich präsentierte?

Zu Unrecht verhaftet wurde Kiril Raschkow ganz sicher nicht. Vielmehr war er, wie die Ermittlungen der bulgarischen Polizei ergaben, tief in kriminelle Machenschaften verstrickt. Doch er war nicht der mächtige Herrscher über zehntausende ihm hörige Roma und er war auch nicht der große OK-Boss, der für alle Bettelei, Diebereien, für den Frauen- und Kinderhandel und für all die beklagenswerte (Kinder-)Prostitution verantwortlich war. Er war nicht der Pate, der Ersatzvater einer riesigen Roma- oder Mafiafamilie. »Zar Kiro« war allem Anschein nach ein Krimineller, ein Buli Bascha, der es (auch) mit illegalen Geschäften zu Reichtum und Wohlstand sowie zu zahlreichen Gefängnisaufenthalten gebracht hatte. Nicht mehr und nicht weniger.

Ein solch gesetzwidriges Verhalten auf alle Roma-Könige oder Clan-Chefs zu übertragen, allen Buli Baschas kriminelle Energie und kriminelle Machenschaften zu unterstellen, wäre so ungerecht wie falsch. Das verbreitete Bild, dass all diese Roma-Könige auch und vor allem als OK-Bosse fungieren und mächtige, europaweit tätige Organisationen und Netzwerke lenken und beherrschen und sich mit der (Zwangs-)Prostitution oder anderen illegalen Geschäften eine goldene Nase verdienen, trügt. Die allermeisten dieser Buli Baschas, die wohlhabend und reich geworden sind und in noblen Villen in der ärmlichen Umgebung bulgarischer, rumänischer oder ungarischer Städte leben, sind von ihren Untertanen geachtet und als Führungspersönlichkeiten anerkannt. Sie haben ihr Geld in Wahrheit zumeist mit Schrott- oder Buntmetallhandel, mit dem Handel von Edelmetallen, mit Bauunternehmen oder anderen, (zumeist) legalen Geschäften verdient.

Florin Cioabă zum Beispiel war einer der mächtigsten und wohlhabendsten Roma-Könige Rumäniens und weit davon entfernt, ein Krimineller oder gar ein OK-Boss zu sein. Als sein Vater, der Roma-König Ion Cioabă, im Jahr 1997 überraschend verstarb und er die Geschäfte ziemlich unvorbereitet übernehmen musste, war er bereits als Pastor und beliebter Prediger der Pfingstgemeinde »Philadelphia« tätig. Die Kirche unweit seiner Villa in Sibiu hat er selbst erbauen lassen. Üblicherweise trat zunächst sein Sohn, dann er selbst vor die Gemeinde und er zitierte aus dem Korintherbrief: »Nach der mir verliehenen Gnade Gottes habe ich als weiser Baumeister den Grund gelegt – ein anderer aber baut darauf weiter.« Und er verkündete seiner frommen Gemeinde: »Ein jeder wird seinen eigenen Lohn empfangen nach seiner eigenen Arbeit.«

So anerkannt und angesehen, wie er als Prediger war, so angesehen war Florin Cioabă auch als gewiefter und erfolgreicher Geschäftsmann. Abgesehen von der Verwaltung seines beträchtlichen Vermögens betrieb er unter anderem eine gut gehende Gießerei, eine Polyäthylenfolien-Fabrik und eine Bierbrauerei. Der in Sibiu, der rumänischen Stadt mit dem höchsten Anteil von »Fahrenden«, residierende Roma-König war zudem Vizepräsident der International Roma Union, des Dachverbands vieler

Roma-Vereinigungen. Und Florin Cioabă war als Gläubiger ein Vorbild für viele Roma, Romnija und Roma-Kinder auf dieser Welt.

In seiner Villa empfing Florin Cioabă seine Gäste in prunkvollen Räumen. Er bat sie, auf einem Samt-Sofa mit goldenen Lehnen Platz zu nehmen. Dahinter meterhohe, schwere Vorhänge. Unter der Stuckdecke mit dem Kronleuchter hing ein riesiges Ölgemälde, das seine Exzellenz in vollem Ornat zeigte: Mit Krone, Zepter und prächtigem, purpurrotem Umhang. Die Fenster der Räume waren verspiegelt, so dass man hinaus-, aber nicht hineinsehen konnte. Allzu oft nahm sich der Clan-Chef allerdings nicht die Zeit, Gäste zu Gesprächen zu empfangen. Viel lieber ging er mit seinen Leuten in den Wald, so wird erzählt, um ein Spanferkel zu braten.

Von außen wirkt das Haus des rumänischen Roma-Königs in einem staubigen Außenbezirk von Sibiu eher unscheinbar. Und die ältere Frau mit Kopftuch und braunem Rock, die den Innenhof des Anwesens fegt, sieht aus wie eine einfache Hausangestellte. Es ist jedoch die Frau des im Jahr 2013 im türkischen Badeort Antalya viel zu früh verstorbenen Florin Cioabă. Im Anwesen erinnert nur ein sündhaft teurer Maybach, der hinter einem Haus zwischen Baumaschinen, Schutt und einem ausrangierten Grill geparkt wird, an den Reichtum des Buli Bascha und seiner Familie.

Cioabăs Schwester, Prinzessin Luminita, wohnt gegenüber dem königlichen Palast in einer Ein-Zimmer-Wohnung. Sie trägt einen langen Rock, eine Strickweste und ein Kopftuch. Luminita ist die Intellektuelle, sie spricht fließend Englisch. Sie betätigt sich auch als Dichterin und Filmerin. Ein Film von ihr thematisiert das Heiraten.

Roma-Mädchen werden von ihren Eltern zumeist schon im Alter von vierzehn Jahren, manchmal auch schon mit zwölf oder dreizehn verheiratet. Luminita setzt sich dafür ein, dass sie mindestens fünfzehn Jahre alt sein müssen und auch nach der Heirat weiterhin zur Schule gehen sollten.

Ihrem Bruder wurde das heikle Thema Heiraten einst fast zum Verhängnis, nachdem seine dreizehnjährige Tochter Ana-Maria mit ihrem sechzehnjährigen Bräutigam Hochzeit gefeiert hatte. 500 Gäste waren geladen, 17 Mastschweine und 80 Spanferkel wurden geschlachtet, das Musikorchester wurde aus Österreich eingeflogen und die Hochzeitsreise sollte nach Las Vegas gehen, als man bei der Europäischen Union auf die Heirat der Dreizehnjährigen aufmerksam wurde. Von Zwangsehe und sexuellem Missbrauch eines Kindes war die Rede. Dann aber wurde festgestellt, dass keine zivile Trauung und damit keine Eheschließung in legalem Sinne stattgefunden hatte, also auch kein Gesetzesbruch vorlag. Und hinsichtlich ihrer Jungfräulichkeit konnte Ana-Maria gegen ihren Willen nicht untersucht werden. Also blieb alles bei einem schnell wieder vergessenen Skandal.

Auf dem königlichen Areal wohnen bis heute auch viele Verwandte des verstorbenen Clan-Oberhauptes. Vor ihren Häusern parken Fahrzeuge der Marke BMW-SUV, Mercedes-Coupé und in ihren Garagen steht ein Maybach, ein Bentley und ein fabrikneuer Ferrari.

Im Winter geht es regelmäßig nach Ischgl zum Skifahren, im Sommer am liebsten nach Mailand zum Shoppen. Frankreich, so erzählt eine der Damen im traditionell roten Rock, mit Kopftuch, Goldzähnen im Mund und goldenen Ringen an den Ohren, mögen sie nicht so sehr. Kürzlich hätten sie in einem 5-Sterne-Hotel in Nizza residiert, in dem alles so ungepflegt gewesen sei …

Fragt man, woher die Königsfamilie das viele Geld hat, bekommt man zur Antwort, dass man zum Beispiel marode Staatsfirmen aufgekauft, saniert und lukrative Teile davon gewinnbringend weiterverkauft habe.

Im königlichen Areal sind auch viele Bedienstete zu sehen. Es wohnen hier viele Kalderasch, traditionelle Kesselmacher und Kesselflicker. Sie sitzen vor ihren kleinen Häuschen und hämmern, vom Knirps bis zum Greis, gekonnt auf Metallen herum, stanzen perfekte Kreise oder ein gelungenes Oval. Mögen die Rumänen noch so sehr auf die Roma schimpfen, brauchen sie eine Dachrinne oder einen Kessel zum Schnapsbrennen, wenden sie sich noch immer an die Kalderasch.

Als Prinzessin Luminita gefragt wird, ob sie eine Wahrsagerin empfehlen könne, antwortet sie kopfschüttelnd und leicht verstimmt, dass die Roma von heute mit so einem rückständigen Aberglauben nichts mehr zu tun hätten. Und als sie darauf angesprochen wird, dass im deutschsprachigen Raum zigtausende Romnija der Prostitution oder der Zwangsprostitution nachgehen, dass allein am Sihlquai von Zürich jeden Abend hunderte Romnija ihren Körper verkaufen, reagiert sie geradezu empört: Das sind keine Kalderasch, sagt sie barsch und sichtlich beleidigt, darauf angesprochen zu werden.

Nach dem Tod seines Vaters Florin im Jahr 2013 kehrt dessen Sohn Dorin Cioabă, der bis dahin in Spanien lebt, nach Sibiu zurück und übernimmt die Geschäfte. Und er betreibt sie offensichtlich ganz im Sinne seines Vaters weiter. Auch Dorin Cioabă und seiner (Groß-)Familie liegt es fern, illegale Geschäfte zu machen oder gar auf einem Geschäftsfeld der OK tätig zu werden.

Im Gegenteil: Im Jahr 2021 lanciert der sozial bewegte Baptisten-Prediger und Sohn des Florin Cioabă den »Gypsycoin«, eine Kryptowährung für wohltätige Zwecke. Doch auch wenn dies nicht zum großen Erfolg führen wird, werden die Familie und der Clan der Kupferschmiede nicht in Armut verfallen oder jemals auf die Idee kommen, gesetzeswidrige Geschäfte zu betreiben.

Dorin Cioabă und der Clan der Kupferschmiede werden sich weiterhin bemühen, das Leben der Roma in Rumänien erträglicher zu gestalten. Anfang März 2023 erregt der Buli Bascha wieder einmal Aufsehen, weil er die Rumänische Orthodoxe Kirche dazu auffordert, sich dafür zu entschuldigen, dass sie die Versklavung der Roma vom 14. bis weit ins 19. Jahrhundert hinein widerstandslos geduldet hat.

Die allermeisten dieser vermeintlichen OK-Bosse, Roma-Könige, Clanchefs oder Oberhäupter mehr oder weniger großer Familien haben ihr Geld auf legale Weise als so geschickte wie fleißige Handwerker oder Händler, als gewiefte Gründer und Betreiber von Handwerks- oder Handelsunternehmen verdient. Und es dürften im Gegensatz zur europaweit verbreiteten Meinung allenfalls einige wenige Buli Baschas sein, die durch illegale Geschäfte und internationale Organisierte Kriminalität zu Reichtum und Wohlstand gekommen sind.

Das ist auch daran abzulesen, dass sich – wiederum im Gegensatz zu einer weit verbreiteten Meinung – bei genauem Hinsehen nur ein verschwindend kleiner Teil der Roma-Familien dazu gezwungen sieht, den Lebensunterhalt mit illegalen Geschäften zu sichern. Die allermeisten puzzeln sich ihre Existenz in Wahrheit mit Gelegenheitsarbeiten, mit kleineren Handelsgeschäften, mit dem Sammeln oder Verarbeiten von Schrott und Altmetallen und ähnlichen Tätigkeiten zusammen.

Es ist deshalb auch nicht richtig, wenn die bettelnden Elendsgestalten in deutschen, österreichischen oder Schweizer Städten und die Romnija und Roma-Kinder auf dem Strich zwar als Opfer, zugleich aber als Angehörige einer kriminellen Organisation wahrgenommen werden. Das sind sie zumeist nicht. Das zu vermuten, taugt jedoch dazu, Schuld zuzuweisen, wenn man diese in Lumpen verpackten Gestalten auf der Straße sitzen sieht – und jeden Gedanken an eine Mitschuld oder Mitverantwortung der jeweils betroffenen Mehrheitsgesellschaft erst gar nicht aufkommen lässt.

Nachgewiesene Fälle größerer, der OK zuzuordnender Organisationen, die mit Romnija und Roma-Kindern handeln und sie der Bettelei oder Prostitution zuführen oder in anderer Weise ausbeuten, sind in Europa jedenfalls höchst selten. Einer der seltenen Fälle wurde in Wien offengelegt, wo eine Familie gezielt wehrlose Behinderte aus Rumänien einschleuste und aufs Pflaster setzte.

Häufig sind es verarmte Familien, die ihre Kinder zum Klauen oder zum Betteln anleiten und auf die Straßen deutscher, österreichischer oder Schweizer Städte schicken. Und der Zuhälter, der die Romnija oder Roma-Kinder in den Westen schleust, »betreut« und kontrolliert, ist in aller Regel der Onkel, der Bruder, der Schwager, der Nachbar oder der Freund der Familie – und nicht der Beauftragte eines Roma-Königs oder der Angehörige einer europaweit tätigen, kriminellen Organisation.

Es sind also weniger die von kriminellen Clanchefs kontrollierten, großen und gefährlichen, der OK zuzuordnenden Organisationen, die für den Menschenhandel und die Zwangsprostitution von Romnija und Roma-Kindern verantwortlich sind, sondern es ist die Armut, es sind die oft katastrophalen Lebensbedingungen, die den Menschenhandel und die (Zwangs-)Prostitution auslösen und fördern.

Begünstigt wird das alles durch die patriarchalischen Strukturen, die in diesen Roma-Familien und -Siedlungen im Osten und Südosten

Europas vorherrschen. Es gibt Hierarchien und Abhängigkeiten in den Familien, Sippen oder Clans (die häufig durch informellen Geldverleih entstehen). Die Männer sind oft dominant, Strukturen von Befehl und Gehorsam kennen die in den dortigen Slums tätigen Sozialarbeiter(innen) jedoch nicht.

Die Roma leben, arbeiten, reisen und wohnen zusammen, und auch wenn sie betteln, stehlen, zuhälterisch tätig werden oder der Prostitution nachgehen, tun sie das zumeist als (Teil der) Familie und für die Familie.

Sippe und Familie stehen eben traditionell hoch über allem anderen, denn allein der Familienverbund und -zusammenhalt sicherte den Roma über Jahrhunderte hinweg das Leben und das Überleben. Diese Erkenntnis ist noch heute tief in den Roma-Gesellschaften verankert. Und so sind auch die Strukturen des Menschenhandels, des Handels von Romnija und Roma-Kindern zum Zweck ihrer sexuellen Ausbeutung zumeist eine Familienangelegenheit oder eine Angelegenheit einer Sippe.

Viele dieser in Ost- und Südosteuropa ansässigen Roma-Sippen und -Familien haben inzwischen Angehörige, die in Westeuropa Fuß gefasst haben und in Spanien, in Italien oder im deutschsprachigen Raum leben. In den Gettos und Elendssiedlungen werden diese Familienmitglieder zumeist sehr geschätzt, erzielen sie doch ein ungleich höheres Einkommen als die Gettobewohner selbst. Sie sind aber auch hoch angesehen, weil sie ihre Verwandten in den Elendsvierteln des Ostens und Südostens an ihrem Einkommen teilhaben lassen und sie manchmal sogar mit westlichen »Luxusgütern« verwöhnen.

Durch diese Auswanderer oder Pendler zwischen den Welten entstand nahezu zwangsläufig ein Beschaffungs- und Versorgungssystem für die Familienangehörigen in den Slums und Gettos in Ost- und Südosteuropa. Aber auch ein mehr oder weniger »grauer« oder auch illegaler Markt mit verschiedensten Gütern – und mit Menschen.

Es sind Angehörige der in Armut lebenden Familien oder Sippen, die Romnija oder (Roma-)Kinder in Deutschland (in Österreich oder in der Schweiz) der Bettelei, der Prostitution oder auch der (Kinder-)Prostitution zuführen. Sie sehen es oft als die einzige Möglichkeit an, für ein besseres

Leben der Familie zu sorgen. Was diese Hintergründe und Motivlagen betrifft, unterscheiden sich die den Roma angehörenden Frauen- und Kinderhändler und Roma-Zuhälter also zumeist von denen, die den Mehrheitsgesellschaften zuzuordnen sind.

Und am Menschenhandel und an der Sexsklaverei sind die Roma nicht zuletzt deshalb in hohem Maße beteiligt, weil sich auch die betroffenen (Roma-)Frauen und -Kinder verpflichtet fühlen, ihren Beitrag für das (Über-)Leben der Familie zu erbringen, für bessere Lebensverhältnisse zu sorgen und weil sie den Vater, Onkel oder Schwager nicht als Menschenhändler oder Zuhälter, sondern als treusorgendes Familienmitglied oder Familienoberhaupt sehen.

Entsprechend wenig ausgeprägt ist das Unrechtsbewusstsein bei den Tätern und das Opferbewusstsein bei den betroffenen Frauen und Kindern. Sie sehen ihr Tun oft selbst dann, wenn sie Zwängen, Gewalt und Demütigungen ausgesetzt sind, als Beitrag zur Verbesserung der Lebenssituation ihrer Familie oder Sippe an.

Doch auch wenn diese Hintergründe zu berücksichtigen sind: Vergehen und Verbrechen im strafrechtlichen Sinne bleiben der Menschenhandel, die Zuhälterei und die sexuelle Ausbeutung von Romnija und Roma-Kindern allemal. Und was die Folgen für die zumeist sehr jungen Romnija und Roma-Kinder in der (Zwangs-)Prostituierten betrifft, sind diese nicht weniger zerstörerisch als bei anderen Frauen und Kindern.

Eine von der Nichtregierungsorganisation »European Roma Right Centre« (ERRC) im Jahr 2011 durchgeführte Studie besagt, dass der Bevölkerungsanteil der Roma in Osteuropa zwischen sieben und zehn Prozent beträgt, dass sie aber fünfzig bis achtzig Prozent der vom Menschenhandel Betroffenen stellen. Im Abschlussbericht dieser Studie sind auch klar die Faktoren benannt, die bis heute dafür verantwortlich dafür sind, dass die Roma aus dem Osten und Südosten Europas in so hohem Maße Opfer des Menschenhandels (und der Zwangsprostitution) werden:

- Das Leben in einer von Armut und Exklusion geprägten Situation,
- niedriger Bildungstand und Analphabetismus,

- die Verschuldung durch Wucher, dem sie ausgesetzt sind,
- ein mit problematischem Substanzkonsum und/oder Gewalt belastetes, familiäres Umfeld,
- die Diskriminierung in Bezug auf das Geschlecht oder die Ethnizität,
- eine bereits vorhandene Nähe zur (Zwangs-)Prostitution.

Besonders herausgestellt wurde im Bericht des ERRC, dass die (Roma-) Kinder in erhöhtem Maße gefährdet sind, sexuell ausgebeutet zu werden. Auch wird ausdrücklich erwähnt, dass es – im Gegensatz zu einer verbreiteten Meinung – keineswegs auf eine »kulturelle Eigenheit« der Roma zurückzuführen ist, dass sie in so großer Zahl zu Opfern des Menschenhandels und der (Zwangs-)Prostitution werden. Es ist die Armut und die Not, in der sie anhaltend leben.

Österreich – Nahtstelle zwischen Ost und West

Allein durch den Bahnknotenpunkt Wien und durch den Flughafen Wien-Schwechat ist Österreich von erheblicher Bedeutung, was den Personen- und Warenverkehr zwischen Ost und West betrifft. Der Wiener Flughafen und der Wiener Hauptbahnhof verbinden Ost- und Südosteuropa mit Westeuropa und der gesamten westlichen Welt.

Dem Land kommt damit zwangsläufig auch eine gewisse Schlüsselrolle zu, was illegale Geschäfte betrifft, die zwischen Ost-, Südost- und Westeuropa abgewickelt werden. Dem illegalen Handel mit Drogen zum Beispiel, dem mit Waffen und dem mit Menschen. Auch Romnija und Roma-Kinder werden nach Österreich oder über Österreich in andere westeuropäische Länder geschleust.

Doch es gibt auch Roma, die sich schon vor Jahrhunderten in Österreich niedergelassen haben. Als Alteingesessene gelten die Burgenland-Roma, die, wie die Bezeichnung verrät, vorwiegend im Burgenland wohnhaft sind. Es gibt die Lovara, die Kalderasch und in Oberösterreich auch einige Sinti-Familien. Diese alteingesessenen Roma-Familien galten in Österreich lange Zeit als unsichtbar. Sie lebten unauffällig in zumeist benachteiligten, zum Teil auch prekären Lebensverhältnissen. Ab den 1960er-Jahren gab es dann Zuwanderungen von Gastarbeitern, die der Minderheit angehören, vorwiegend aus dem ehemaligen Jugoslawien, aus Rumänien, Tschechien, Ungarn und der Slowakei. Und die Zuwanderungen von Roma nach Österreich halten, nicht zuletzt im Rahmen der Flüchtlingsströme, bis heute an.

Versuche der in Österreich ansässigen Holocaust-Generation, Unterstützung oder gewisse Rechte wie das Wohnrecht in der früheren Heimatgemeinde, eine Entschädigung für die KZ-Haft oder Ansprüche auf eine Opferrente einzufordern, scheiterten. Die Roma hatten auch in der Alpenrepublik bis Ende der 1980er-Jahre unter Ausgrenzung und sogar Verfolgungsandrohungen zu leiden. Anfang der 1990er-Jahre gab es dann vermehrt Initiativen, die hoffen ließen. Im Jahr 1991 wurden zum Beispiel die Vereine »Romano Centro« und »Kulturverein österreichischer Roma« gegründet und im Jahr 1993 wurde die Volksgruppe der Roma staatlicherseits anerkannt.

Dann aber kam es am 4. Februar 1995 im österreichischen Ort Oberwart zu einem Sprengstoffanschlag, der alle Hoffnungen auf ein friedliches Zusammenleben der österreichischen Mehrheitsgesellschaft mit der Minderheit und alle bisherigen Integrationsbemühungen wieder zu zerstören drohte. Als mehrere Männer versuchten, ein antiziganistisches Schild mit der Aufschrift »Roma zurück nach Indien« zu entfernen, explodierte eine bereitgelegte Rohrbombe und riss vier Roma in den Tod.

Die Bemühungen um Integration und um ein friedliches Miteinander aber gingen weiter. Im Jahr 1998 wurde in Linz der Verein »Ketani« gegründet und auch staatlicherseits bemühte man sich weiterhin, die Lebensverhältnisse der Roma im Land spürbar zu verbessern.

Und so konnte der Autor Erich Schneller nach dreißig Jahren Roma-Bewegung im Jahr 2017 feststellen: »Das ursprüngliche Ziel der Bewegung, die Volksgruppe der Roma im Bewusstsein der österreichischen Gesellschaft als integralen Bestandteil zu etablieren, wurde weitgehend erreicht.«

Tatsächlich sind heute in Österreich viele Roma gut integriert. Sie arbeiten als Wissenschaftler, als Ärzte, Juristen, als Kunstschaffende und in vielen weiteren anerkannten Berufen. Es gibt namhafte österreichische Schriftsteller und Künstler und andere Prominente, die der Minderheit angehören. Der Jazz-Pianist und Komponist Adrian Coriolan Gaspar zum Beispiel, der Schriftsteller Stefan Horvath, der Schriftsteller und Obmann des »Romano Centro« in Wien, Ilija Jovanović, oder die Schriftstellerin, Künstlerin und Sängerin Ceija Stojka.

Doch auch in Österreich gibt es immer noch Roma, Romnija und Roma-Kinder, die sich nicht zu denen zählen dürfen, die es geschafft haben. Verarmte Roma, bettelnde Romnija, Bettelkinder, (Zwangs-)Prostituierte, Kinder in der Prostitution …

Allein durch die unmittelbare Nachbarschaft zu Staaten, in denen die Roma zumindest teilweise noch in größter Armut, Not und oft katastrophalen Verhältnissen leben müssen und überdies verachtet, diskriminiert und verfolgt werden, gilt Österreich für viele als das einzig erreichbare Ziel, um bessere Lebensbedingungen vorzufinden. Und so gehen Roma-Frauen und Kinder, zumeist von Balkan-Zuhältern »betreut«, auch in Österreich der (Zwangs-)Prostitution nach.

Die Prostitution ist in Österreich gesetzlich geregelt und grundsätzlich legal. Mit Strafe bedroht sind:

- der sexuelle Missbrauch Jugendlicher (§ 207b ÖStGB),
- die entgeltliche Vermittlung von Sexualkontakten mit Minderjährigen (214 ÖStGB),
- die Zuführung zur Prostitution (§ 215 ÖStGB),
- die Förderung der Prostitution Minderjähriger (§ 215a StGB),
- die Zuhälterei (§ 216 ÖStGB) und
- der grenzüberschreitende Prostitutionshandel (§ 217 ÖStGB).

Die Prostitutionsausübung ist in Österreich – im Gegensatz zu Deutschland – nur als »selbsttätige Erwerbstätigkeit« möglich, da es § 216 verbietet, sich aus der Prostitution anderer fortlaufende Einnahmen zu verschaffen. Neben den strafrechtlichen Vorgaben gibt es sehr unterschiedliche landesgesetzliche Regelungen. Am strengsten verfährt dabei das Land Vorarlberg, das nur »bewilligte« Bordellbetriebe zulässt – aber keine bewilligt.

Das hat Gründe und war einmal ganz anders. In den 1970er-Jahren erblühte das Rotlichtmilieu in Vorarlberg. Geprägt war das Geschehen damals vor allem von rivalisierenden Zuhältern und Zuhälterbanden. Es kam zu brutalen, mit Fäusten, Messern und Schusswaffen ausgetragenen Revierkämpfen. Es gab Schwerstverletzte und es gab Tote. Also entschloss man sich zu drastischen Maßnahmen. Ein Bordell durfte von da an nur noch betrieben werden, wenn es bewilligt wurde. Solche Bewilligungen werden bis heute allerdings nicht erteilt. Somit war und ist Prostitution in Österreich erlaubt, in Vorarlberg jedoch verboten. Dennoch gibt es sie. Neben Angeboten auf Straßen und Plätzen werden auch in Vorarlberg bis zu hundert mehr oder weniger versteckte illegale Einrichtungen vermutet, in denen Prostituierte tätig sind. Und dann liegt ja in unmittelbarer Nähe und direkt an der Grenze das Schweizer 4000-Seelen-Dörfchen Au mit nur zwei Tankstellen, aber fünf Bordellbetrieben.

Zudem kommen nicht wenige Tagespendlerinnen aus der Tschechischen Republik, aus Ungarn, vor allem aber aus der Slowakei nach Österreich. Zumeist sind es verarmte, von Alkohol oder Drogen gezeichnete Mädchen und Frauen, auch Romnija und Roma-Kinder, die von Zuhältern nach Österreich verbracht, zu ihren Standplätzen gefahren und zur Prostitution gezwungen werden. Nicht wenige kommen aus den slowakischen Elendsvierteln und Wäldern, um auf Österreichs Straßen und Plätzen ein paar Euro zu erwirtschaften und die vielen Kinder satt zu kriegen und selbst wieder einmal satt zu werden. Auf dem Straßenstrich in Wien wurden von der Polizei aber auch schon Krankenschwestern aus der Slowakei bei der Prostitutionsausübung angetroffen. »Hier verdienen wir in einer Nacht mehr als im Krankenhaus von Bratislava in einem Monat«, soll eine dieser Frauen den Beamten erklärt haben.

Die Prostitution ist auch eine der wenigen Tätigkeiten, die Asylsuchenden in Österreich erlaubt ist. Seit 2015 gehen deshalb in zunehmendem Maße Frauen und Kinder, die Asyl beantragt haben, darunter auch Romnija und Roma-Kinder, der (Zwangs-)Prostitution nach.

Es sind wenige Österreicherinnen, die sich prostituieren. Man geht, gemessen an der Gesamtzahl, von nicht mehr als vier Prozent aus, wovon nicht wenige einen Migrationshintergrund haben dürften.

Die Sexmärkte Österreichs, an dieser Nahtstelle zwischen Ost und West und zwischen Arm und Reich, waren in der Vergangenheit von heftigen Konkurrenzkämpfen, von Gewalt und Brutalität geprägt. Das zeigt sich nicht zuletzt an den zahlreichen, oft brutalen Tötungsdelikten im Zusammenhang mit der Prostitution und an ganzen Serien von Prostituiertenmorden, mit denen die österreichische Polizei in der Vergangenheit immer wieder befasst war.

Einst war es ein gewisser Johann »Jack« Unterweger, der weltweit Schlagzeilen produzierte und die österreichische Rotlichtszene, und nicht nur diese, in Angst und Schrecken versetzte. Unterweger wurde am 1. Juni

1976 vom Landgericht Salzburg zu lebenslanger Haft verurteilt, nachdem er eine Frau beraubt und anschließend mit dem Draht ihres Büstenhalters stranguliert hatte. Wegen seiner Gefährlichkeit wurde er in die als ausbruchssicher geltende Justizvollzugsanstalt Stein eingeliefert. In der Haft begann Unterweger zu schreiben und er verfasste einen Gedichtband. Er schrieb auch autobiografische Romane und »Gute-Nacht-Geschichten« für den *ORF*. Im Jahr 1989 wurde ihm der Ingeborg-Drewitz-Literaturpreis für Gefangene verliehen. Für die Kulturszene war »Jack« Unterweger ein Paradebeispiel für gelungene Resozialisierung, und zahlreiche Intellektuelle, unter ihnen Erich Fried, Günter Grass und Erika Pluhar, forderten vehement seine Freilassung. Nach einer entsprechenden Petition wurde der Knastpoet (ob er seine Texte wirklich selbst verfasst hat, ist jedoch fraglich und umstritten) dann auch vorzeitig aus der Haft entlassen.

Kein halbes Jahr nach seiner Entlassung erschütterte wieder eine Serie von Prostituiertenmorden Wien, Graz, Lustenau, aber auch Prag und Los Angeles. Alle Frauen wurden auf dieselbe Weise getötet: Ihre Unterwäsche wurde zu einem Henkersknoten zusammengebunden und sie wurden mit diesem stranguliert.

Am 27. Februar 1992 wurde Unterweger vom FBI in Miami/Florida, wohin er mit seiner Freundin geflohen war, erneut festgenommen. Er bestritt allerdings, mit den Prostituiertenmorden etwas zu tun zu haben. Die Indizien aber sprachen gegen ihn. Unter anderem wurden in seinem BMW Haare sichergestellt, die mit größter Wahrscheinlichkeit der in Prag ermordeten Prostituierten zugeordnet werden konnten. Kriminalistisch war von bahnbrechender Bedeutung, dass bei diesem Ermittlungs- und Strafverfahren erstmals die DNA-Analyse (deutsch: DNS-Analyse) von einem Gericht als Beweismittel anerkannt wurde, eine heute viel angewandte Methode, die Rückschlüsse auf verschiedene genetische Aspekte des Individuums ermöglicht. Und so wurde Unterweger am 29. Juni 1994 von einem Schwurgericht wegen neunfachen Mordes an Prostituierten erneut zu einer lebenslangen Haftstrafe – diesmal ohne Aussicht auf eine vorzeitige Entlassung – verurteilt und in die Justizvollzugsanstalt Graz-Jakomini eingeliefert. Er bestritt die Taten bis zuletzt und nahm sich in der ersten Nacht nach dem Urteil das Leben, indem er sich in seiner Zelle erhängte.

In der Folgezeit gab es weitere Serien von versuchten und vollendeten Tötungsdelikten an Prostituierten, die das Land erschütterten und die österreichische Polizei in Atem hielten. Zum Beispiel gaben zwei brutale Morde im Weinviertel, begangen in den Jahren 2007 und 2010, Rätsel auf. Im Bezirk Mistelbach wurde auf einem Radweg neben einer stillgelegten Bahnlinie die unbekleidete Leiche einer jungen Frau aufgefunden. Wie die Ermittlungen ergaben, handelte es sich um die 23-jährige Tschechin Katarina, die ihren Standplatz im Bereich des Wiener Praters hatte. Katarina wurde erwürgt, erstochen und in Brand gesetzt. Ihre Hände wurden abgetrennt und fehlten. Im Mai 2010 wurde auf einem Güterweg im Bezirk Gänserndorf die unbekleidete Leiche der 24-jährigen Bulgarin Petya aufgefunden. Die junge Frau hatte ihren Standplatz in der Wiener Mariahilfer Straße und auch sie wurde in Brand gesetzt, nachdem sie zuvor zu Tode geprügelt wurde.

Dann sorgte ein »Cretu« genannter Zuhälter namens Bogdan N. für Schlagzeilen. Er wurde im August 2011 wegen versuchten Mordes an einer rumänischen Prostituierten zu zwanzig Jahren Haft verurteilt. Er übergoss das Gesicht der jungen Frau mit Benzin und zündete es an. Die junge Frau lebt heute, entsetzlich entstellt, wieder in Rumänien.

Prostituiertenmorde in der Steiermark (im Januar 2005) und in Kärnten (im Oktober 2008) trugen eine ähnlich brutale Handschrift. Und es gab in den vergangenen Jahren in Wien und in ganz Österreich weitere versuchte und vollendete Tötungsdelikte an (fast ausschließlich ausländischen) Prostituierten mit unterschiedlichsten Tatbegehungsweisen.

Ist Österreich also in besonderem Maße von brutalen Morden an Prostituierten betroffen? Und wie viele der vorwiegend aus den Nachbarstaaten im Osten stammenden Opfer sind der Volksgruppe der Roma zuzuordnen?

Die Anzahl der in Österreich begangenen, versuchten oder vollendeten Tötungsdelikte an Frauen (nicht nur an Prostituierten) ist im Vergleich zu anderen EU-Staaten tatsächlich ungewöhnlich hoch. Eine Studie des »Instituts für Konfliktforschung« in Wien stellte dazu im April 2023 fest: »Österreich ist im Vergleich zum EU-Durchschnitt dadurch auffällig, dass die Kriminalitätsbelastung durch vorsätzlich begangene, vollendete Tötungsdelikte von Männern und Buben deutlich unter dem EU-Durchschnitt liegt, jene für Mädchen und Frauen aber darüber.« In der Studie wird zudem festgestellt: »Während in der EU die Anzahl der Tötungsdelikte an Frauen und Mädchen sinkt, steigt diese in Österreich an.«

Insgesamt wurden in Österreich im Zeitraum vom 1. Januar 2010 bis zum 31. Dezember 2020 312 Morde und 439 versuchte Morde an weiblichen Personen sowie 767 Tatverdächtige registriert. Dabei wurde etwa ein Drittel aller Taten in Wien, die wenigsten im Burgenland und in Vorarlberg begangen. 71,4 Prozent der Opfer waren im Besitz der österreichischen Staatsangehörigkeit, teilweise mit Migrationshintergrund – der Anteil von getöteten Ausländerinnen ist sehr hoch.

Wie in Deutschland werden auch in Österreich keine statistischen Zahlen veröffentlicht, was speziell die Prostituiertenmorde betrifft. Und es liegen keine statistischen Zahlen darüber vor, wie viele dieser Opfer Romnija oder Roma-Mädchen sind. Auch in Österreich wird allein die Nationalität der Opfer registriert. Es ist jedoch nachgewiesen, dass es sich bei vielen Mordopfern um ausländische Prostituierte, vorwiegend aus dem Osten oder Südosten Europas, handelt. Und davon, dass Romnija dabei nicht unterrepräsentiert sind, ist auszugehen,

- weil viele von ihnen (in Österreich) der Prostitution nachgingen und nachgehen,
- weil sie sich oft dazu gezwungen sehen, auch wenig vertrauenswürdige Freier und möglicherweise auch solche mit gewaltorientierten oder sadistischen Fantasien zu bedienen,
- weil sie weitgehend ungeschützt sind – sowohl vor zuhälterischer Gewalt wie vor gewaltsamen Übergriffen von Sexkäufern,
- weil sie grundsätzlich und von vielen noch immer als wenig achtenswert angesehen werden und manchmal allein deshalb misshandelt oder gar getötet werden, weil sie Romnija sind,
- weil ihnen staatliche oder private Hilfsangebote und Rettungsstationen oft nicht oder nur begrenzt zur Verfügung stehen.

Ein Zentrum der (Zwangs-)Prostitution in Österreich ist Wien. Auch wenn hier »nur« 3000 bis 4000 weibliche und etwa 70 männliche Prostituierte registriert sind, dürften es zusammen mit Tagespendlerinnen aus der Slowakei, Tschechien und Ungarn, Gelegenheitsprostituierten, Kinderprostituierten und anderen Illegalen mindestens doppelt so viele sein, die in der österreichischen Hauptstadt »anschaffen« gehen.

Vor allem entlang des »Gürtels« sind viele Bordellbetriebe angesiedelt. Doch in allen größeren Straßen Wiens sind Bordelle, Laufhäuser, Nachtclubs, Saunabars, Animierlokale, Sexshops und ähnliche Einrichtungen zu finden. Der Straßen- und auch der »Baby-Strich«, zu früheren Zeiten schwerpunktmäßig im Stuwerviertel und in der Nähe des Praters angesiedelt, hat sich nach der Prostitutionsgesetzgebung von 2011, mit der die Straßenprostitution in Wohngebieten untersagt wurde, an den Stadtrand von Wien in gesetzlich geregelte Erlaubniszonen verlagert.

Einen seit Jahrzehnten anhaltenden und engagierten Kampf führt die Wiener Polizei gegen die Kinderprostitution. Es ist ein mühsamer, nicht enden wollender Kampf. Zu groß ist die Nachfrage und zu lukrativ sind diese schmutzigen Geschäfte mit Kindern.

Im Herbst des Jahres 2016 wurde von der Wiener Polizei und dem Österreichischen Bundeskriminalamt (BKA) ein großer ungarischer Menschenhändlerring zerschlagen. 23 junge Roma-Mädchen und 5 Roma-Jungen wurden aus den Fängen ihrer Ausbeuter befreit. Die Kinder waren nach ihrer Befreiung dann auch über die kalte Jahreszeit hinweg verschwunden. Als das Frühjahr nahte, tauchten aber einige von ihnen schon wieder auf.

Auf den Kinderspielplätzen rund um das Stuwerviertel gehen, die Prostitutionsgesetzgebung von 2011 missachtend, zeitweise wieder zwanzig und mehr Roma-Mädchen und -Jungen auf den (Kinder-)Strich. Zu einem weiteren Hotspot wurde der Wiener Westbahnhof. Sorgen bereitet der Polizei zudem ein »U-Bahn-Strich« mit vorwiegend (Roma-)Frauen aus Serbien und Bosnien, darunter nicht wenige Minderjährige. Konkurrenz bekamen diese inzwischen durch junge Flüchtlingskinder aus Afghanistan.

Polizeilichen Schätzungen zufolge könnten in Wien etwa 200 Kinderprostituierte, vorwiegend Roma-Kinder, tätig sein. Viele sind kaum zwölf

Jahre alt, einige noch jünger. Der Großteil von ihnen kommt aus Ungarn, aus ärmlichsten Verhältnissen, aus Waisen- und aus Kinderheimen. Sie haben weder jemals eine Schule besucht, noch können sie lesen oder schreiben. Deshalb halten manche von ihnen einen Zettel in der Hand, auf welchem die verschiedenen sexuellen Praktiken notiert sind, die sie anbieten, und die jeweiligen Preise (zumeist fünf bis zwanzig Euro).

Sie sind aus den verschiedensten Gründen elternlos und werden allein von ihren Aufpassern und Ausbeutern »betreut«, die sich zum Beispiel geschickt unter die Eltern mischen, die am Rand der Spielplätze sitzen und auf ihre Kinder aufpassen. So sind sie nicht oder nur sehr schwer von Vätern, Müttern oder Großeltern zu unterscheiden und als Zuhälter zu erkennen. Sie lesen in einem Buch, spielen auf den Tasten ihres Handys, schauen sich gelangweilt um, beobachten jedoch sehr genau, was die ihnen ausgelieferten Kinderprostituierten machen. Und sie interessieren sich auch sehr für die uniformierten Polizeibeamten und deren Kolleg(inn)en in Zivil, die zu allen Tages- und Nachtzeiten Kontrollen ausüben.

Nach Erkenntnissen der Wiener Polizei werden denen, die sexuell an Kindern interessiert sind, alle für sie wichtigen Informationen in Foren des Darknets zur Verfügung gestellt. Informationen über das Alter, Geschlecht, Aussehen, Kleidung, Standort sowie über das Angebot und Verhalten der Kinderprostituierten. Die Interessierten wissen somit genau, wo sie ihr Wunschkind antreffen und es aufnehmen können und sie fahren direkt an dieser Stelle vor. Dann geht alles blitzschnell. Die nicht selten gepflegten Herren in feinen Anzügen und teuren Fahrzeugen (Akademiker und andere in hohem Ansehen stehende Mitbürger sind bei diesen Tätern alles andere als unterrepräsentiert) halten nur einen Moment an, das jeweilige Kind steigt ohne zu zögern in Sekundenschnelle ein und das Fahrzeug ist sogleich wieder außer Sichtweite.

Im Darknet, so wurde entdeckt, werden aber auch nützliche Informationen über die einzelnen Polizei- und Kriminalbeamt(inn)en zum Abruf bereitgestellt, die sich im und um das Stuwerviertel und in der Nähe der Spielplätze aufhalten. Personenbeschreibungen, Dienstzeiten, Bewegungsbilder, Kontrollstellen, Auffälligkeiten … Alles, was nützlich ist, um die widerlichen Geschäfte ungestört abwickeln zu können, wird polizeilichen Erkenntnissen zufolge fortlaufend aktualisiert und veröffentlicht.

Ermittlungen und Beweisführung gestalten sich deshalb als äußerst schwierig. Denn zum einen muss der Beweis, dass sexuelle Handlungen an oder mit einem Kind vorgenommen wurden, geführt werden. Zum anderen behaupten die Sexkäufer, werden sie dennoch einmal überführt, in steter Regelmäßigkeit vor Gericht, dass sie davon ausgegangen seien, dass das jeweils auserwählte Kind volljährig gewesen sei. Ist das Kind – wie bei Roma-Kindern nicht selten der Fall – auch noch mit einem entsprechenden Ausweispapier ausgestattet, können die Gerichte gar nicht anders, als den oder die Angeklagten freizusprechen.

Die Wiener Polizei, das Österreichische Bundeskriminalamt (BKA) und die Polizeien in den verschiedenen österreichischen Bundesländern sind seit Jahren bemüht, den Frauen- und Kinderhandel, Zuhälterei, Zwangs- und Kinderprostitution sowie jede andere Milieukriminalität wirksam zu bekämpfen, und den zuständigen Dienststellen ist auch eine hohe Kompetenz zuzuschreiben, was diesen Kriminalitätsbereich betrifft. Das Land und die Polizei werden jedoch allein aufgrund der geografischen Lage und der Nähe zu Rekrutierungsländern der »Ware Frau und Kind« auch in Zukunft in besonderem Maße herausgefordert sein.

Zudem hat Österreich – vergleichbar mit Deutschland und der Schweiz – immer noch eine sehr liberale Gesetzgebung, was die Prostitution betrifft. Eine Gesetzgebung, die durch die eingeräumten Freiheiten wenig dazu beiträgt, dass die mit der Prostitution untrennbar verbundene Kriminalität wirksam(er) bekämpft werden kann.

Die Schweiz – das Land, von dem die Roma träumen

In der Schweiz leben seit Jahrhunderten Roma-Familien. Bereits im Jahr 1418 wurden solche erstmals urkundlich erfasst. Und auch in der Schweiz haben Antiziganismus und die rassistischen Vorurteile gegenüber den Roma, den Sinti, den Jenischen und den »Fahrenden« eine lange Geschichte.

Es ist eine Geschichte der Ausgrenzung, der Vertreibung und der Verfolgung. »Sie sind in Wohnwagen unterwegs, sie hinterlassen Berge von Müll, sie lassen sich nicht integrieren und sie sind kriminell …« Das Bild, das manche Schweizerinnen und Schweizer bis heute von den Roma haben, könnte klischeehafter kaum sein. Das ist nicht zuletzt darauf zurückzuführen, dass im Zusammenhang mit den Roma auch in der Schweiz vorwiegend über negative Verhaltensweisen, über Kriminalität, Prostitution, Asyl- oder Sozialhilfemissbrauch und andere negative Vorgänge berichtet wird. Kulturelle Veranstaltungen, Musik, Tanz und die vielen »unsichtbaren«, die Schweizer Vielfalt bereichernden Roma, werden dagegen kaum wahrgenommen und sind keine Schlagzeilen wert.

Bis hin zum Jahr 1972 gab es in der Schweiz das von der Regierung mitgetragene Projekt »Kinder der Landstraße«, im Zuge dessen über 600 »Zigeuner-Kinder« in Heime gesteckt oder aber Pflegeeltern anvertraut wurden, um aus ihnen »brauchbare Bürger« zu machen. Eine von zwei Roma-Organisationen beantragte Anerkennung der Roma als nationale Minderheit wurde noch am 1. Juni 2018 vom Schweizerischen Bundesrat abgelehnt.

Dessen ungeachtet sind heute mehr als 80.000 Roma in der Schweiz sesshaft, davon gehören mindestens 30.000 der vorwiegend in der Schweiz, in Deutschland, Frankreich, Belgien, den Niederlanden und in Luxemburg lebenden kulturellen Minderheit der »Jenischen« an. Sie haben eine eigene Sprache (das »Jenische«) und zwei- bis dreitausend von ihnen bevorzugen auch heute noch eine halbnomadische Lebensweise.

Von Ungarn, aber auch von anderen südost- und osteuropäischen Ländern aus gibt es zahlreiche Verbindungen zu den Roma in der Schweiz. Diese Kontakte zwischen Roma-Sippen, -Clans und -Familien im Osten und Südosten Europas zu den Angehörigen der Minderheit in der Schweiz werden auch beim Handel von Frauen und Kindern zum Zweck ihrer sexuellen Ausbeutung genutzt.

Obwohl nach der zweiten EU-Osterweiterung die Zahl der aus und über Rumänien und Bulgarien nach Westen und damit auch in die Schweiz geschleusten (Roma-)Frauen und -kinder signifikant zugenommen hat, sind es vor allem Romnija und Roma-Kinder aus Ungarn, die in der Vergangenheit in Bern, Basel oder Zürich der (Zwangs-)Prostitution zugeführt wurden. Das liegt zum einen an der geografischen Nähe, zum anderen an den traditionellen Verbindungen ungarischer Roma mit den in der Schweiz lebenden Angehörigen ihrer jeweiligen Familie oder Sippe. Es liegt vor allem aber auch an den unterschiedlichen Lebensverhältnissen der Roma in Ungarn und denen ihrer Brüder und Schwestern in der Schweiz. Während Roma in Ungarn teilweise noch immer in Wäldern und selbst gebastelten Behausungen leben, ohne Strom, ohne Wasser, ohne Heizung sowie ohne Bildung und ohne Arbeit, und extreme Rechtspopulisten noch immer wahre Hetzjagden auf sie veranstalten, geht es den in der Schweiz lebenden Roma vergleichsweise gut.

Auch weil die Roma in Ungarn nicht als Ungar(inne)n anerkannt werden und die ungarische Regierung wenig oder gar nichts unternimmt, um sie zu integrieren, und die Roma somit keine Chance sehen, jemals integriert zu werden, hoffen viele auf eine bessere Zukunft in der Schweiz.

Und wenn in Ungarn ein im Alter von dreizehn Jahren zwangsverheiratetes Roma-Mädchen mit siebzehn Jahren drei Kinder geboren, aber keinen für sie und die Kinder sorgenden Mann mehr hat, weil die Ehe geradezu zwangsläufig scheitern musste, und wenn sie nicht einmal einen Job als Tagelöhnerin findet, dann bleibt oft nur noch der Weg in die Prostitution. Und der geht man am besten dort nach (da sind sich Zuhälter und Ausgebeutete zumeist einig), wo man sich große Einnahmen erhofft, also (auch) in der Schweiz.

Morena

Morena wurde am Rand eines der ärmsten und äußerst verwahrlosten Dörfer Ungarns geboren. Schon als kleines Kind erlebte sie fortgesetzte Gewalt und sexuellen Missbrauch. Als sie fünfzehn Jahre alt war, machte sie sich auf und davon. Mit siebzehn bekam sie ihr erstes Kind, mit neunzehn ihr zweites. Sie lebte bei ihrem Freund und dessen Mutter. Niemand hatte Arbeit, niemand bot ihr eine Perspektive. Als sie ihr Freund eines Tages mit ihrer Schwester betrog, kehrte Morena zu ihrer Mutter ins Heimatdorf zurück. Die Familie wollte sie aber nicht mehr haben. Weil sie keine andere Möglichkeit sah, sich und ihre Kinder zu ernähren, nahm die inzwischen Zwanzigjährige einen Platz auf dem Straßenstrich der benachbarten Kleinstadt ein.

Es dauerte nicht lange, bis sie in den Händen eines Zuhälters war. Der verschleppte sie in eine andere ungarische Stadt, machte sie von sich abhängig und ließ sie für sich anschaffen. Da sie immer wieder Gewalt ausgesetzt war, wandte sie sich an die Polizei. Das aber nützte nichts, denn die Verbindungen ihres Zuhälters zur örtlichen Polizei waren gut.

Dann aber schien sie Glück zu haben: Ein Freier verhalf ihr zur Flucht. Sie kam bei einer Frau unter, bei Anna. Anna machte ihr ein vielversprechendes Angebot: ein Tätigwerden in der Schweiz. Dort könne sie richtig viel Geld verdienen. Kaum in der Schweiz angekommen, verkaufte Anna Morena für tausend Franken an zwei Landsmänner. Die beiden Zuhälter zwangen sie mit Gewalt zum Anschaffen. Sie musste alles Geld abliefern, sie wurde bedroht, geschlagen, vergewaltigt.

Zum Glück wurden Polizei und Staatsanwaltschaft des Kantons Solothurn auf das Geschehen aufmerksam. So wurde sie aus den Klauen ihrer Zuhälter befreit. Ihre Ausbeuter wurden angeklagt und zu milden Haftstrafen verurteilt. Anna wurde bei einem »abgekürzten Verfahren« zu 24 Monaten Haft auf Bewährung verurteilt.

Gegen den Zuhälter, der sie vergewaltigt hatte, wurde eine Haftstraße von 33 Monaten ausgesprochen, ein Teil davon wurde aber zur Bewährung ausgesetzt. Und gegen den zweiten Zuhälter wurde, wie von der Staatsanwaltschaft gefordert, eine Haftstraße von 18 Monaten auf Bewährung verhängt.

Grundsätzlich müssen die Opfer des Menschenhandels und der Sexsklaverei nach der Verurteilung der Täter die Schweiz wieder verlassen und in ihr Heimatland ausreisen. Morena aber galt als Härtefall und durfte mit ihren beiden Kindern, die in der Schweiz eingeschult wurden, bleiben.

Nicht wenige Prostituierte und nicht wenige Opfer des Menschenhandels und der Sexsklaverei waren bereits während ihrer Kindheit sexueller Gewalt ausgesetzt. Bildungsarmut, Arbeitslosigkeit, der tägliche Hunger und fehlende Perspektiven tragen dazu bei, dass sie oft schon in sehr jungen Jahren Mutter werden und nicht wissen, wie sie ihr Kind oder ihre Kinder ernähren sollen. Dass sie dann einem vermeintlichen Heilsbringer, einem Zuhälter oder einer Zuhälterin in die Hände fallen und in der (Zwangs-) Prostitution landen, ist geradezu vorprogrammiert.

Und die Balkan-Zuhälter wissen, dass viele Mädchen und Frauen davon träumen, in die Schweiz auszuwandern, und sie wissen auch, dass mit der Prostitution in der Schweiz viel Geld verdient werden kann, weit mehr als in den ost- und südosteuropäischen Staaten. Also machen sie den in Not geratenen Frauen und Kindern verlockende Angebote, machen sie von sich abhängig und verbringen sie an die jeweils auserwählten Zielorte in der Schweiz, wo sie dann der (Zwangs-)Prostitution zugeführt und ausgebeutet werden. Ständiger Druck, Drohungen, Schläge und Vergewaltigungen sind nicht selten die gängigen Mittel, um die Bedauernswerten bei Laune zu halten. Und dass den so Ausgebeuteten von den erzielten Einnahmen kein Cent bleibt, ist nicht die Ausnahme, sondern die Regel.

Warum aber nehmen die davon betroffenen Romnija und Roma-Kinder das alles widerstandslos hin, warum wenden sie sich nicht hilfesuchend an die Polizei oder an eine Hilfsorganisation?

Zum einen haben viele Romnija, so wie Morena, durch zurückliegende Erfahrungen das Vertrauen in die Polizei und in andere staatliche Einrichtungen verloren. Zum anderen gehören die Menschenhändler und (Balkan-)Zuhälter nicht selten der gleichen Sippe, demselben Clan oder derselben Familie wie ihre Opfer an. Es wäre deshalb aus ihrer Sicht verräterisch, sich hilfesuchend an eine Behörde oder Hilfsorganisation zu wenden. Sie verfluchen und verdammen ihre Peiniger, Menschenhändler und Zuhälter deshalb auch nicht, sondern verteidigen sie und ihr Tun, was polizeiliche Ermittler, Staatsanwälte und Gerichte immer wieder verwundert zur Kenntnis nehmen müssen.

Auch den Roma-Zuhältern ist es oft völlig unverständlich, dass ihnen von den Ermittlungs- und Strafverfolgungsbehörden so viel Böses unterstellt wird, wo sie doch nur in bester Absicht handelten. Aussagen wie »Es war keine Vergewaltigung, es war einvernehmlich …« oder »Ich habe sie nur verprügelt, weil sie das verdient und mich ausdrücklich darum gebeten hat …« sind nach schwersten, zuhälterischen Züchtigungen nicht selten.

Ungewöhnlich und auf den ersten Blick völlig unverständlich erscheinen die milden Strafen für die Zuhälter und die Zuhälterin, die gegen die Ausbeuter von Morena ausgesprochen wurden. Die täterfreundlichen Urteile erfolgten aufgrund eines in der Schweiz seit 2011 zulässigen »abgekürzten Verfahrens«. Diese Form der Rechtsprechung ist nichts anderes als ein Deal zwischen der jeweils zuständigen Staatsanwaltschaft, dem(der) Beschuldigten und dem Opfer. Man einigt sich dabei auf ein bestimmtes Strafmaß und auf ein zu entrichtendes Schmerzensgeld. Möglich ist das allerdings nur, wenn ein Geständnis vorliegt.

Argumentiert wird, dass ein solches Verfahren vor allem für die Opfer vorteilhaft sei, weil auf diese Weise einerseits anerkannt wird, dass ihnen Unrecht geschehen ist, und weil andererseits die Verantwortlichen zur Rechenschaft gezogen werden. Das Strafmaß wie die Höhe des zu entrichtenden Schmerzensgeldes werden dabei als zweitrangig angesehen. Diese Argumentation ist umstritten, denn die milden Strafen sind der kriminellen Energie und dem Unrechtsgehalt, der Rücksichtslosigkeit und Brutalität und den oft zerstörerischen Folgen für die Opfer häufig nicht angemessen. Auch haben Strafzumessungen dieser Art keine abschreckende und damit präventive Wirkung.

Der unbestrittene Vorteil eines solchen »abgekürzten Verfahrens« dürfte aus Opfersicht allein darin liegen, dass den Betroffenen – so auch Morena – weitere, möglicherweise traumatisierende Befragungen vor Gericht und eine weitere Konfrontation mit dem oder der Täter(in) erspart bleiben.

Die politisch Verantwortlichen und große Teile der Bevölkerung gehen in der Schweiz davon aus, dass die Prostitution freiwillig und selbstbestimmt stattfindet. Das ist aber nicht nur bei den Romnija mehr als fragwürdig und was die Roma-Kinder betrifft, stellt sich diese Frage ohnehin nicht.

Grundsätzlich ist Sex in den gläubigen, orthodox-christlichen oder einer anderen Religion zugewandten Roma-Gesellschaften ein Tabuthema. Und die Frauen, die der Prostitution nachgehen, sehen sich auch innerhalb der Roma-Gesellschaften sehr schnell offener oder verdeckter Verachtung ausgesetzt. Und nicht wenige Romnija in der Prostitution schämen sich für ihr Tun – so lange, bis sie den Glauben an sich und das Gute auf der Welt endgültig verloren haben.

Bedingt durch die Vielzahl derer, die sich aufgrund ihrer schwierigen, prekären Lebenssituation zur Prostitutionsausübung gezwungen sehen, ist dieses Tabu – vor allem in städtischen Bereichen – inzwischen allerdings zumindest teilweise durchbrochen. In manchen Sippen und Familien hat man sich damit abgefunden, dass so manche Romnija der (Zwangs-)Prostitution nachgeht, und auch damit, dass Kinder zum Zweck des täglichen Broterwerbs in der Prostitution ausgebeutet werden. Und man akzeptiert es der Not gehorchend, dass der Vater, der Onkel oder der große Bruder als Zuhälter tätig wird. Dennoch ist ein wirklich freiwilliges Tätigwerden der Romnija in der Prostitution eher die seltene Ausnahme als die Regel. Sie sehen sich dazu gezwungen und sie werden dazu gezwungen.

Zu Beginn des 21. Jahrhunderts schien es sich unter den Roma in Ungarn und auf dem gesamten Balkan wie ein Lauffeuer herumgesprochen zu haben, wie unglaublich viel Geld mit der Prostitution in der Schweiz erwirtschaftet werden kann. Unzählige Romnija und Roma-Kinder wurden nach Zürich, Genf, Bern oder Basel geschleust, Menschenhändler, Zuhälter, ganze (Groß-)Familien machten sich auf in die Schweiz, und Bilder von den Umtrieben am Sihlquai in Zürich gingen um die Welt. Bald bot auch der Straßenstrich am Zürcher Hauptbahnhof, etwa zwei Kilometer dem Flüsschen Sihl entlang, Stoff für zahllose Medienberichte, für Fernseh- und für Kinofilme. Hundert und mehr Romnija (und Roma-Kinder) präsentierten sich hier allabendlich und hielten Ausschau nach zahlungskräftigen und zahlungswilligen Kunden. Roma-Zuhälter überwachten das ausufernde Geschehen. Unzählige Neugierige und (potenzielle) Sexkäufer wurden von dem Treiben angezogen wie Motten vom Licht.

Am Rande des allabendlichen Spektakels siedelten sich im Lauf der Zeit ganze (Groß-)Familien am Ufer des Flüsschens Sihl an, um an den Geschäften mit der »Ware Frau« zu partizipieren. Und nicht nur das Angebot an Prostituierten, die gesamten Umtriebe wuchsen unaufhörlich an. Stadtverwaltung und Polizei sahen sich angesichts des ausufernden Geschehens gezwungen zu handeln.

Im Jahr 2008 starteten sie die »Aktion Goldfinger«. Der Strich wurde intensiv und anhaltend kontrolliert, es gab Razzien und zahlreiche Festnahmen von (Roma-)Zuhältern, und die Gerichte verhängten zum Teil langjährige Haftstrafen gegen sie. Das allerdings war nicht ausreichend, um die Umtriebe zu stoppen oder auch nur auf ein erträgliches Maß zurückzuführen.

Die Zürcher Behörden starteten deshalb im Jahr 2010 wiederum eine Großaktion gegen das Treiben entlang des Flüsschens Sihl. Im Rahmen der »Aktion Pluto« brachten die Ermittlungsbehörden ungewöhnlich brutale und zum Teil sadistische Zuhältermethoden und unfassbare Leidensgeschichten der am Sihlquai tätigen Romnija ans Licht. Es folgten Urteile gegen Menschenhändler und Zuhälter mit Freiheitsstrafen bis hin zu »lebenslänglich« – mit anschließender Verwahrung.

Die Gerichte hatten es, wie kaum anders zu erwarten, bei den Prozessen gegen die Roma-Zuhälter allerdings nahezu ausnahmslos mit Angeklagten zu tun, die schworen, niemals in böser Absicht gehandelt und niemals etwas Böses getan zu haben. Sie versicherten vielmehr ein ums andere Mal, ausschließlich im Sinne und zum Wohle der von ihnen kontrollierten Frauen und Mädchen tätig geworden zu sein. Und diese von ihnen »betreuten« Mädchen und Frauen schätzen sie und ihr Tun auch über alles, weil sie ja immer nur Gutes im Sinn hätten, weil sie für gutes Essen und für gute Schlafplätze sorgten, für Fahr- und Dolmetscherdienste zuständig seien und ihre »Schäfchen« bestens behüteten und beschützten.

All die bösen Dinge, die in den Anklageschriften standen, seien nichts als Lügengeschichten einzelner raffinierter und durchtriebener Weiber, die zusammen mit den Schweizer Beratungsstellen einen bösen Komplott gegen sie, die ehrenwerten Aufpasser der am Sihlquai tätigen Romnija geschmiedet hätten.

Auch von den Betroffenen und Opfern hörten die Ermittler und die Gerichte oft Wundersames: Sie seien völlig allein nach Zürich gereist, versicherten sie, sie gingen selbstverständlich freiwillig und selbstbestimmt der Prostitution nach und um die Schläge, die ihnen gelegentlich verabreicht wurden, hätten sie ausdrücklich gebeten …

Die Beweisführung ergab freilich etwas ganz anderes: So manche Romnija wurde mit (Todes-)Drohungen, mit Schlägen und mit Folterungen zur Prostitutionsausübung gezwungen. Schwangere wurden in den Bauch getreten, bis das Kind abging. Alles Geld wurde ihnen abgenommen; die Romnija am Sihlquai waren die Sklavinnen ihrer Herren.

Die das Geschehen verharmlosenden Aussagen der Roma-Frauen und -Mädchen vom Sihlquai waren zudem viel zu stereotyp, um glaubhaft zu sein. Und die Zürcher Kriminalist(inn)en waren viel zu erfahren, um der Wahrheit nicht auf die Spur zu kommen. Und so landeten nicht wenige (Roma-)Zuhälter für oft lange Zeit hinter Gittern. Denn auch wenn die Motive ihres Handels noch so weit von denen anderer Zuhälter abweichen mögen: Die Tatbestandsmerkmale des Menschenhandels, der Förderung der Prostitution und anderer strafrechtlicher Vorschriften waren durch die in Zürich festgestellten Tatbegehungsweisen zumeist erfüllt.

Bei den Aktionen der Zürcher Stadtpolizei und bei den zahlreichen Ermittlungs- und Strafverfahren rund um das Geschehen auf dem Straßenstrich am Sihlquai wurde noch eines in seltener Klarheit deutlich: Es waren und es sind nicht die großen, der OK zuzuordnenden Organisationen, die für den Menschenhandel und die sexuelle Ausbeutung von Romnija und Roma-Kindern verantwortlich sind. Es waren Mitglieder der Familie, der Sippe, die hier gemeinsam agierten. Es war der große Bruder, der Schwager, der Onkel, es war der Verwandte, der enge Vertraute des Opfers, der als Menschenhändler und Zuhälter fungierte. Und die Täter waren, so wie ihre Opfer auch, nicht selten tatsächlich überzeugt davon, ganz im Sinne der Familie und der Sippe handeln.

Es waren keine nach Luxus strebenden Huren, die von geldgierigen Zuhältern betreut, kontrolliert und ausgebeutet wurden. Es waren Romnija und Roma-Kinder, die ihre Lebenssituation verbessern und einen Beitrag für ihre Familie und ihren Clan leisten wollten. Deshalb waren sie auch allenfalls in größter Not und Bedrängnis dazu bereit, gegen ihre Peiniger auszusagen. Und es waren Zuhälter, die verbrecherische Methoden anwandten, um Geld zu erwirtschaften, Geld für die Familie und für die Sippe.

Mit den Aktionen der Zürcher Polizei und dem bald danach erlassenen Verbot der Straßenprostitution am Zürcher Sihlquai war die Not der Roma freilich nicht behoben und das Treiben nicht zu Ende. Sie machten sich auf und davon und suchten nach anderen lukrativen Standplätzen. Dabei wurden sie nicht zuletzt in Berlin, in Dortmund, Duisburg und weiteren deutschen Städten fündig.

Die Schweiz ist dennoch bis heute beliebtes Zielland von Menschenhändlern und Balkan-Zuhältern und den von diesen zur Prostitution gezwungenen (Roma-)Mädchen und -Frauen geblieben. Und nicht nur die Polizei in Zürich, auch die Ermittlungsbehörden von Bern, Basel, Genf, Locarno, Lugano und anderen Schweizer Orten werden immer wieder mit Hinweisen auf Verbrechen des Menschenhandels und mit der Sexsklaverei konfrontiert.

Wie also geht das Land, wie gehen die politisch Verantwortlichen und zuständigen Behörden in den verschiedensten Städten und Kantonen mit dieser anhaltenden Herausforderung um?

Die Schweiz ist traditionell eines der liberalsten Länder dieser Welt. Kaum ein anderes Land misst dem kostbaren Gut »Freiheit« eine so große Bedeutung zu wie die Schweiz. Diese Grundhaltung spiegelt sich auch im Umgang mit der Prostitution wider. Diese wurde im Jahr 2021 – ungeachtet der beschriebenen Vorgänge – gänzlich entkriminalisiert, indem das Bundesgericht in einem Urteil die bis dahin geltende und in den Jahren 1985 und 2011 ausdrücklich bekräftigte, vertragsrechtliche Sittenwidrigkeit aufhob.

Diese Freiheiten, die das Land seinen Bürgerinnen und Bürgern einräumt, kommen freilich zwangsläufig auch jenen zugute, die dieses Entgegenkommen schamlos ausnutzen und missbrauchen. Zuhältern zum Beispiel, die ihnen gewährte Freiheiten skrupellos ausnutzen, um ihre eigenen kriminellen Ziele zu verfolgen und anderen die Freiheit zu nehmen.

Dem setzen die strafrechtlichen Bestimmungen des schweizerischen Strafgesetzbuches allerdings klare Grenzen.

Art. 182 Schweizerisches Strafgesetzbuch – Menschenhandel

1) Wer mit Menschen Handel treibt zum Zweck ihrer sexuellen Ausbeutung, der Ausbeutung ihrer Arbeitskraft oder zwecks Entnahme von Körperorganen, wird mit Zuchthaus oder mit Gefängnis nicht unter sechs Monaten bestraft.
2) Wer Anstalten zum Menschenhandel trifft, wird mit Zuchthaus bis zu fünf Jahren oder mit Gefängnis bestraft.
3) In jedem Fall ist auch auf Busse zu erkennen.
4) Strafbar ist auch der Täter, der die Tat im Ausland verübt.

Art. 195 Schweizerisches Strafgesetzbuch – Ausnützung sexueller Handlungen, Förderung der Prostitution

Mit Freiheitsstrafe bis zu zehn Jahren oder Geldstrafe wird bestraft, wer

- eine minderjährige Person der Prostitution zuführt oder in der Absicht, daraus Vermögensvorteile zu erlangen, ihre Prostitution fördert,
- eine Person unter Ausnützung ihrer Abhängigkeit oder wegen eines Vermögensvorteils der Prostitution zuführt,
- die Handlungsfreiheit einer Person, die Prostitution betreibt, dadurch beeinträchtigt, dass er sie bei dieser Tätigkeit überwacht oder Ort, Zeit, Ausmaß oder andere Umstände der Prostitution bestimmt,
- eine Person in der Prostitution festhält.

Diese strafrechtlichen Normen geben jedoch nur die Rahmenbedingungen vor. Die eigentliche Reglementierung der Prostitution und der Zuhälterei wird in der Schweiz den einzelnen Kantonen überlassen. Und diese haben in den vergangenen Jahren zahlreiche spezielle und unterschiedliche Verordnungen und Gesetze erlassen.

Was das Kriminalitätsaufkommen betrifft, wurden im Jahr 2022 in der Schweiz insgesamt 63 Fälle des Menschenhandels im Sinne von Artikel 182 des Schweizerischen Strafgesetzbuchs polizeilich bearbeitet und registriert, davon betrafen 45 Ermittlungsverfahren Menschenhandel zum Zweck der sexuellen Ausbeutung. Wegen Förderung der Prostitution im Sinne von Artikel 195 des schweizerischen Strafgesetzbuchs wurden im Jahr 2022 insgesamt 80 polizeiliche Ermittlungsverfahren durchgeführt.

Von den kantonalen Opferberatungsstellen wurden im gleichen Jahr in 264 Fällen Opferhilfe für Betroffene des Menschenhandels geleistet und 134 Frauen und Mädchen wurden betreut, die Opfer im Sinne von Artikel 195 StGB, also der Zuhälterei, wurden.

Doch diese Zahlen spiegeln nicht mehr als die Spitze eines Eisbergs wider. Das Dunkelfeld in diesem Kriminalitätsbereich ist in der Schweiz, so ist begründet zu vermuten, ähnlich groß wie in Deutschland und in Österreich.

Trotz (oder wegen?) des hohen Ausländerinnenanteils in der Prostitution und dem damit untrennbar verbundenen hohen Kriminalitätsaufkommens lehnte der Schweizer Nationalrat das von verschiedenen Organisationen geforderte »Nordische Modell« (ein Sexkaufverbot nach dem Vorbild Schwedens und anderer Länder) nach 2020 im Juni 2022 erneut mit 172 zu 11 Stimmen ab, dem sich auch der Bundesrat anschloss, der damit gegen eine entsprechende Motion der Evangelischen Volkspartei (EVP) entschied. Die Begründung: Das »Nordische Modell« sei für die Schweiz nicht geeignet. Das »Erotik-Gewerbe« würde sich dadurch in die Illegalität verlagern, was die Stellung der »Sexarbeiterinnen« zusätzlich schwächen würde. Es würde die Prostituierten nicht schützen, sondern ihnen die Existenzgrundlage entziehen.

Diese fragwürdige Entscheidung spaltet die Schweiz in der Meinungsbildung. Doch mit dem klaren Votum gegen ein Sexkaufverbot ist das Thema vorerst wieder einmal vom Tisch.

Die Schweizerische Kriminalprävention (SKP) mit Sitz in Bern macht jedoch weiterhin auf diese (Milieu-)Kriminalität aufmerksam und führt gezielte Präventionsmaßnahmen durch. Und immer mehr Organisationen greifen das Thema auf und wenden sich gegen den Menschenhandel und die sexuelle Ausbeutung von Frauen und Kindern in der Schweiz. Es gab und gibt zunehmend mehr Protestkundgebungen und andere Initiativen. Das Thema wird dadurch in den Blickpunkt der Schweizer Öffentlichkeit gerückt und für Diskussionen sorgen.

Am 24. September 2022 versammelten sich als Höhepunkt einer Kampagne mehrere tausend Menschen vor dem Parlamentsgebäude in Bern, in dem der Nationalrat tagte. 3000 schwarze Luftballons stiegen über dem altehrwürdigen Gebäude auf und verdunkelten den wolkenlosen Himmel. Die Verantwortlichen sollten so daran erinnert werden, wie sehr der Menschenhandel in ihrem Zuständigkeitsbereich erblüht, wie viel menschenverachtendes Unrecht täglich in der Schweiz geschieht. Parallel dazu wurden in den Schweizer Fernsehprogrammen *SRF 1* und *SRF 2* sowie in Regionalsendern allabendlich und über Monate hinweg zur besten Sendezeit TV-Spots gegen Menschenhandel und Sexsklaverei ausgestrahlt. Auf acht großen Bahnhöfen in der Schweiz liefen mahnende Kurzfilme gegen Menschenhandel und Sexsklaverei auf großen Werbetafeln.

Diese viel Aufsehen erregende Kampagne wurde von der »Christlichen Ostmission« (COM) und zahlreichen anderen, zum Teil sehr namhaften Organisationen geplant und durchgeführt. Die COM ist eine sehr engagierte und kompetente Organisation, die seit dem Jahr 2003 in der Schweiz und von der Schweiz aus gegen Menschenhandel, Sexsklaverei und Zuhälterei ankämpft. Sie führt Aufklärungskampagnen durch und ist in den Rekrutierungsländern der »Ware Frau und Kind« bemüht, zusammen mit Kooperationspartnern Präventionsarbeit zu leisten, Viktimisierungsprozesse zu verhindern, und denjenigen, die leidvolle Erfahrungen machen mussten, beizustehen.

Beatrice Käufeler, Projektleiterin Menschenhandel der COM, äußert sich zur Situation in der Schweiz wie folgt:

»Die sexuelle Ausbeutung von Menschen hat in den letzten Jahrzehnten massiv zugenommen. Unzählige Frauen und Kinder werden ihrer Würde und ihrer Rechte beraubt, ausgebeutet und wie Sklav(inn)en behandelt.

Ihre Peiniger, Menschenhändler, Zuhälter, Vermittler, Vermieter und andere Akteure verdienen mit ihnen ihr dreckiges und manchmal auch blutiges Geld – Milliarden von Franken.

Oft sind die Betroffenen verstrickt in ein mafiöses System, dem zu entrinnen einen hohen Preis oder gar ihr Leben fordert. All das geschieht mitten unter uns. Und es gibt keinen Aufschrei in der Gesellschaft und keinen in der Politik. Unwissen, Schweigen und Ignoranz fördern diese Verbrechen.

Wenn die Polizei nicht mehr Ressourcen für die Ermittlungen schafft, werden diese kriminellen Netzwerke weiter ausgebaut und es wird immer mehr Opfer geben: Frauen, Männer und Kinder. Es braucht einen Aufschrei.

Es braucht Organisationen, Behörden, Kirchen, Medien und die Politik, um dieser Ausbeutung, diesen Verbrechen ein Ende zu setzen. Es braucht diesen Aufschrei, mehr denn je.

Die COM informiert seit 15 Jahren über den Menschenhandel – auch in der Schweiz. Im Jahr 2022 startete die COM diese Kampagne ›Menschenhandel ist grausam – Schweigen auch!‹ ,mit der die Schweizer Bevölkerung aufgerüttelt und Druck auf die Politik erzeugt werden sollte. Zwar sind in der Schweiz einige Maßnahmen im Rahmen der beiden ›Nationalen Aktionspläne gegen den Menschenhandel‹ umgesetzt worden, doch es besteht noch viel Handlungsbedarf. Die Schweiz erfüllt im Kampf gegen diese Verbrechen die minimalsten Anforderungen bis heute nicht.«

Deutschland – Bordell Europas und Spielwiese des Organisierten Verbrechens

Bedrückendes aus der Vergangenheit

Die Sinti und Roma leben seit gut 600 Jahren in Deutschland. Sie blicken also auf eine lange, aber auch auf eine sehr leidvolle Geschichte zurück. Auf Diskriminierung, Ausgrenzung und Verfolgung – und auf einen Völkermord.

Die antiziganistische Haltung, die Sebastian Münster bereits im Jahr 1544 beschrieb (*»ein unfletig volk, das gern stilt …«)*, setzte sich (auch) in Deutschland über die Jahrhunderte hinweg fort. Als Rumänien und Bulgarien im Jahr 1864 die Leibeigenschaft aufhoben und die dort lebenden Roma frei waren, machten sich viele von ihnen auf und zogen voller Hoffnung auf ein besseres Leben westwärts. Und so verstärkte sich der Zuzug von Roma Ende des 19. Jahrhunderts auch in Deutschland spürbar. Sehr willkommen waren die »Zigeuner« aber nicht. Sie stießen vielmehr auf eine breite und massive Ablehnung, und ab dem Jahr 1886 wurden alle Ankömmlinge, die keine deutsche Staatsangehörigkeit nachweisen konnten, postwendend wieder in ihre Herkunftsländer zurücktransportiert. Und für diejenigen, die bleiben durften, erließ der Deutsche Bundesrat im Jahr 1891 eine »Anweisung zur Bekämpfung der Zigeunerplage«.

Schlimm wurde die Lebenssituation für die Sinti und Roma nach der Machtübernahme durch die Nationalsozialisten und der Ernennung Hitlers zum Reichskanzler im Jahr 1933. Vielen wurde die deutsche Staatsbürgerschaft aberkannt, sie wurden in Lagern interniert und hatten Zwangsarbeit zu verrichten. »Zigeunerkinder« durften keine Schule besuchen, für Erwachsene gab es Berufsverbote. Spezielle Meldevorschriften wurden erlassen und es gab für Angehörige der Minderheit zahlreiche Einschränkungen und Benachteiligungen im täglichen Leben.

Vom Reichsgesundheitsamt wurden die Sinti und Roma in einem »Rassegutachten« erfasst und ab dem Jahr 1940 wurden sie dann in Konzentrationslager (KZ) deportiert. Eine halbe Million von ihnen, vielleicht auch noch viel mehr, wurden ermordet – Männer, Frauen und Kinder.

Auch die Überlebenden hatten es während der Nachkriegsjahre schwer. Sie wurden nicht als NS-Opfer anerkannt, und noch im Jahr 1956 urteilte der Bundesgerichtshof (BGH), dass es sich bei der Deportation der Sinti und Roma keinesfalls um die rassistische Verfolgung einer Minderheit gehandelt habe. Die Begründung:

»Die Zigeuner neigen zur Kriminalität, besonders zu Diebstahl und zu Betrügereien. Es fehlen ihnen vielfach die sittlichen Antriebe zur Achtung vor fremdem Eigentum, weil ihnen wie primitiven Urmenschen ein ungehemmter Okkupationstrieb eigen ist.«

Dieses Urteil hatte bis zum Jahr 1963 Bestand.

Ende der 1970er-Jahre machten Verbände der Sinti und Roma dann vermehrt auf die bestehenden Missstände und auf die anhaltende Unterdrückung der Minderheit aufmerksam. Langsam setzte ein Umdenken ein und Bundeskanzler Helmut Schmidt war es dann, der im Jahr 1982 das Geschehen während der NS-Diktatur als Völkermord anerkannte.

Seit 1995 sind die Sinti und Roma in Deutschland als nationale Minderheit geschützt und es gibt inzwischen zahlreiche Initiativen, um Antiziganismus wirksam(er) zu bekämpfen und gegen die anhaltende Diskriminierung der Sinti und Roma in Deutschland vorzugehen. Besiegt aber ist der Antiziganismus in Deutschland noch nicht.

Bedrückendes von heute

Prostitution in Deutschland – man denkt an Hamburg St. Pauli, an das Steintor von Hannover, an das Bahnhofsviertel in Frankfurt, an die zahllosen Puffs und an die vom Senat aufgestellten »Verrichtungsboxen« in Berlin … Und es verwundert, wenn man plötzlich von einem grauenvollen Prostituiertenmord in Koblenz liest. In der beschaulichen rheinland-pfälzischen Stadt mit ihren 115.000 Einwohnern an Rhein und Mosel. Doch

Prostitution und Zwangsprostitution gibt es in Deutschland überall: in Groß- und Kleinstädten, in Bordellbetrieben und auf den Straßen, offiziell und im Verborgenen, legal und illegal …

Sie wurden Ende November wegen gemeinschaftlich begangenen Mordes in Koblenz festgenommen, ein 47-Jähriger und eine 40-Jährige aus Bulgarien. Beide waren Erkenntnissen zufolge schon seit Jahren in Deutschland und im Rotlichtmilieu unterwegs. Und sie wohnten im gleichen Mehrfamilienhaus mit einer 31-jährigen »Prostituierten« zusammen, direkt gegenüber vom Landesamt für Soziales. Die von der Polizei beschlagnahmten Fotodateien zeigten, dass sie diese »Prostituierte« über einen langen Zeitraum hinweg grausam folterten und quälten. Sie wurde gehalten wie eine Sklavin. Sie wurde fortgesetzt geschlagen, in menschenverachtender, massiver Weise misshandelt und zu Tode gequält. In Koblenz, dieser beschaulichen Stadt an Rhein und Mosel, inmitten friedlicher Bürger(innen), inmitten des Rechtsstaats Bundesrepublik Deutschland, mitten unter uns.

Der Anblick der Leiche war selbst für die erfahrenen Ermittler erschütternd, abstoßend. Sie zeigten sich entsetzt.

»Prostituierte zu Tode gequält«, so lauteten dann auch die Schlagzeilen. Doch war die Ermordete eine Prostituierte? Oder war sie nicht vielmehr Sklavin, Sexsklavin und Opfer ihrer Ausbeuter?

Sie stammen aus Bulgarien. Wie aber kamen sie, wie kamen die Tatverdächtigen und das Opfer hierher? Wie konnten sich die Tatverdächtigen über Jahre hinweg in Deutschlands Rotlichtmilieus betätigen, vielleicht in ähnlich grauenvoller Art und Weise? Welche Strukturen (des Menschenhandels) verbergen sich hinter dieser grauenvollen Tat? In welches bulgarische Getto, in welches Elendsviertel, in welche Roma-Siedlung führen die Spuren? Diese Fragen werden von den zuständigen Kriminalisten zu klären sein, denn es könnte in diesem Zusammenhang weitere Opfer geben, Opfer des Menschenhandels und der Sexsklaverei, inmitten beschaulicher deutscher Städte, inmitten des Rechtsstaats Bundesrepublik Deutschland, mitten unter uns.

Viele in Deutschland anschaffende (Zwangs-)Prostituierte kommen aus Bulgarien. Und nicht wenige in Deutschland tätige Zuhälter kommen aus Bulgarien. Und viele von ihnen sind den Roma zuzuordnen.

Einige der heute in Deutschland lebenden Roma sind schon seit jeher da. Andere sind zugewandert, wiederum andere wandern zu und unzählige warten im Osten und Südosten Europas auf ihre Chance, nach Deutschland ausreisen zu können.

Bereits in den 1990er-Jahren kam es infolge der Jugoslawien-Kriege zu einer Zuwanderung von etwa 50.000 Roma, davon rund 20.000 Kinder.

Auch unter den Flüchtlingen, die im Jahr 2015 von den verschiedenen Balkanstaaten nach Deutschland aufbrachen, waren etwa ein Drittel Roma. Und viele der im Rahmen weiterer Fluchtbewegungen über die Balkan-Schienen nach Deutschland eingereisten Menschen gehören den Roma an.

Nach Schätzungen könnten gegenwärtig allein in Hamburg 50.000 Roma wohnhaft sein. Bundesweit ist von mindestens 120.000, vielleicht aber auch von viel mehr Roma auszugehen. Die genaue Zahl ist unbekannt. Das liegt zum einen daran, dass auch die deutschen Behörden – bewusst und aus guten Gründen – allein die jeweilige Staatsangehörigkeit und nicht die ethnische Zugehörigkeit erfassen, und zum anderen an den vielen integrierten, »unsichtbaren« Sinti und Roma, die sich, wie in anderen Ländern auch, hinsichtlich ihrer Ethnizität bedeckt halten.

Anlassbezogen berichten die Medien auch in Deutschland vorwiegend über negative Verhaltensweisen, was die Roma betrifft. Über hinterlassene Müllberge, über das Bettlerunwesen, über Sozialhilfebetrug oder über Prostitution. Über die integrierten und »unsichtbaren« Roma und deren unauffälliges und der Allgemeinheit dienliches Verhalten gibt es dagegen nichts oder nur wenig zu berichten. Nicht zuletzt dadurch werden die bestehenden Stereotypen und Klischeevorstellungen und damit der Antiziganismus bedient und erhalten.

Auszüge aus einem Bericht in deutschen Tageszeitungen vom August 2023 mit der Überschrift »Sozialbetrug«:

Razzia (in Duisburg) an einem der schlimmsten sozialen Brennpunkte Deutschlands!

Die Häuser aus dem Jahr 1993 sind in desolatem Zustand. Verbeulte Briefkästen mit bis zu zwölf Namen, zertrümmerte Scheiben, beschmierte

Wände, vermüllte Wiesen. Die Armut ist groß. Aber im Hof sitzen Halbstarke in teuren BMW. Der Hausmeister: Sie schicken ihre Kinder nicht zur Schule, sie vermüllen alles, sie zerstören Fenster und Türen, sie kippen Altöl hinter die Garage. Wir haben überall Verbotsschilder: Kein Grillen, keine laute Musik! Doch keiner hält sich dran. Viele schieben ihren Einkaufwagen bis vors Haus. Ich muss ihn dann zu ALDI zurückbringen. Sonst macht's keiner …

Diese Berichterstattung entsprach fraglos den Gegebenheiten und ist nicht zu kritisieren. Und auch die Razzia der Duisburger Polizei war begründet und berechtigt. In den beschriebenen Häusern wurden 86 Personen angetroffen, die nicht gemeldet waren. Acht der Bewohner hielten sich illegal in Deutschland auf. Zudem bestand der begründete Verdacht, dass sich manche ein monatliches Kindergeld in Höhe von 250 Euro pro Kind und dazu Bürgergeld ab 318 Euro pro Person erschlichen, »Schein-Bewohner« also, Menschen, die schwarz arbeiten oder gar nicht in Deutschland leben. Auch gab es Hinweise darauf, dass diese Leistungsbezieher aus Südosteuropa von Banden gezielt nach Nordrhein-Westfalen transportiert wurden, wo sie unter schwierigsten Bedingungen leben, Sozialleistungen erschleichen und diese dann an die Organisationen im Hintergrund abgeben müssen. Entspräche das dem tatsächlichen Geschehen, wären die Betroffenen nicht nur Täter, sondern auch Opfer. Opfer aber, so wird bei genauerem Hinsehen deutlich, sind sie ohnehin. Egal wie und von wem sie nach Deutschland gelockt und geschleust wurden, ob von einer kriminellen Organisation, von Familienvätern oder von einem ihrer Buli Baschas: Sie wurden getäuscht und sie wurden enttäuscht. Denn sie hofften auf ein ihnen in Aussicht gestelltes besseres Leben, landeten aber wieder am äußersten Rand einer Gesellschaft, die ihnen fremd und wenig entgegenkommend ist. Sie wurden in heruntergekommenen Behausungen untergebracht, für die sie Wucherpreise zu bezahlen haben, in schäbigen Unterkünften, in feuchten Kellerlöchern oder gar unter einem löchrigen Zeltdach im Park.

Und der Müll häuft sich an, wie er sich da angehäuft hat, wo sie hergekommen sind. Denn das deutsche Müllsystem ist ihnen fremd. Das Altöl wird hinter die Garage gekippt, weil es schon immer so entsorgt wurde, und wen kümmert's angesichts der Alltagsprobleme schon, wo der Einkaufwagen von ALDI steht? Das alles macht deutlich: Der Weg ihrer Integration ist langwierig und schwierig. Und er führt nicht ans Ziel, indem die Gettos von Südosteuropa nach Deutschland (Österreich oder die Schweiz) verlagert und die Familien mit ihren (vielen) Kindern ohne Aussicht auf Wohnung, Bildung und Arbeit mehr oder weniger ihrem Schicksal überlassen werden. Wenn kein Mindeststandard gewährt werden kann, was die Wohnverhältnisse betrifft, wenn keine Aussicht auf ein Arbeitsverhältnis und auf ein gesichertes Einkommen besteht und wenn die Kinder nicht zur Schule gehen, dann müssen alle Integrationsbemühungen kläglich scheitern. Die zugereisten Roma werden dann weiterhin gezwungen sein, sich in einer Grauzone von mehr oder weniger legalen Gelegenheitsarbeiten zu bewegen, der Bettelei nachzugehen, Sozialhilfe zu beziehen oder auch zu erschleichen oder zuhälterisch tätig zu werden und Frauen wie Kinder der Prostitution zuzuführen.

Der Antiziganismus wird dadurch nicht abgebaut, sondern gefördert.

Der Weg einer erfolgreichen Integration kann auch keine »Einbahnstraße« sein. Auch die Sinti und Roma haben einen wesentlichen Teil dazu beizutragen – ohne dass sie dadurch ihre Identität verlieren müssen. Sie scheinen allerdings eher dazu bereit zu sein als die Mehrheitsgesellschaften, an deren Rändern sie leben. Auch Deutschland und den Deutschen fällt es offenbar schwer, sich von den Vorurteilen und Klischees, unter denen die Roma schon so lange zu leiden haben, loszusagen.

Im Jahr 2018 wurden laut »Bundeslagebild Menschenhandel« des Bundeskriminalamts (BKA) 356 Ermittlungsverfahren wegen Delikten der sexuellen Ausbeutung geführt, im Jahr 2019 waren es 287, im Jahr 2020 wurden 291 Verfahren gezählt, im Jahr 2021 ebenfalls 291 und im Jahr 2022 wurden 346 Verfahren registriert.

Das zeigt, dass, gemessen an der Gesamtzahl der in Deutschland tätigen ausländischen (Zwangs-)Prostituierten – es sind hunderttausende – anhaltend und über Jahre hinweg nur eine verschwindend geringe Zahl von Ermittlungsverfahren durchgeführt wurden, von denen die wenigsten in einem angemessenen Urteil gegen den oder die jeweiligen Täter mündeten.

Das wiederum ist ein Hinweis darauf, dass in Deutschland ein boomendes Geschäftsfeld des (Organisierten) Verbrechens in weiten Teilen im Dunkelfeld liegen könnte. Zurückzuführen ist das in hohem Maße auf eine realitätsferne, das Geschehen verkennende und beschönigende Prostitutionsgesetzgebung, welche die Prostitution und das Milieu grundsätzlich als unverdächtiges und legales Gewerbe behandelt, was der Polizei nur sehr eingeschränkte Möglichkeiten erlaubt und das Milieu schon gar nicht zu einem polizeilichen Brennpunkt macht, was es bei den tatsächlichen Gegebenheiten längst (wieder) sein müsste.

Zu sehen ist in diesem Zusammenhang auch, dass es der Polizei und für ortskundige Ermittler(innen) zum Beispiel ohne großen Aufwand möglich ist, ein Kilogramm Kokain oder Heroin sicherzustellen, was dann in der veröffentlichten Meinung mit Schlagzeilen wie »Schlag gegen das Organisierte Verbrechen« gewürdigt wird. Enden dagegen langwierige, sehr aufwändige, Personal und Mittel verschlingende und mit keiner Erfolgsgarantie ausgestattete, im Bereich der (organisierten) Rotlichtkriminalität jedoch alternativlose Ermittlungen im Nichts, sind Schlagzeilen wie »Pleiten, Pech und Pannen« geradezu vorprogrammiert – obwohl über Monate oder gar Jahre hinweg eine so notwendige wie intensive und untadelige Ermittlungsarbeit geleistet wurde. Also könnten Ermittler(innen) dazu neigen, Organisierte Kriminalität am besten da zu bekämpfen, wo der Aufwand gering, die Erfolgsaussichten groß und anerkennende Worte vorprogrammiert sind.

Von den 2022 gezählten Verfahren wegen sexueller Ausbeutung betrafen 199 die Zwangsprostitution (§ 232a StGB), 107 den Menschenhandel (§ 232 StGB), 150 die Zuhälterei (§ 181a StGB), 33 die Ausbeutung von Prostituierten (§ 180a StGB) und 4 Verfahren die Ausbeutung unter Ausnutzung einer Freiheitsberaubung (§ 233a StGB).

Dabei ist zu beachten, dass nicht wenige Ermittlungsverfahren wegen Verdachts mehrerer Straftatbestände geführt wurden, zum Beispiel wegen Menschenhandels und Zuhälterei.

133 der im Jahr 2022 registrierten Opfer waren im Besitz eines deutschen Passes (möglicherweise mit Migrationshintergrund), 72 kamen

aus Bulgarien (2020: 56), 63 aus Rumänien (2020: 68), 19 aus Ungarn (2020: 28), 38 aus China, 35 aus Thailand. Und jedes dritte registrierte Opfer war unter 21 Jahre alt.

Auf die in den Rotlichtmilieus verbreitete Rücksichtslosigkeit und Brutalität gegenüber denen, die in Deutschland (Österreich und der Schweiz) als »Prostituierte« bezeichnet und behandelt werden, deutet die Feststellung hin, dass bei 179 Verfahren vom Ausnutzen einer Zwangslage, bei 115 Verfahren von einer Bedrohung, bei 109 Verfahren von physischer Gewalt, bei 106 Verfahren von einem Ausnutzen der Hilflosigkeit, bei 103 Verfahren von psychischer Gewalt, bei 73 Verfahren von angewandter List und bei 36 Verfahren von einem Einsperren oder Gefangenhalten auszugehen war.

Die registrierte Anzahl der bei diesen Verfahren ermittelten (Zwangs-)Prostituierten spiegeln nach Ansicht kriminalpolizeilicher Experten im Vergleich zum Gesamtaufkommen des Frauenhandels und der der Zwangsprostitution freilich nicht mehr als ein verschwindend kleines Hellfeld wider. Sie belegten aber, dass in deutschen Bordellen und auf den Straßenstrichen deutscher Städte sehr viele Frauen aus Rumänien, Bulgarien und Ungarn tätig sind. Frauen aus den Ländern, in denen viele Roma und Romnija leben (in Rumänien ca. 2 Millionen, in Bulgarien ca. 750.000, in Ungarn ca. 600.000) und in denen diese aufgrund ihrer von Diskriminierung und Ausgrenzung geprägten Lebenssituation jede Gelegenheit nutzen, um westwärts ziehen, um der Armut und dem Elend zu entkommen.

Die Zahlen lassen somit darauf schließen, dass ein großer Teil der bulgarischen Frauen, der Rumäninnen und der Ungarinnen, die in Deutschland als (Zwangs-)Prostituierte ausgebeutet werden, Romnija sind. Aufgrund der gängigen Praktiken ist zudem zu befürchten, dass nicht wenige von ihnen Minderjährige sind – Roma-Kinder, die mit Dokumenten ausgestattet sein könnten, die sie als Erwachsene ausweisen.

Dieser hohe Anteil von Romnija in den deutschen Rotlichtmilieus – es dürften zigtausende sein – wird jedoch nicht wahrgenommen, weil allein die jeweilige Nationalität festgehalten wird und weil sich die Frauen und Mädchen, um herabwürdigenden, diskriminierenden und menschenverachtenden Praktiken zu entgehen, nicht oder nur selten als Romnija zu erkennen geben, sondern sich als Bulgarinnen, Spanierinnen, Portugiesinnen oder Latina ausgeben. Das Interesse, auf den sehr hohen Anteil von in der (Zwangs-)Prostitution gefangenen Roma-Frauen und -Kindern im deutschsprachigen Raum aufmerksam zu machen, scheint auch nicht allzu groß. Schließlich widerspricht diese Ausbeutung der Schwächsten und Verletzlichsten allen antiziganistischen Bekundungen und Bestrebungen sowie allen rechtstaatlichen Vorgaben und Idealen in krassester Weise.

Berichte über die Ausbeutung von Romnija und Roma-Kindern auf deutschen Straßenstrichen oder in deutschen Bordellbetrieben sind jedenfalls höchst selten. Dennoch gibt es sie, und sie lösen, werden sie öffentlich wahrgenommen, auch große Betroffenheit aus, ohne dass dies bislang zu den politischen Maßnahmen und gesetzlichen Veränderungen geführt hätte, die erforderlich wären, um diese beschämende Ausbeutung von Romnija und Roma-Kindern in Deutschland zu bekämpfen oder zu stoppen.

Baval

Sie war neunzehn Jahre jung und in einem deutschen Bordell tätig. In einem Haus, das als Edelbordell galt. Dort lernte sie eines Tages eine »Prostituierte« kennen, die aussah wie ein zwölfjähriges Kind, ein Mädchen, das vielleicht erst zehn, vielleicht schon vierzehn Jahre alt war. Baval, das Roma-Kind kam aus der Republik Moldau. Es sprach kein Wort Deutsch und kein Wort Englisch.

Die Neunzehnjährige wusste aus eigener Erfahrung von den nur schwer zu ertragenden Erlebnissen, die ihr Job mit sich brachte. Und sie empfand Mitleid mit dem Kind. Zumal es von allen anderen in dem edlen Bordell tätigen Prostituierten gehasst wurde, weil es bei den Kunden sehr begehrt war.

Doch weder die Prostituierten noch die Kunden des scheinbar über jeden Zweifel erhabenen Hauses beschwerten sich jemals darüber, dass in dem Bordell ein Mädchen der Prostitution nachging, das erkennbar noch minderjährig war. Niemand interessierte sich dafür, wie Baval in das Bordell gekommen war, ob und von wem es vielleicht zur Prostitution gezwungen wurde. Niemand dachte daran, eine Hilfsorganisation oder die Polizei zu informieren.

Eines Tages aber kam es zu einer Polizeikontrolle. Baval legte ein Ausweispapier vor, nach welchem sie 18 Jahre alt war. Die Beamten sahen mit kritischem Blick auf Baval – und auf das Ausweispapier. Sie zuckten mit den Schultern und zogen wieder ab.

Für die Behörden wie für Beratungsstellen und andere Dienste sind die ihnen zur Einsicht vorgelegten Ausweispapiere Grundlage ihres Handels oder besser: ihres Nicht-Handelns.

»Inzwischen weiß ich«, so erzählte die Neunzehnjährige weiter, »dass viele solche sehr jungen Mädchen gehandelt, der Prostitution zugeführt und dann nach wenigen Monaten oder spätestens nach wenigen Jahren, wenn sie ›verbraucht‹ sind, wieder in ihr Heimatland zurückgebracht und durch andere, neue Gesichter ersetzt werden. Inzwischen weiß ich auch, dass das Roma-Kind in dem deutschen Bordell kein Einzelfall war, sondern einer von vielen. Und ich weiß: Dieses System des Kinderhandels und der sexuellen Ausbeutung von Kindern in deutschen Puffs funktioniert. Das System zur Verhinderung solcher Verbrechen aber funktioniert nicht.«

Die geringe Anzahl der in Deutschland Jahr für Jahr registrierten Ermittlungsverfahren wegen Verdachts der sexuellen Ausbeutung von Frauen und Kindern ist sehr wesentlich darauf zurückzuführen, dass die Prostitution als legales Gewerbe betrachtet und behandelt wird, obwohl die Fakten:

- die hohe Anzahl der im Rotlicht tätigen Ausländerinnen aus den verschiedensten Armutsgebieten dieser Welt (etwa 90 Prozent und in einzelnen Milieus bis hin zu 100 Prozent),
- die hinlänglich bekannten, kriminellen Anwerbungs-, Schleusungs- und Ausbeutungsmethoden dieser Mädchen und Frauen,
- die Berichte von inzwischen tausenden Aussteigerinnen, Rückkehrerinnen und zurück in ihre Heimatländer Geflüchteten, aber auch

- die Erkenntnisse aus der geringen Anzahl durchweg von Zwängen und Gewalt geprägten, jährlich registrierten Ermittlungsverfahren

dem krass entgegenstehen.

Diese Fakten lassen unschwer erkennen, dass es sich bei den in Deutschland »anschaffenden« Frauen in hohem Maße, wenn nicht nahezu ausschließlich, um sexuelle Ausbeutung und somit nicht um Prostituierte, sondern um Opfer handelt – um Opfer des Menschenhandels und der Sexsklaverei. Sie zeigen auch, dass es sich beim Prostitutionsgeschehen in Deutschland weniger um ein (Prostitutions-)Gewerbe als um ein Geschäftsfeld der OK handeln dürfte und dass es keine sexuellen Dienstleistungen sind, die erbracht werden, sondern dass es fortgesetzte sexuelle Gewalt ist, denen die Mädchen und Frauen in der Prostitution ausgesetzt sind.

Untermauert wird das durch die Tatsache, dass sich die Frauen und Kinder, die Romnija und Roma-Kinder aus den Gettos und Stadtrandsiedlungen Bulgariens, Rumäniens, Ungarns, der Slowakei sowie aus den albanischen Bergen, aber auch die Frauen aus Thailand, Vietnam, aus China und Nigeria, niemals allein und von sich aus aufmachen konnten, um in Deutschland der Prostitution nachzugehen. Dazu fehlte und fehlt diesen Mädchen und Frauen geradezu alles: die finanziellen Möglichkeiten, die erforderlichen Papiere, eine gewisse Reiseerfahrung, eine Kontaktperson, ein Hinwendungsort und nicht zuletzt auch fast immer auch der erklärte Wille, sich zu prostituieren.

Sie alle waren und sind auf Helfer angewiesen, und »Helfer« gibt es in den von Armut geplagten Rekrutierungsländern und -regionen mehr als genug. Allein im kleinen Land Moldau, das heute nur noch etwa 2,5 Millionen Einwohner zählt, wurden in jüngster Zeit etwa 200 nicht lizensierte »Vermittlungsagenturen« gezählt. Dabei handelt es sich um Einzeltäter, Tätergruppierungen und Organisationen, die sich auf den Handel mit Frauen und Kindern spezialisiert haben und mit »guten Westkontakten«, »zahlreichen zufriedenen Kundinnen« und einem »unglaublich gut bezahlten Job in Germany« werben. Dass viele von diesen so geköderten, vorwiegend minderjährigen und mit den Gefahren dieser Welt wenig vertrauten Frauen aus dem verarmten Land in der (Zwangs-)Prostitution landen, ist geradezu vorprogrammiert.

Die seit vielen Jahren benutzten und bewährten Anwerbungsmethoden mittels List, Täuschungshandlungen und falschen Versprechungen (vom Traumjob in Germany oder von vorgespielter, großer Liebe und einer gemeinsamen, goldenen Zukunft …) sind hinlänglich bekannt. Auch weiß man von dem Voodoo-Zauber, mit dem die nigerianischen Mädchen eingeschüchtert, zur Prostitution gezwungen und von den als Madames bezeichneten Zuhälterinnen überwacht werden, von den gewaltsamen Entführungen, die es vor allem bei bestimmten Ethnien, zum Beispiel bei albanischen Tätergruppierungen, aber auch bei den Roma gelegentlich gibt.

Und auch die benutzten und bewährten Schleusungsrouten (z. B. über die verschiedenen Balkanschienen) und die immer wieder angewandten Schleusungsmethoden liegen vor den Ermittlungsbehörden wie ein offenes Buch:

- das bewusste Erzeugen von Abhängigkeit und Hilflosigkeit, indem der Pass unter einem Vorwand in die Hände der Täter gelangt, das Notizbuch oder Handy verloren geht und so die Brücken zur Heimat und Hilfe hin abgebaut werden,
- das Kriminalisieren mittels Drogen oder dem Hinweis auf gefälschte Papiere oder illegalen Aufenthalt, damit sich die Opfer schuldig fühlen und den Weg zur Polizei meiden,
- das Erstellen der Schuldenfalle, indem utopische Summen für das Beschaffen oder Fälschen der Papiere, für Reisekosten und anderes in Rechnung gestellt werden, die abzuarbeiten sind,
- das Vorbereiten auf die vorgesehene Tätigkeit als Prostituierte, wenn erforderlich auch mit Gewalt, so mit Vergewaltigungen (dem »Zureiten«), die nicht selten so lange ausgeübt werden, bis jeder Widerstand erlischt …

Für die in Deutschland stattfindenden, kriminellen Ausbeutungspraktiken gab und gibt es neben nicht zu übersehenden Hinweisen auch erdrückende

Beweise. So zum Beispiel bei einem Prozess vor einer Kammer des Landgerichts Stuttgart im Jahr 2019:

Angeklagt waren die Betreiber der »Paradise-Bordelle«. Die als stilvoll und zukunftsweisend gepriesenen Vorzeigepuffs galten als über jeden Zweifel erhaben. Die Betreiber der Nobelbordelle verkehrten in VIP-Räumen und auf Ehrentribünen in sogenannten »besseren Kreisen«, umgeben von Polit-, Sport- und Wirtschaftsgrößen … Sie waren gefragte und immer wieder gern gesehene Gäste in zahlreichen Talkshows des deutschen Fernsehens, wo ihnen Gelegenheit eingeräumt wurde, für ihre »paradiesischen« und »selbstverständlich kriminalitätsfreien« Häuser zu werben.

Weil die Polizei den Puffbetreibern mit ihren angeblich so seriösen Geschäftsmethoden nicht so recht glauben wollte und sich dazu entschloss, die Vorgänge in den Edelbordellen genauer unter die Lupe zu nehmen, die Hintergründe zu beleuchten und sich den »Luxus« erlaubte, aufwändige Strukturermittlungen einzuleiten, kamen bald Geschäftspraktiken ans Licht, die so ganz und gar nicht zu den Bekundungen der Herren Bordelliers passen wollten.

In den vermeintlich so paradiesischen Häusern gingen manche der »glücklichen und zufriedenen Damen« bei Tag und Nacht durch die Hölle:

- *Zehn Freier pro Tag oder Schicht, so wurde berichtet, waren Pflicht,*
- *wurde das vorgegebene Ziel nicht erreicht, drohte Schlimmes,*
- *Schläge und Gewalt waren an der Tagesordnung,*
- *es gab verzweifelte Hilferufe nach Befreiung,*
- *manche der Damen wurden dazu gezwungen, sich den Namen ihres Besitzers auf den Bauch tätowieren zu lassen,*
- *die Herren Bordellbetreiber standen in enger Verbindung mit kriminellen Rockergruppierungen, welche die Damen beschafften und kontrollierten.*

»Die Frauen hätten jederzeit gehen können«, brachten die Angeklagten zu ihrer Verteidigung vor. Von Stacheldrahtumzäunungen und Kampfhundebewachung erzählten andere.

Der Bordellbetreiber und sein Geschäftsführer wurden – ein seltenes, viel zu seltenes Ereignis in Deutschland – wegen Beihilfe zum Schweren Menschenhandel, Zuhälterei und anderem zu mehrjährigen Freiheitsstrafen zu verurteilt. Das Stuttgarter Gerichtsverfahren brachte kriminelle Geschäftsmethoden ans Licht, die in Deutschland alles andere als eine seltene Ausnahme sein dürften. Wie mag es in den zahlreichen Schmuddelpuffs aussehen, so ist zu fragen, wenn in den Vorzeigebordellen schon solche Zustände vorherrschen? Die Stuttgarter Richter scheinen von ähnlichen Gedanken geplagt worden zu sein. Ihr ausdrücklicher Wunsch, dass von diesem Prozess ein Signal ausgehen möge, erfüllte sich jedoch nicht.

Politik und Gesetzgebung betrachten und behandeln das gesamte Prostitutionswesen, ungeachtet solcher Erkenntnis, weiterhin als legales (Prostitutions-)Gewerbe, innerhalb dessen »sexuelle Dienstleistungen« erbracht werden. Und zum Schutz der Frauen in der Prostitution, so wird argumentiert, gibt es die einschlägigen strafrechtlichen Vorgaben. Dass diese jedoch, wie die Zahlen aus den vergangenen Jahren eindrucksvoll belegen, in einem als legal erachteten und entsprechend behandelten Umfeld keine oder nur in wenigen Ausnahmefällen Anwendung finden, bleibt unberücksichtigt.

Manche der »Expert(inn)en« träumen davon, dass Kunden von Prostituierten solche Zwänge erkennen und Hinweise auf Menschenhandel und Sexsklaverei liefern würden. Andere glauben daran, dass sich bei den im sogenannten Prostituiertenschutzgesetz vorgegebenen Beratungsgesprächen Hinweise auf Menschenhandel, Sexsklaverei und andere (Organisierte) Verbrechen ergeben würden. Beides ist Wunschdenken und so nicht der Fall. Selbst bei regelmäßigen polizeilichen Kontrollen der herkömmlichen Art und bei anhaltend großem Kontrolldruck ergeben sich allenfalls in wenigen Ausnahmefällen Hinweise auf kriminelle, ausbeuterische Praktiken. Die Herrscher in den Milieus haben sich längst auf die Gegebenheiten eingestellt und die erforderlichen Vorkehrungen getroffen, um Ungemach zu verhindern.

Zu berücksichtigen sind in diesem Zusammenhang auch die in den Rotlichtmilieus geltenden ungeschriebenen, aber bedingungslos einzuhaltenden Milieugesetze, die denen von Banden, Clans und anderen Organisationen gleichen, die der OK zuzuordnen sind.

Nach diesen ist »Verrat« die schlimmste und am härtesten zu ahndende Verfehlung. Und Verrat ist alles, was den Bossen im Milieu schaden könnte oder schadet. Auch nur anzudeuten, nicht freiwillig der Prostitution nachzugehen, wäre mit die schlimmste Form des Verrats. Die Betroffenen wissen das. Sie lernen es in ihrer ersten Lektion und die wird ihnen zumeist schon vor Betreten deutschen Bodens und deutscher Bordelle erteilt. Deshalb gehen sie, werden sie gefragt, alle freiwillig und selbstbestimmt der Prostitution nach. Deshalb lächeln sie, obwohl ihnen zum Weinen ist.

Allein sehr aufwändige, tiefgreifende, Personal, Zeit und Mittel verschlingende und dazu mit keiner Erfolgsgarantie ausgestattete Strukturermittlungen machen es möglich, diese Milieugesetze zu durchbrechen und solche in zunehmendem Maße der OK zuzuordnende Verbrechen des Menschenhandels und der Sexsklaverei ans Licht zu bringen und die Täter und Tätergruppierungen zur Verantwortung zu ziehen. Diesen »Luxus« kann sich die deutsche (österreichische, Schweizer) Polizei jedoch kaum mehr leisten – in einem Bereich, der als legales und entsprechend zu behandelndes »Gewerbe« gilt, in dessen Rahmen »Dienstleistungen« erbracht werden.

Die Strategien der Bosse im Milieu und die Milieugesetze erschweren auch die Arbeit von Hilfsorganisationen und Beratungsstellen für Frauen in der Prostitution und für Frauen in Not. Auch sie stoßen da an ihre Grenzen, wo sich Hinweise auf illegale Ausbeutungspraktiken, auf Menschenhandel, Sexsklaverei und das Organisierte Verbrechen ergeben könnten. Wenn Bordellbetreiber, Türsteher oder andere Milieupersonen darüber entscheiden dürfen, ob und wann ein Objekt von den Mitarbeiter(inne)n einer Beratungsstelle betreten werden und mit wem im Beisein welcher Personen was besprochen werden kann, dann kann auf solche Beratungsgespräche getrost verzichtet werden.

Und nicht nur das: So wie es seit jeher zur Strategie von Zuhältern und Milieufürsten gehört, mit Einfluss und Macht ausgestattete Persönlichkeiten zu umgarnen, um sie dann mittels Sex, Geld und Skrupellosigkeit erpressbar zu machen, so bemühen sie sich auch, solche Beratungsstellen und Hilfsdienste für sich und ihre Ziele zu gewinnen. Und sie scheinen keineswegs immer erfolglos dabei. Manche der staatlicherseits oder kommunal finanzierten oder unterstützten Beratungsstellen von heute scheinen dem Milieu und seinen Bossen jedenfalls näher zu stehen als, wie vorgegeben, den Frauen in Not. Sie bieten weniger Ausstiegs- als Einstiegshilfen an, verraten Tipps und Tricks, wie die Freier ausgenommen und höhere Einnahmen erzielt werden können, und stellten sich selbstverständlich gegen Verbote wie sie zum Beispiel das »Nordische Modell« enthält.

Zum Glück gibt es aber auch über jeden Zweifel erhabene Beratungsstellen, die diese Gefahren kennen und unverzichtbare Arbeit leisten. Obwohl auch ihnen nur sehr begrenzte Zugangsmöglichkeiten und Einblicke gewährt werden, gelingt es ihnen immer wieder einmal, eine Frau oder ein Mädchen aus den Klauen krimineller Ausbeuter zu befreien. SOLWODI, SISTERS, JADWIGA (in Bayern), KARO (im deutsch-tschechischen Grenzgebiet) oder AMALIE (in Mannheim) seien nur beispielhaft für solche kompetenten, mit dem Milieu vertrauten und daher sehr hilfreichen und nützlichen Hilfsorganisationen genannt.

Dana, eine junge Frau aus Bulgarien, landete zum Beispiel in den helfenden Händen der Mitarbeiterinnen von AMALIE. Auch ihr Schicksal ist typisch für das, was inzwischen seit Jahrzehnten mit zigtausenden Frauen und Mädchen aus Ost- und Südosteuropa und mit vielen Romnija und Roma-Kindern geschieht.

Dana

Dana kam aus einer Armutsregion Bulgariens und aus schwierigen familiären und sozialen Verhältnissen. Und sie wollte nur eines: dass es ihren drei Kindern einmal besser geht als ihr. Als ihr eines Tages ein Arbeitsplatz in Deutschland, ein Job als Reinigungskraft in Mannheim, angeboten wurde, sah sie ihre Chance gekommen. Ohne lange zu überlegen, sagte sie zu. Dann ging alles sehr schnell. In Mannheim wurde ihr ein dunkler, schmuddeliger

Raum im dritten Stock eines Hauses in der Lupinenstraße zugewiesen. Es gab nur eine Toilette, nur eine Dusche für alle im Flur. Was sie nicht wusste: Die Lupinenstraße war schon vor hundert Jahren als Bordellstraße bekannt, und das Haus, in dem sie untergebracht wurde, war ein Puff.

Unten vor dem Haus parkten die »Protzschlitten« von Zuhältern, keiner davon war unter 100.000 Euro zu haben. »Hier hast du zu arbeiten«, sagte man zu ihr. »Und halte dich an die Vorgaben, wenn du deine Kinder jemals wiedersehen willst!«

Dann wurden ihr die Ausweispapiere abgenommen. Auch hatte sie kein Geld. Die letzten hundert Euro hatte sie für die Fahrt nach Mannheim ausgegeben. Dana sprach kein Wort Deutsch und kein Englisch. Und sie kannte niemand. Sie brachten ihr Reizwäsche, drückten ihr eine Preisliste in die Hand.

Als ihr bewusst wurde, wo sie sich befand, weinte sie. Und sie wollte sterben. Immer wieder dachte sie darüber nach, vom dritten Stock nach unten zu springen. Sie sprang nicht. Wegen der drei Kinder, die sie bei der Großmutter zurückgelassen hatte.

Als der erste Kunde kam, zitterte sie am ganzen Körper. Der bemerkte es, hatte Mitleid mit ihr. Er warf dreißig Euro hin und machte sich unverrichteter Dinge wieder davon. Andere hatten kein Mitleid. Darüber, was sie in der Folgezeit über sich ergehen lassen musste, will Dana nicht mehr sprechen. Nie mehr.

Dana bemerkte bald, dass sie nicht die Einzige war, der es so erging. Einigen gelang es, zu fliehen. Andere wurden von den Zuhältern an der Flucht gehindert. Gewaltsam, brutal. Sie selbst musste acht lange Monate in dem kleinen, dunklen Zimmer des Bordells zubringen. Dann endlich gelang es auch ihr, der Hölle zu entkommen. AMALIE nahm sie auf. AMALIE half ihr auf dem Weg zurück ins Leben.

Dass das Schicksal von Dana kein Einzelfall, sondern alltäglich ist für das, was in Deutschland geschieht, zeigt auch die Geschichte von Lesja, einer jungen Romni aus der Ukraine.

Lesja

Sie weint, wenn sie erzählt, was sie erleben musste. Skrupellose Menschenhändler haben sie nach Deutschland gelockt. Die hübsche junge Ukrainerin sollte in einer Lagerhalle Obst sortieren und würde dabei mindestens 150 Euro wöchentlich verdienen, bei freier Unterkunft und Verpflegung, so erzählten sie ihr.

Dann aber, kaum hatte sie deutschen Boden betreten, wurde sie an einen Zuhälter verkauft. Der brachte sie in ein Duisburger Bordell, in dem sie zusammen mit anderen Mädchen gefangen gehalten wurde und täglich mehrere Freier zu bedienen hatte. Geld bekam sie dafür nicht. Weigerte sie sich, einen Kunden zu bedienen oder schminkte sie sich nicht so, wie vorgegeben, setzte es Schläge. Sie weinte, doch niemand beachtete ihre Tränen.

»Weder die Zuhälter noch die Freier behandelten mich und die anderen Mädchen wie Menschen«, berichtete sie. »Manche nahmen uns nur, um uns zu verhöhnen oder zu demütigen, andere ließen einfach ihre Wut an uns aus. Manchmal konnte ich hinterher nicht mehr gehen, ich kroch nur noch durch die Räume.«

Es gab während der vergangenen Jahre unzählige Hinweise auf ähnliche, in Deutschland begangene ausbeuterische Verbrechen und es gibt tausende aus Deutschland (Österreich, der Schweiz) Geflüchtete und in ihre Heimatländer Zurückgekehrte, die von einem solchen Schicksal und von einem vergleichbaren Geschehen berichteten. Dabei ist das, was bei den Nichtregierungsorganisationen oder auf dem Tisch der Ermittlungsbehörden landet, nicht mehr als die Spitze eines riesigen Eisbergs. Das Dunkelfeld ist kriminalistischen Erkenntnissen zufolge gigantisch.

Dessen ungeachtet geht man in Deutschland (Österreich und der Schweiz) in verantwortlichen Kreisen noch immer davon aus, dass es sich beim Menschenhandel und bei der erzwungenen Prostitution allenfalls um einen kleinen und überschaubaren illegalen Bereich handelt, den es immer und überall gibt und den es auch immer geben wird. Die Prostitution in den offiziellen deutschen (österreichischen, Schweizer) Bordellbetrieben wird dagegen als weitgehend kriminalitätsfrei erachtet.

Das führt dazu, dass die Frauen in diesen, von den Behörden sowie von Hilfsorganisationen und Beratungsstellen als seriös und unverdächtig erachteten Häusern rücksichtslosen Ausbeutungspraktiken ausgesetzt sein können, ohne dass es bemerkt und unterbunden werden kann. Das von manchen Betreibern erschlichene Vertrauen, der gute Ruf, die guten Beziehungen, die aufgrund der (gesetzlichen) Rahmenbedingungen wenigen und nur oberflächlich durchgeführten Kontrollen lassen in Verbindung mit geschickt getarnten und den jeweiligen Gegebenheiten angepassten Geschäftspraktiken auch brutalste Ausbeutungsmethoden über oft lange Zeiträume hinweg zu, ohne dass diese erkannt und verhindert werden können.

Und diese Ausbeutung gibt es nicht nur in wenigen Einzelfällen; es scheint vielmehr, als wäre sie in Deutschland alltäglich. Inmitten unserer modernen, rechtsstaatlichen Gesellschaft, mitten unter uns. Vielleicht gleich nebenan.

Betroffen sind fast ausschließlich ausländische Frauen und Kinder, die der Armut und dem Elend in ihrem Heimatland entfliehen wollten, die sich nach einem besseren Leben sehnten, die voller Hoffnung zu uns kamen, nicht zuletzt Romnija und Roma-Kinder. Betroffen sind aber auch deutsche Mädchen und Frauen. Nicht wenige von ihnen haben einen Migrationshintergrund. Nicht wenige von ihnen kommen aus schwierigen familiären und sozialen Verhältnissen. Nicht wenige von ihnen erlebten schon als Kind sexuelle Gewalt.

Romnija im Rotlichtmilieu

Niemand weiß auch nur annähernd, wie viele Prostituierte oder Zwangsprostituierte in Deutschland tätig sind oder tätig sein müssen. So schwierig eine Erfassung auch sein mag: Es erscheint seltsam in einem Land, das geradezu alles an statistischen Zahlen misst, und es nährt den Verdacht, dass man es vielleicht gar nicht wissen will. Schätzungen reichen von zweihunderttausend bis zu einer Million. Am häufigsten wird die Zahl vierhunderttausend genannt. Das war allerdings schon zu Zeiten der Fall, in denen Deutschland noch zweigeteilt war und die deutschen Sexmärkte noch längst nicht die Größenordnung von heute hatten. Offiziell gemeldet waren in Deutschland – trotz Anmeldepflicht – Ende 2022 nicht mehr als 28.278 Prostituierte – eine unbedeutende, nichtssagende Zahl.

Niemand weiß, wie viele Romnija und Roma-Kinder in Deutschland der Prostitution nachgehen oder dazu gezwungen werden. Als sicher gilt, dass gegenwärtig etwa neunzig Prozent und in manchen deutschen Milieus bis zu hundert Prozent der Frauen, die sich prostituieren oder die sich dazu gezwungen sehen, Ausländerinnen sind. Frauen und Mädchen, die aus den verschiedensten Armutsgebieten dieser Welt nach Deutschland geschleust und der sexuellen Ausbeutung zugeführt wurden. Selbst im fernen China scheinen Menschenhändler und Zuhälter(banden) in jüngster Zeit die lukrativen deutschen Sexmärkte entdeckt zu haben.

Gleichgültig, woher diese Frauen und Mädchen auch kommen, ob aus Südostasien, aus Südamerika, aus Ost- oder Südosteuropa, aus der Republik Moldau, aus der Wachau oder aus Siebenbürgen, aus den albanischen Bergen, aus der Puszta, aus dem Getto Pobeda oder Fakulteta, sie kommen nicht in das Deutschland, das sie sich erhoffen. Sie kommen nicht in das Deutschland, das wir, die Deutschen und viele andere, kennen, schätzen und vielleicht sogar lieben.

Sie sind vielmehr von Beginn an gefangen in der Parallelgesellschaft »Rotlichtmilieu«, einer Subkultur mit eigenen Wertvorstellungen und eigenen (ungeschriebenen, aber bedingungslos einzuhaltenden) Gesetzen, mit eigenen Anklägern, Richtern und, wenn es erforderlich erscheint, auch mit eigenen Henkern. In diesem Milieu fragt man nicht nach den Gesetzen der Allgemeinheit – es sei denn, sie sind für das Milieu und seine Bosse von Nutzen, wie zum Beispiel das »Weisungsrecht«, das Bordellbetreibern und Zuhältern mit dem Prostitutionsgesetz von 2002 ausdrücklich eingeräumt wurde.

Nicht zur Kenntnis genommen wurde und wird dagegen, wie die Zahlen belegen, die Anmeldepflicht nach Paragraf 3ff. des sogenannten Prostituiertenschutzgesetzes von 2016. Diese Anmeldepflicht ist sinn- und nutzlos, zumal es auch einen innerdeutschen Menschenhandel – von

Milieu zu Milieu – gibt und die Tätigkeitsorte oft schon nach wenigen Tagen oder Wochen gewechselt werden, ohne dass es jedes Mal erneut zu einer Anmeldung kommt.

Es gibt nicht ein Milieu, sondern es gibt viele dieser Milieus in Deutschland. Sie sind voneinander unabhängig oder aber freundschaftlich miteinander verbunden und ergänzen und unterstützen sich oder sie stehen sich konkurrierend, manchmal auch feindselig gegenüber und bekriegen sich. Gleichgültig, ob diese Milieus im Rotlicht eine gewisse Geschlossenheit aufweisen und in einem bestimmten Stadtviertel oder in bestimmten Straßenzügen angesiedelt oder aber breit gestreut sind: Die Milieugesetze gelten immer und überall. Und diese (ungeschriebenen) Gesetze geben auch Hierarchien vor, die zu beachten sind. Ganz oben angesiedelt sind die Milieufürsten, die eigentlichen Machthaber und Profiteure der Prostitutionsgeschäfte. Es sind in aller Regel diejenigen, die mit dem größten Einschüchterungspotenzial und mit der größten Gewaltbereitschaft ausgestattet sind. Deshalb spielen Rocker und rockerähnliche Gruppierungen in den deutschen (österreichischen und Schweizer) Rotlichtmilieus eine wesentliche Rolle. Die »Hells Angels« zum Beispiel oder die mit ihnen konkurrierenden »Bandidos«, die »Black Jackets«, die »United Tribuns« oder der »Mongols Motorcycle-Club«, die türkisch-nationalistische Gruppierung der »Osmanen Germania« oder die kurdische Streetgang »Bahoz« (»Sturm«).

Solche Gruppierungen haben im Milieu die Funktion, das zum Machterhalt oder aber zur Machteroberung erforderliche Einschüchterungspotenzial und die erforderliche Gewaltbereitschaft zu signalisieren und zu demonstrieren. Denn die Machtposition der Milieufürsten und Bosse im Milieu ist ständig umkämpft. In einem auf Dauer angelegten Prozess wird immer wieder versucht, sie zu stürzen und ihre Positionen zu erobern.

Während solche Machtkämpfe in der Vergangenheit mit wilden Schießereien, Messerstechereien, unzähligen Tötungsdelikten bis hin zu Serienmorden ausgetragen wurden, während es zum Beispiel im beschaulichen Ulm an der Donau noch im Jahre 2013 zu einer wilden Schießerei zweier rivalisierender Gruppen auf offener (Blaubeurer-)Straße kam, werden solche Auseinandersetzungen, seit der OK zuzuordnende Gruppierungen Einfluss nehmen und Milieuteile oder ganze Milieus beherrschen, nur noch selten in so spektakulärer, Aufsehen erregender Weise ausgetragen. Sie finden heute milieuintern statt, leise, lautlos, und man versucht mit subtileren Mitteln und Methoden ans Ziel und an die Macht zu kommen als noch vor Jahren.

Wilde, öffentliches Aufsehen erregende Auseinandersetzungen und Fehden beschränken sich heute auf wenige, vermeintlich unvermeidbare Aktionen oder auf seltene »Betriebsunfälle«. Man hat gelernt: Organisierte Kriminalität funktioniert da am besten, wo Ruhe vorherrscht und weder Polizei noch Staatsanwälte auf den Plan gerufen werden.

Häufig werden die »Hells Angels« oder andere Rocker- und rockerähnliche Gruppierungen als die eigentlichen Machthaber im Milieu angesehen. Das aber sind sie nicht immer. Sie haben oft nur die Aufgabe, den Machterhalt für die eigentlichen Herrscher zu sichern, und werden dafür fürstlich entlohnt. Dass man sie für diejenigen hält, die das Milieu beherrschen, kann den eigentlichen Bossen im Milieu nur recht sein. Sind sie dadurch doch fern jeglichen Verdachts.

Die eigentlichen Bosse agieren heute zumeist unauffällig im Hintergrund. Manche sind weit von ihrem Machtbereich, dem von ihnen beherrschten Milieu entfernt, leben zum Beispiel in Dubai oder in den USA. Sie erteilen ihre Anweisungen aus sicherem Abstand, kontrollieren aus weiter Ferne das von ihnen beherrschte Milieu oder lassen es kontrollieren und lassen alle Schmutzarbeit andere verrichten. Menschenhandel und Zwangsprostitution sind heute in weiten Teilen einem international angelegten Geschäftsfeld des Organisierten Verbrechens zuzuordnen, und dementsprechend sind die Machtstrukturen verdeckt und verzweigt.

Unterhalb der eigentlichen Machthaber ist im Milieu neben den Rockern und rockerähnlichen Gruppierungen (Letztere müssen keine Motorradgang sein, was bei Ersteren unabdingbare Pflicht ist) in der Regel die geschäftsführende Ebene angesiedelt. Sie ist zumeist mit Personen besetzt, die mit ganz guten Manieren ausgestattet sind, und sie haben das

Milieu im Sinne der jeweiligen Bosse nach innen wie nach außen, so auch gegenüber den Behörden zu vertreten. Diese geschäftsführende Ebene hat auch darauf zu achten, dass die vorgegebenen Hierarchien beachtet und gesetzte Grenzen nicht überschritten werden.

Die Macht und Machtbefugnisse der dann folgenden »Türsteherebene« wird häufig unterschätzt. Sie spielen eine wesentliche Rolle im Rahmen des (nicht selten kriminellen) Gesamtsystems. Denn die Türsteher wissen, wer in den jeweiligen Objekten ein und aus geht, ein Wissen, das für das Funktionieren des Systems und für den Machterhalt der Bosse von großer Bedeutung und von großem Nutzen ist.

Sie erkennen zum Beispiel am ehesten, wenn sich Angehörige konkurrierender Gruppierungen in bedrohlicher Absicht nähern oder wenn sich mögliche polizeiliche Maßnahmen ankündigen. Sie wissen von Politikern, Medienvertretern, Polizisten oder Juristen, von Sport- oder Wirtschaftsgrößen, die im Milieu verkehren, was in der »Chefetage« mit Interesse zur Kenntnis genommen wird und – wenn der richtige Zeitpunkt gekommen ist – in zumeist sanften Tönen, aber in skrupelloser, erpresserischer Weise für die eigenen Ziele genutzt werden kann.

Neben den wenigen Prostituierten mit deutschem Pass folgen auf der untersten Ebene der Milieuhierarchie die ausländischen (Zwangs-) Prostituieren. Während den Deutschen häufig gewisse Freiheiten und Rechte eingeräumt werden, so zum Beispiel bestimmte Kontakte zur Allgemeinheit hin, ist das den ausländischen (Zwangs-)Prostituierten oft nicht oder nur in wenigen Ausnahmefällen erlaubt. Und wenn ihnen solche Freiheiten gewährt werden, dann zumeist nur streng kontrolliert und überwacht.

Sie wurden, nach Abbruch ihrer bisherigen sozialen Kontakte mit zumeist falschen Versprechungen nach Deutschland gelockt oder gewaltsam entführt und dann in einem Bordell untergebracht oder einem Straßenstrich zugewiesen. Damit sind sie allein und isoliert in einem für sie fremden Land, dessen Sprache sie zumeist nicht sprechen. Sie haben kein Geld und ihr Pass ist nicht selten in den Händen ihrer Ausbeuter. Der Weg zur Polizei oder zu einer Hilfsorganisation bleibt ihnen verwehrt,

- weil sie sich den Milieugesetzen (und nur diese kennen sie) verpflichtet fühlen,
- weil sie streng kontrolliert oder gefangen sind,
- weil sie aufgrund entsprechender Erfahrungen in ihrem Heimatland kein Vertrauen in die Polizei haben,
- weil sie kriminalisiert wurden und sich nach erzwungenem Drogenkonsum oder wegen angeblichen oder tatsächlichen illegalen Aufenthalts schuldig fühlen oder
- weil sie bedroht werden und Angst vor Repressalien haben.

Diese ihre Hilflosigkeit und totale Abhängigkeit von ihren Zuhältern und Ausbeutern wird oft rücksichtslos ausgenutzt. Ihnen werden nur wenig Rechte zugestanden, sie werden skrupellos ausgebeutet, bis sie »verbraucht« sind. Oft sind es junge, physisch wie psychisch gebrochene Frauen, menschliche Wracks, die dann in ihr jeweiliges Heimatland zurückgebracht und durch andere ersetzt werden.

Auf unterster Ebene des Milieus, zumeist rechtlos und mehr verachtet als geachtet, sind die Frauen und Kinder angesiedelt, die den Roma zugeordnet werden. Ganz so wie bei den Mehrheitsgesellschaften, bei denen sie leben, auch.

Deshalb sind sie sehr bemüht, ihre Zugehörigkeit zu der Minderheit zu verbergen. Sie geben sich als Rumäninnen, Bulgarinnen, Ungarinnen zu erkennen, als Spanierinnen oder als Latina. Trotz ihres geringen Stellenwerts und ihrer Diskriminierung haben sie innerhalb des Gesamtsystems einen wesentlichen Bereich abzudecken und eine wichtige Funktion wahrzunehmen, indem sie das zahlreiche und deshalb nicht unbedeutende Klientel zu bedienen haben, das andere nicht bedienen wollen: Zahlungsunwillige, Ungepflegte, Betrunkene, Gewalttätige, HIV-Infizierte, Perverse … Ihr Risiko, erniedrigt, gedemütigt, Opfer von Gewalt, geschlechtskrank oder nicht angemessen entlohnt zu werden, ist deshalb besonders groß. Eine Betroffene dazu: »Wenn die Freier wissen, dass ich eine Romnija bin, dann glauben sie alles mit mir machen zu können, dann verlieren sie jeglichen Respekt, dann habe ich oft sehr darunter zu leiden. Und auch bei den anderen Milieupersonen ist man dann ganz unten angesiedelt und plötzlich nur noch Dreck und nichts mehr wert.«

Zigtausende Romnija (mit rumänischem, bulgarischem, ungarischem, slowakischem Pass) und Roma-Kinder (mit einem Ausweispapier ausgestattet, das sie als Erwachsene ausweist) dürften auf den Straßenstrichen deutscher, österreichischer oder Schweizer Städte oder in deutschen (österreichischen, Schweizer) Bordellbetrieben tätig sein. Sie wurden dort von Menschenhändlern oder Zuhältern oder zuhälterisch tätigen Gangs platziert und werden zuhälterisch überwacht und kontrolliert. In deutschen Bordellbetrieben haben die (Zwangs-)Prostituierten nicht selten für ein kleines und bescheiden eingerichtetes »Arbeitszimmer« Tagesmieten von 150 Euro und mehr zu bezahlen. Kosten für Verpflegung, Kleidung, Kosmetika, Kondome, Miete für ein Fernsehgerät und anderes kommen noch hinzu. Also müssen täglich mindestens fünf oder mehr Freier bedient werden, um allein die laufenden Kosten zu decken. Erzielen sie die erforderlichen Einnahmen nicht, droht gelegentlich schnell Ärger und Zoff. Und Zoff kann bedeuten, dass man mit der jeweils Betroffenen hinaus in den tiefen Wald fährt, wo man auf weichem Boden in Stöckelschuhen nicht mehr fliehen kann und wo die Angst- und Schmerzensschreie niemand hört.

Die allermeisten in den deutschsprachigen Raum geschleusten Romnija und Roma-Kinder landen auf einem Straßenstrich, in der Armutsprostitution. Sie sind dazu gezwungen, sich für ein paar Euro zu verkaufen, in schäbigen Behausungen, in dunklen Ecken und Winkeln oder in verschmutzten »Verrichtungsboxen«. Und sie werden dabei in aller Regel streng überwacht, kontrolliert und skrupellos ausgebeutet.

Wie streng die Regeln auf dem Straßenstrich sind, verrät allein die Bezeichnung. Das Wort »Straßenstrich« ist darauf zurückzuführen, dass in früheren Zeiten – zum Beispiel in Wien – mit einem Kreidestrich auf der Straße oder dem Gehweg markiert wurde, wer wo zu stehen hat. Die Standplätze waren also genau markiert, streng begrenzt und fest vergeben. Unberechtigte wurden umgehend und nicht selten gewaltsam vertrieben. Die Kriminalgeschichte weist Fälle nach, bei denen solche Grenzüberschreitungen mit dem Tode bestraft wurden.

Und bis heute herrschen auf den Straßenstrichen strenge Regeln. Die Standplätze sind zumeist fest vergeben und die Herrscher über den »Strich« überwachen, kontrollieren und geben vor, was zu geschehen hat und was zu unterlassen ist. Eindringlinge, fremde und nicht dem jeweiligen Milieu zugehörende Frauen und Mädchen werden auch heute nicht geduldet, sondern mitsamt ihren Zuhältern verjagt und vertrieben.

Es ist somit ein Irrtum, zu glauben, dass sich eine Frau in Deutschland ohne Zuhälter und ohne vom jeweiligen Milieu oder einer bestimmten Milieuperson vereinnahmt zu werden, über einen längeren Zeitraum hinweg frei und selbstständig prostituieren kann. Es ist ein Irrtum, zu glauben, dass eine Romnija oder ein Roma-Kind auf einem deutschen Straßenstrich, ohne von Zuhältern vereinnahmt und »betreut« zu werden, »anschaffen« kann.

Es gibt eine Prostitutionslobby in Deutschland, die davon erzählt, dass die Prostitution ein Beruf wie der einer Verkäuferin im Supermarkt sei – mit dem Unterschied, dass die Prostituierte das Zehn- oder gar Hundertfache verdiene. Die Prostitution ist jedoch kein Beruf, sondern allenfalls eine Tätigkeit. Und das mit dem Verdienen entspricht auch nicht so ganz den tatsächlichen Gegebenheiten. Als Corona wütete und die Straßenprostitution in Berlin eingestellt werden musste, standen die (ausländischen) Frauen vom »Strich« jedenfalls gleich dutzendweise in der Warteschlange an den Orten, wo die Caritas eine warme Suppe verteilte. Ganz vorne in der Reihe die Romnija und die Roma-Kinder. Ungleich mehr Einnahmen, als Verkäuferinnen im Supermarkt es vermögen, werden aber dennoch erzielt. Allerdings allein von den Menschenhändlern und Zuhältern.

Frei und willig?

»(Zwangs-)Prostitution« und »(Zwangs-)Prostituierte« – die Wortwahl lässt offen, ob es sich um eine freiwillig und selbstbestimmt ausgeübte Tätigkeit handelt, wovon die deutsche Politik und Gesetzgebung grundsätzlich ausgehen und wie Bordellbetreiber, Zuhälter und andere Profiteure der Prostitutionsgeschäfte beharrlich behaupten (und die sogenannten Prostituierten vorzugeben verpflichtet sind) – oder aber um Zwang und Gewalt, um Menschenhandel und Sexsklaverei.

Dieser Frage, Freiwilligkeit oder Zwang, wird gern ausgewichen. Weil man weiß oder ahnt, dass eine Antwort unangenehme Wahrheiten und ein unentschuldbares Versagen ans Licht bringen würde?

Jedenfalls lassen selbst deutsche Lexika dieses elementare und sehr wesentliche Kriterium bei der Begriffserklärung von »Prostitution« unberücksichtigt.

»Prostitution ist die gewerbsmäßige Ausübung sexueller Handlungen« oder »Prostitution ist das Anbieten sexueller Handlungen gegen Entgelt«, so oder so ähnlich wird die Prostitution definiert, ohne dass auf diese elementare Frage von Freiwilligkeit oder Zwang eingegangen wird.

Frei und willig – während Politik und Gesetzgebung an das Gute glauben oder jedenfalls entsprechend verfahren und Bordellbetreiber, Zuhälter und andere Profiteure der (Zwangs-)Prostitution nicht müde werden, das zu bestätigen und zu beschwören, sind kriminalpolizeiliche Expert(inn)en, die das Milieu, die Milieupersonen und die (ungeschriebenen) Gesetze des Milieus kennen, ganz anderer Meinung. Sie gehen aufgrund ihrer Erkenntnisse und Erfahrungen davon aus, dass freiwillige Prostitution ein Mythos und allenfalls die seltenste Ausnahme ist, dass Abhängigkeiten, Zwänge und Gewalt, Hilf- und Hoffnungslosigkeit dagegen weit verbreitet sind.

»Natürlich würde ich lieber putzen gehen, als hier zu stehen«, antwortete eine auf dem Straßenstrich am Rand einer deutschen Großstadt anschaffende Romnija auf die Frage, Freiwilligkeit oder Zwang, »aber eine Putzstelle bekomme ich nicht, weil ich eine Romnija bin und weil die Romnija nach Ansicht der Deutschen klauen. Was also soll ich tun? Meine Kinder haben Hunger!«

Es wird immer wieder deutlich: Die Ursache dafür, dass manche Romnija und Roma-Kinder der Prostitution zugeführt werden oder in sie abgleiten, ist die Armut und das Elend, dem sie zu entkommen versuchen, und es sind die Chancen- und Perspektivlosigkeit, denen sie in einer abweisenden, oft feindlich gesinnten Umgebung ausgesetzt sind.

Sie sind nicht frei in ihrer Entscheidung und auch nicht willig, sondern sie fühlen sich dazu gezwungen, der Prostitution nachzugehen. Das zeigt sich auch daran, dass die Prostitution in den Roma-Gesellschaften als erniedrigend und entwürdigend angesehen und entschieden abgelehnt wird. Die der Prostitution zugeführten Romnija und Roma-Kinder sind dem jeweiligen Rotlichtmilieu und den Milieugesetzen verpflichtet und, wie alle anderen Prostituierten auch, von Bordellbetreibern, Zuhältern und anderen Milieupersonen abhängig und diesen nicht selten ausgeliefert.

Not, Elend und der Hunger führen dazu, dass im Osten und Südosten Europas gelegentlich Mutter und Tochter, Romni und Roma-Kind, am Straßenrand stehen und dass Roma-Kinder oft schon sehr früh mit der Prostitution und der Zuhälterei konfrontiert werden. Diese Kinder sehen die Zuhälterei wie die Prostitution dann oft als etwas mehr oder weniger Selbstverständliches, Alltägliches an und gehen früher oder später selbst der Prostitution oder Zuhälterei nach. Und so wie das Elend setzen sich auf diese Weise auch die Prostitutionsausübung und die Zuhälterei über Generationen hinweg fort. Wirklich freiwillig oder selbstbestimmt aber geschieht das alles nicht.

Die allermeisten Romnija sind dazu verdammt, sich im Rahmen der Armuts- und Elendsprostitution auf der Straße zu verkaufen. Wer ihre Lebenssituation und ihre Motive kennt, der weiß, dass es geradezu zynisch ist, sie und ihr Tun als freiwillige und selbstbestimmte Prostitution zu bezeichnen und zu behandeln.

Auch in den Bordellbetrieben sind die Romnija zumeist ganz unten angesiedelt und haben die »Schmutzarbeiten« zu verrichten. Entlohnt werden sie dafür oft nur unzureichend oder auch gar nicht. Und selbst wenn es eine Romni (oder eine andere Frau) geben sollte, die sich wirklich freiwillig prostituiert, dann ist das nicht mehr der Fall, sobald sie mit den äußeren Umständen, den jeweiligen Bedingungen oder den von ihr verlangten Praktiken nicht (mehr) einverstanden ist. Dann geht die Prostitution in die Zwangsprostitution und damit in den strafrechtlich relevanten Bereich über. Und das ist keineswegs selten der Fall. Eine praktische Bedeutung hat das allerdings nicht, solange es, von Milieupersonen abgesehen, nicht wahrgenommen wird, solange sich von den Außenstehenden niemand dafür interessiert, solange entsprechende Hinweise unbeachtet bleiben.

Doch selbst dann, wenn solche Zwänge ausnahmsweise einmal erkannt werden, wenn Menschenhandel und Sexsklaverei einmal offengelegt werden, wenn die Verschleppung von Romnija und Roma-Kinder nach Deutschland und deren sexuelle Ausbeutung einmal nachweisbar sind, scheinen die zuständigen deutschen Gerichte Probleme zu haben, mit so einem Sachverhalt angemessen umzugehen, den Opfern hilfreich beizustehen und die Täter einer gerechten Strafe zuzuführen.

Die Handelsware: Junge Romnija aus Bulgarien. Die Anklagepunkte: Schwerer Menschenhandel, Zwangsprostitution, Vergewaltigungen.

Eine Strafkammer des Landgerichts Dresden hatte sich damit zu befassen. Und die Kammer gab sich redlich Mühe, den Sachverhalt gründlich aufzuarbeiten. Sie konnte auf gut fünfzig Sitzungstage zurückblicken, als der Prozess im Februar des Jahres 2023 zu Ende ging.

Der 44-jährigen Bulgarin Daniela P. und dem Mitangeklagten, dem ebenfalls aus Bulgarien stammenden Bozhidar Y., wurden Schwerer Menschenhandel und Zwangsprostitution in mindestens vierzig Fällen zur Last gelegt. Bozhidar Y., so die Anklage, hatte den Frauen aus einer verarmten Roma-Siedlung in Bulgarien lukrative und gut bezahlte Jobs versprochen und sie so nach Deutschland gelockt. Dabei hatte er nur ein Ziel: sie der (Zwangs)Prostitution zuzuführen. Kaum in Deutschland angekommen, setzte er seinen Plan in die Tat um.

Vom Jahr 2015 an wurden auf diese Weise angeworbene und nach Deutschland verbrachte Bulgarinnen in einem von Daniela P. betriebenen illegalen Bordell in Dresden untergebracht oder sie wurden im Rahmen eines von ihr betriebenen Escortservices oder in einem als »Massage-Salon« getarnten Bordell oder aber in einem offiziellen Dresdener Bordell zur Prostitutionsausübung gezwungen. Die betroffenen Frauen waren weder im Besitz von Geld und Ausweispapieren, noch hatten sie die Möglichkeit, sich frei zu bewegen.

Eines Tages wurde die Dresdener Polizei auf die verbrecherischen Geschäfte aufmerksam. Die Ermittler waren fest entschlossen, die schmutzigen Geschäfte des Menschenhändlers Bozhidar Y., der Bordellbetreiberin Daniela P. und mehrerer Mittäter zu beenden.

Im Herbst 2019 wurden verschiedene Objekte durchsucht. Beweismaterial wurde sichergestellt. Und die Beweislage schien erdrückend. Der Prozess aber verlief schleppend. Ein mit dem Sachverhalt vertrauter Pflichtverteidiger tauchte (aus nicht bekannten Gründen) unter und dann wütete auch noch Corona im Land.

Die Puffbetreiberin Daniela P. wurde schließlich zu einem Jahr und sechs Monaten Freiheitsstrafe auf Bewährung verurteilt. Bozhidar Y. wurde, nachdem er bereits drei Jahre in Untersuchungshaft gesessen hatte, wegen Schweren Menschenhandels, Zuhälterei und Vergewaltigung zu fünf Jahren Freiheitsstrafe verurteilt. Weil er jedoch schon so lange Zeit in U-Haft gesessen hatte, wurde er mit Prozessende gleich auf freien Fuß gesetzt.

Wie bei Gerichtsverfahren gegen Rotlichtgrößen, Menschenhändler und Zuhälter häufig der Fall, kam es auch bei diesem Verfahren fortgesetzt zu Störmanövern und zu Verzögerungen. Und wie so oft kam es gezwungenermaßen zu einem Deal zwischen allen Beteiligten und zu einem sehr milden Urteil gegen die Angeklagten.

Dass solche Urteile bei weitem keine abschreckende Wirkung haben, liegt auf der Hand. Und ob das gegen Daniela P., Bozhidar Y. und ihre Mittäter verhängte Urteil diese von weiteren kriminellen Geschäften mit der »Ware Frau« abhalten wird, erscheint fraglich. Zu lukrativ sind der Handel und die Ausbeutung von Frauen und Kindern. Zu gering ist das Risiko, in Deutschland vor Gericht zu landen und angemessen bestraft zu werden.

Die grundsätzliche Legalisierung des gesamten Prostitutionswesens sowie die damit verbundene Risikoarmut, die verschwindend geringe Anzahl der durchgeführten Ermittlungsverfahren, das anhaltend gigantische Dunkelfeld in diesem Kriminalitätsbereich, der oft hilflos erscheinende Umgang des Rechtsstaats mit dieser Kriminalität ermutigt die auf diesem Feld Tätigen geradezu, die Täter, Tätergruppierungen und kriminellen Organisationen, ihre so lukrativen wie schmutzigen Geschäfte fortzusetzen und weiter auszubauen.

Immerhin machte der Prozess in Dresden deutlich, dass auch die von Bozhidar Y. getäuschten und nach Deutschland gelockten Frauen nicht freiwillig der Prostitution nachgingen, sondern dass sie Opfer sind, Opfer des Menschenhandels und der Sexsklaverei.

Frei-willig und selbstbestimmt?

- Ob eine kleine Romni mit der Mutter irgendwo im Südosten Europas am Straßenrand steht und schon in früher Kindheit mit der Prostitution vertraut gemacht wird – und später selbst der Prostitution nachgeht,
- ob ein Kind mit dreizehn Jahren verheiratet wird, die Ehe nach wenigen Jahren geradezu zwangsläufig zerbricht, die junge Frau dann ohne Mann und ohne Einkommen, aber mit zwei oder drei Kindern dasteht und sich deshalb zur Prostitution gezwungen sieht,
- ob sich eine Romnija mangels erkennbarer Alternativen prostituiert, um ihre drei, fünf, sieben oder zehn Kinder zu ernähren,
- ob sie vom Vater, Onkel, Schwager, von einem Menschenhändler oder Zuhälter nach Deutschland (Österreich oder in die Schweiz) verbracht und der Armutsprostitution zugeführt wird,
- ob eine Romnija oder ein Roma-Kind mit falschen Versprechungen nach Deutschland gelockt und dann einem legalen oder illegalen Bordellbetrieb zugeführt wird und den Gesetzen der Rotlicht-Milieus, ihren Bossen, Menschenhändlern und Zuhältern verpflichtet ist oder
- ob eine Romnija, sollte es sie wirklich geben, freiwillig der Prostitution nachgeht, dann aber mit den Bedingungen, Methoden und Zwängen, denen sie ausgesetzt ist, nicht einverstanden ist

freiwillig und selbstbestimmt tätig werden sie alle nicht. Selbst dann nicht, wenn ihnen die Zuhälter das einreden und wenn sie, was gar nicht so selten ist, letztlich selbst daran glauben.

Und bei (Roma-)Kindern, die der Prostitution zugeführt werden, stellt sich die Frage nach der Freiwilligkeit ohnehin nicht. Ihre Zuführung zur Prostitution ist immer Gewalt, so wie ihre sexuelle Ausbeutung auch.

Was aber sind das für Menschen, die Kinder sexuell missbrauchen, ausbeuten, zerstören? Was sind das für Menschen, die im deutsch-tschechischen Grenzgebiet oder auf dem »Babystrich« deutscher Großstädte nach Roma-Kindern jagen? Was sind das für Täter, die vier-, sechs- oder achtjährige Roma-Jungen oder -Mädchen sexuell motiviert angreifen? Wie sehen sie aus, diese sogenannten Pädophilen,[3] diese »Kinderfreunde«, »Unholde« oder »Monster«. Wie ticken sie, was treibt sie an und wie oder an was sind sie möglicherweise zu erkennen?

3 Laut Duden bedeutet »-phil«, dass etwas besonders geschätzt wird, eine besondere Vorliebe für etwas besteht. Pädophil als im Wortsinn »Kinder liebend« ist angesichts dessen, was diese Täter Kindern antun, der falsche Begriff und deshalb durch »pädosexuell« oder »pädokriminell« zu ersetzen.

Die Pädokriminellen – Täter(typen), Täterszene, Tatbegehungsweisen, Tarnverhalten

Es gibt gesicherte und weitestgehend identische sexualwissenschaftliche wie kriminalistische Erkenntnisse, was diese Täter betrifft. Dennoch erscheint es aus kriminalistischer Sicht fraglich, ob wir wirklich alles über diese Täter wissen. Werden Ermittler(innen) doch immer wieder einmal mit einem Täter oder mit einem Sachverhalt konfrontiert, der nicht so recht in das Bild passen will, das Wissenschaft und Kriminalistik vorgeben.

Sicher ist, die allermeisten der an Kindern begangenen, sexuell motivierten Taten geschehen im jeweiligen sozialen Nahfeld. Täter und Opfer kennen einander. Nachbarn, Verwandte, Bekannte der Familie, aber auch andere Kontaktpersonen in bestimmten Einrichtungen oder Organisationen (Kirchenmänner, Pädagogen, Trainer, Betreuer …) werden zu Tätern. Manchmal auch der eigene Vater oder Großvater.

Eltern und andere Erziehungsberechtigte fürchten jedoch vor allem die Fremdtäter. Dabei sind sie im Vergleich zu den Tätern aus dem jeweiligen sozialen Nahfeld eher selten. Dennoch gibt es sie.

Doch ob Täter aus dem Nahfeld oder Fremdtäter: Sie alle unterscheiden sich grundlegend von den Tätern, Tätergruppierungen und Organisationen, die sich mit dem Frauenhandel, der Prostitution und der Zuhälterei befassen. Rotlicht- und Pädokriminalität sind unterschiedliche Kriminalitätsfelder. Menschenhändler(organisationen) und Zuhälter sind bestrebt, sich zu bereichern, die Taten Pädokrimineller sind sexuell motiviert.

Doch so sehr sich die beiden Kriminalitätsfelder auch unterscheiden, es gibt Berührungspunkte und Schnittstellen. Das ist zum Beispiel daran zu erkennen, dass Menschenhändler und Zuhälter die Kinder auch vereinnahmen und der (Zwangs-)Prostitution zuführen oder daran, dass Pädokriminelle Kinder nicht nur sexuell missbrauchen, sondern gelegentlich auch an andere, Gleichgesinnte (gegen Entgelt) vermitteln, sich also als

Menschenhändler und Zuhälter betätigen. Auf dem »Babystrich«, also auf Straßen und Plätzen, wo sich Jugendliche und Kinder (nicht selten sind es Roma-Kinder) prostituieren, kommen sich beide Kriminalitätsbereiche ebenfalls sehr nahe.

Den prototypischen Täter, Pädosexuellen oder Pädokriminellen, mit einem bestimmten Aussehen, einem bestimmten Alter, einer bestimmten Verhaltens- und Tatbegehungsweise, den gibt es nicht.

Es gibt vielmehr sehr unterschiedliche Tätertypen mit unterschiedlicher Motivation, mit unterschiedlichen Zielsetzungen, mit unterschiedlichen Vorgehensweisen und mit unterschiedlichem Tarnverhalten. Es gibt Täter, die sind selbst noch Kind, und es gibt solche, die sind Greise. Es gibt Pädokriminelle, die ihre Opfer umgarnen, beschenken und verwöhnen, und es gibt Täter, die sie erniedrigen, demütigen, quälen, töten ... Bei manchen schließt das eine das andere nicht aus.

Aus kriminalistischer Sicht ist zwischen Tätern zu unterscheiden, die

- in ihrer sexuellen Ausrichtung grundsätzlich auf Kinder fixiert sind, und solchen,
- die situationsmotiviert handeln, bei denen allein die Gelegenheit und die Verfügbarkeit eines Kindes ausschlaggebend dafür ist, dass es zu einer Tat kommt.

Schon daran ist erkennbar, dass es keineswegs nur die sogenannten »Pädophilen« sind, die Kinder sexuell motiviert angreifen, wie allgemein vermutet wird.

Auf Kinder fixierte Täter

Die auf Kinder fixierten Täter erfahren zumeist schon zu Beginn ihrer psychosexuellen Entwicklung, dass ihr sexuelles Interesse anders als bei anderen zu Kindern hinführt. Dieses Interesse gilt jeweils einem bestimmten Geschlecht und einer ganz bestimmten Altersstufe. Derjenige, der auf zwölf- und dreizehnjährige Mädchen (oder Jungen) fixiert ist, will mit

Zwei- oder Dreijährigen nichts zu tun haben – und umgekehrt. Es gibt jedoch auch (wenige) Täter, die sowohl Jungen wie Mädchen angreifen, und auch solche, deren Wollen oder Tun sich nicht auf eine bestimmte Altersstufe beschränkt.

Für alle gilt: Diese sexuelle Fixierung auf ganz bestimmte Kinder bleibt bestehen. Der übliche Prozess einer altersgemäßen Anpassung findet nicht statt. Daraus ergibt sich, dass diese Täter in aller Regel Wiederholungstäter sind, dass sie fortgesetzt nach Kindern jagen, fortgesetzten sexuellen Missbrauch begehen.

Die auf Kinder fixierten Täter machen ebenfalls schon in jungen Jahren eine weitere Erfahrung: Dass ihr Verlangen oder Tun von ihrem Umfeld und von der Gesellschaft nicht akzeptiert wird, dass Sex mit Kindern strafbar ist. Also versuchen sie ihre sexuelle Präferenz zu verbergen und entwickeln dabei ein häufig geschicktes, nicht selten perfektes Tarnverhalten.

Bei diesem Bemühen machen sie eine weitere, oft ihr ganzes Leben prägende Entdeckung. Sie erkennen, dass gesellschaftliche Achtung in hohem Maße vor Verdacht und Enttarnung schützt. Sie erkennen, dass der Akademiker weit weniger gefährdet ist, als Täter verdächtigt oder enttarnt zu werden, als der Arbeitslose, der Pfarrer und Professor weniger als der »Penner« auf der Parkbank.

Also suchen sie nicht nur die Nähe von Kindern, sondern bemühen sich auch um soziales Ansehen und machen dabei häufig eine steile berufliche Karriere. Sie streben akademische Berufe an, nehmen Ehrenämter (unweit von Kindern) wahr, engagieren sich sozial und sitzen regelmäßig in der vordersten Reihe der Kirchenbänke. Akademiker (in Einrichtungen und Organisationen, die mit Kindern zu tun haben) sind bei diesen Tätern nicht unterrepräsentiert! Das ist auch der Grund dafür, dass nicht nur die Katholische Kirche, sondern auch die Evangelische Kirche, die Zeugen Jehovas und andere Religionsgemeinschaften solche Täter in ihren Reihen haben, denn Kirchenmänner stehen in hohem Ansehen, und die Kirchen nehmen viele Aufgaben an und mit Kindern wahr.

Die Tatbegehungsweisen dieser Täter sind sehr unterschiedlich. Kriminalistischen Erkenntnissen zufolge ist zum Beispiel zwischen klassischen

Verführern, introvertierten Tätern und solchen mit sadistischen Fantasien zu unterscheiden.

Die Verführer gehen sehr geschickt auf kindliche Denkweisen und Erwartungshaltungen ein, sie verstehen es meisterhaft, mit Kindern umzugehen, und machen diese oft in wenigen Minuten zu ihren besten Freunden. Sie kommen dem verbreiteten Klischee des »Pädophilen« sehr nahe.

Diese kommunikative Begabung haben introvertierte Täter nicht. Sie nähern sich Kindern zumeist nur sehr vorsichtig, sind eher unsicher, ängstlich, scheu. Sie treten Kindern zum Beispiel aus sicherer Entfernung als Exhibitionisten gegenüber oder greifen ein zuvor oft über einen längeren Zeitraum beobachtetes Kind über das Mobiltelefon an (was bei Eltern und Kind anhaltend große Angst und Schrecken auslösen kann), machen möglichst unbemerkt sexuell motivierte Fotos auf Kinderspielplätzen oder belassen es bei kurzen Berührungen von Kindern, um sich dann auch gleich wieder davonzumachen.

Weitaus gefährlicher als diese introvertierten Täter sind solche, die ihre sadistischen Fantasien in Bezug auf Kinder in die Tat umzusetzen versuchen. Misshandlung, Aggression, Erniedrigung, Demütigung, Quälen, der Austritt von Blut, Angst- und Todesschreie wirken bei Sadisten erotisierend. Sie wenden deshalb zumeist weit mehr Gewalt an, als zur Überwältigung eines Kindes erforderlich ist, und können dabei zu Kindermördern werden. Oder aber das Töten ist Bestandteil ihrer Fantasien und sie töten gezielt und bewusst.

All diese auf Kinder fixierten Täter haben das Empfinden, einer völlig zu Unrecht verfolgten Minderheit anzugehören, wie gern gebrauchte Phrasen erkennen lassen:

»Nicht wir sind pervers, sondern die Gesellschaft, in der wir leben (und die uns verfolgt)«, »Wir lieben Kinder, die sogenannten Normalen schlagen sie«, »Auch Kinder haben sexuelle Bedürfnisse«, »Wir sind ein wichtiges Bindeglied zwischen Eltern und Kind!«

Aus dem Gefühl heraus, völlig zu Unrecht diskriminiert und verfolgt zu werden, entsteht das Bedürfnis, sich anderen, Gleichgesinnten anzuvertrauen und nach Unterstützung zu suchen. Wird dadurch doch gleichzeitig auch das Beschaffen von Kindern erleichtert. Allerdings widerspricht dieses Bekenntnis zur Pädosexualität dem elementaren Sicherheitsbedürfnis dieser (potenziellen) Täter, denn sie wissen, dass jeder Mitwissende für sie zur Gefahr werden kann. Und so entstehen zumeist nur sehr kleine vertraute und verschworene Gemeinschaften, die einem Geheimbund gleich agieren und oft über viele Jahre und Jahrzehnte hinweg unerkannt und unbemerkt ihr Unwesen treiben.

Der Filmregisseur Rainer Kaufmann hat gut recherchiert, bevor er dem deutschen Fernsehpublikum im Jahre 2012 den erschütternden und aufwühlenden Film *Operation Zucker* und 2016 dessen Fortsetzung *Jagdgesellschaft* präsentierte.

Er machte die deutsche Fernsehgemeinde mit dem Schicksal von »Fee« und »Brans«, zwei kleinen Kindern aus Rumänien, vertraut und zeigte auf, wie leicht unschuldige Kinder in einer Welt zwischen Reichtum und Armut und zwischen Macht und Ohnmacht zu Opfern sexueller Ausbeutung werden – und was es für betroffene Kinder für Folgen hat, durch die Hölle sexueller Gewalt zu gehen. Rainer Kaufmann hat die hohe Beteiligung akademischer Kreise an dieser Kriminalität deutlich aufgezeigt und er hat es verstanden, mit Nadja Uhl als ermittelnder Fernsehkommissarin auch die typischen, oft schwierigen Ermittlungsprobleme wirklichkeitsnah darzustellen.

Letztlich sind es ja aber nur Filme!? Nein, auch wenn man es nicht wahrnehmen und nicht wahrhaben will: Was in *Operation Zucker* und in *Jagdgesellschaft* thematisiert und auf erschütternde Weise präsentiert wird – die Jagd nach Kindern und deren brutaler sexueller Missbrauch –, ist grauenvolle Realität, ist alltäglich in Deutschland, in Österreich und auch in der Schweiz.

In jeder deutschen Schulklasse sitzen ein oder zwei Opfer sexueller Gewalt, so der Unabhängige Beauftragte der (deutschen) Bundesregierung für Fragen des sexuellen Kindesmissbrauchs!

Bevorzugt wird von solchen auf Kinder fixierten Tätern und Tätergruppierungen nach ungeschützten oder nicht ausreichend geschützten

Kindern gejagt. Nach Kindern, die aufgrund von Naturkatastrophen plötzlich elternlos sind, wie in der Vergangenheit in Nepal, Thailand oder Haiti der Fall, nach Kindern in Roma-Siedlungen, wo allein die Vielzahl und die Lebensumstände keinen ausreichenden Schutz zulassen. Aber auch die Erstaufnahmeeinrichtungen von Geflüchteten, die Flüchtlingsunterkünfte, Sammellager und ähnliche Einrichtungen gehören heute zu den so beliebten wie ergiebigen Jagdrevieren von Pädokriminellen. Roma-Kinder, Flüchtlingskinder, allein reisende Minderjährige gehören zu den Opfern.

Kaum war 2015 die Flüchtlingswelle in Deutschland angekommen, wurde der fünfjährige Mohammad aus einer Erstaufnahmeeinrichtung in Berlin entführt, sexuell missbraucht und getötet. Und im Jahr 2023 wurden von den deutschen Polizeibehörden bereits am 1. Juni 333 ungeklärte Vermisstenfälle von Flüchtlingskindern registriert.

Viele von ihnen, so bleibt zu hoffen, haben sich wohl auf die Suche nach Verwandten oder Bekannten gemacht, doch viele, sehr viele könnten in Kreisen Pädokrimineller gefangen sein.

Situationsmotiviert handelnde Täter

Andere Hintergründe als bei den auf Kinder fixierten Tätern sind bei denen zu erkennen, die situationsmotiviert handeln, bei denen allein die Gelegenheit und die Verfügbarkeit eines Kindes ausschlaggebend dafür ist, dass es zu einer Tat kommt. Doch auch bei ihnen gibt es nicht den Täter, sondern sehr unterschiedliche Charaktere mit unterschiedlichen Motivlagen und unterschiedlichen Tatbegehungsweisen.

So kennen die mit diesem Kriminalitätsbereich vertrauten Ermittler den regressiven, den zurückgeworfenen Tätertyp. Er ist möglicherweise verheiratet, hat selbst Kinder und führte bis zur Tat hin ein völlig unauffälliges Leben. Zum Täter wird er zumeist erst aufgrund eines vorausgegangenen Schicksalsschlags. Der Verlust des Arbeitsplatzes, die Scheidung vom Ehepartner, der Tod eines nahen Angehörigen und ähnliche Ereignisse lösen bei ihm das Empfinden aus, schwach, klein, minderwertig zu sein.

Sein bisheriger Sexualpartner erscheint ihm viel zu überlegen. Das Kind sieht er plötzlich als adäquaten (Sexual-)Partner an. Dieser »zurückgeworfene« Tätertyp ist im Gegensatz zu den auf Kinder fixierten Tätern gut therapierbar und muss nicht zum Wiederholungstäter werden.

Andere Motive liegen bei Angriffen auf Kindern unter Ausübung sexueller Gewalt zugrunde, die dem soziopathischen Tätertyp zuzuschreiben sind. Der Angriff auf ein Kind ist bei diesem auf seinen Charakter zurückzuführen. Er ist entschlossen und gewohnt, seine Wünsche und Ziele um jeden Preis durchzusetzen. Steht ihm einer im Weg, schaltet er ihn kurzerhand aus, hat er kein Geld, beschafft er sich welches, auch auf illegale Art und Weise, und hat er sexuelle Bedürfnisse, dann greift er nach dem nächstbesten Mitmenschen, um diese seine sexuellen Bedürfnisse zu erfüllen. Und dieser nächstbeste und dafür infrage kommende Mensch kann ein Kind sein. Kriminalistisch ist von Bedeutung, dass diese Täter nicht nur als Sexualstraftäter in Erscheinung treten, sondern häufig auch wegen Körperverletzungsdelikten, Diebstählen oder Raubstraftaten vorbestraft sind. Skrupel, Mitleid oder Reue kennen soziopathische Täter in alle Regel nicht. Ihre Vorgehensweise ist von Gewalt und Rücksichtslosigkeit geprägt. Von ihnen begangene Taten führen bei den betroffenen Kindern nicht selten zu schweren Verletzungen.

Wiederum andere Motive liegen Taten zugrunde, die von sogenannten »Erlebnistätern« begangen werden. Sie werden ständig von dem schrecklichen Gefühl geplagt, dass es im Bereich der Sexualität noch etwas geben könnte, das sie noch nicht erlebt haben. Sie sind die Trophäensammler auf der Sexsafari. Erlebnistäter kennen zumeist jedes Bordell im Umkreis von 500 Kilometern, jeden Swinger-Club und jeden Straßenstrich. Sie haben Erfahrungen mit alten und jungen Frauen, mit dunkelhaarigen und mit blonden, mit schlanken und mit korpulenten und mit solchen aus allen Kontinenten … Das Gefühl, dass es noch etwas Neues für sie geben könnte, lässt sie aber nicht los. Und so landen sie irgendwann geradezu zwangsläufig bei einem Kind. Ist es von weißer Hautfarbe, suchen sie nach einem dunkelhäutigen, ist es ein Mädchen, denken sie an einen Jungen, ist der zwölf Jahre alt, geht ihr Verlangen zu einem Sechsjährigen hin …

Auch diese Erlebnistäter sind häufig als Prostitutionstouristen unterwegs. In Thailand und Kambodscha, in Ost- und Südosteuropa, in Roma-Siedlungen, in Straßen und auf Plätzen, wo sich Romnija und Roma-Kinder prostituieren.

Roma-Kinder im Beuteschema Pädokrimineller

Sie sind seit jeher gefragt und nach ihnen wird seit jeher gejagt. In den Roma-Siedlungen im Osten und Südosten Europas, im deutsch-tschechischen Grenzgebiet, in den Flüchtlingsunterkünften, auf dem »Babystrich« …

Allen voran sind es die in ihrer sexuellen Ausrichtung auf Kinder fixierten Täter, die nach Roma-Kindern suchen, um sich an ihnen zu vergehen, also Pädosexuelle oder Pädokriminelle. In Einzelfällen können diese Kinder aber auch soziopathischen oder sogenannten Erlebnistätern zum Opfer fallen.

Im Lagebild »Sexueller Missbrauch von Kindern« wurden im Jahr 2022 vom deutschen Bundeskriminalamt (BKA) 15.520 Fälle des sexuellen Missbrauchs von Kindern mit insgesamt 17.168 Opfern gezählt, 4.476 davon sind männlich (26,1 Prozent), 116 rumänische Staatsangehörige. Auch diese Zahlen sind geradezu nichtssagend, denn das Dunkelfeld (die von den Behörden nicht erfassten Straftaten) ist gigantisch groß. Dass aber allein im Jahr 2022 in Deutschland 116 Kinder mit rumänischer Staatsangehörigkeit sexuell missbraucht wurden, ist ein Hinweis darauf, dass Roma-Kinder, vor allem Roma-Jungen, im Fokus Pädokrimineller und deren Tätergruppierungen stehen. Nach ihnen wird bevorzugt gefischt und gejagt. Sie sind in hohem Maße gefährdet, in den Fängen dieser Täter zu landen.

Der im Raum Ulm lebende Helmut L. galt als arbeitsscheu, verwahrlost, heruntergekommen. Die zweite Heimat des Sechzigjährigen war, obwohl er nur selten Geld in der Tasche hatte, die Bahnhofskneipe. Helmut L. aber war mit viel Raffinesse und einer Bauernschläue ausgestattet, die seinesgleichen sucht. Und was niemand wusste oder auch nur ahnte: Seine sexuelle Präferenz galt Kindern. Er pflegte geheimnisvolle Kontakte zu Päderasten[4] *in ganz Europa und gehörte einer im Untergrund agierenden Päderasten-Clique an.*

Helmut L. war vorbestraft. Er hatte schon vor Jahren eine Haftstrafe zu verbüßen, weil er sich das Vertrauen einer kinderreichen, im Allgäu sesshaften Roma-Familie erschlichen hatte und eines der vielen Kinder, einen vierjährigen Jungen, immer wieder übers Wochenende oder auch über Wochen hinweg zu sich einlud und das Kind dann sexuell missbrauchte. Und nicht nur das: Er vermittelte den Jungen deutschlandweit an ihm bekannte oder mit ihm befreundete Päderasten – zum sexuellen Gebrauch, ganz nach Belieben. Gegen eine großzügige Vergütung versteht sich, gegen viel Geld, das er dann auch gleich wieder in die Bahnhofskneipe trug. Zur vereinbarten Zeit lieferte er den Roma-Jungen dann wieder im Allgäu ab, um ihn wenige Wochen später erneut abzuholen.

Bald galt der ungepflegte Alte in der Szene als genialer und erfolgreicher Kind-Beschaffer. Er bekam Aufträge, nicht zuletzt aus wohlhabenden, akademischen (Täter-)Kreisen. Also ging Helmut L. auf Jagd nach Kindern und knüpfte immer mehr, für solche Vorhaben nützliche Verbindungen.

Ein in einer bayerischen Kleinstadt wohnhafter, angesehener Arzt und Kommunalpolitiker, der jeden Sonntag in der vordersten Reihe der Kirchenbänke saß und den jedes Kind auf der Straße ehrfurchtsvoll grüßte, vertraute ihm an, dass er sadistische Praktiken liebe und beauftragte ihn, ihm einen »Lustbengel« zu beschaffen, »den er zureiten wolle, so wie einst die Bojaren ihre Leibeigenen im zaristischen Russland«. Das Kind sollte an einem geheimen Ort an Nasenringen angekettet werden, wie Tiere aus dem Trog fressen und seine Körperöffnungen müssten ihm und seinen Freunden jederzeit zum Gebrauch zur Verfügung stehen … Für den Todesfall des Kindes müsse vorgesorgt und eine unauffällige Entsorgung der Leiche müsse gewährleistet sein.

Helmut L. nahm auch diesen für ihn lukrativen Auftrag ohne Zögern an. Und clever, wie er nun einmal war, beschloss er, diesen auch gleich

4 Päderast: paîs, griech., Knabe, erastes bedeutet Liebhaber, also »Knabenliebhaber«, sexuell auf männliche Kinder fixierter Mensch.

mit einem längeren Urlaub in der Sonne im ehemaligen Jugoslawien zu verbinden. Sehr wohl wissend, dass diese Region für ihn nicht nur ein traumhaftes Urlaubsparadies, sondern auch ein ergiebiges Jagdrevier war, in welchem viele kinderreiche (Roma-)Familien sesshaft sind, die in großer Armut leben.

Eine in brütender Hitze auf einer Tomatenplantage in Mazedonien schuftende Romnija und alleinerziehende Mutter hatte 13 Kinder zu versorgen, die sie nur schwer ernähren konnte. Der Verzweiflung nahe, nahm sie das Angebot des Deutschen an. Sie willigte ein, eines ihrer vielen Kinder, einen vierjährigen Jungen, dem Fremden zu überlassen, der ihr ein so unfassbares Angebot machte und ihr eine fünfstellige Summe versprach. Mit dieser für sie unvorstellbaren Menge an Geld, so die Gedanken der Mutter, war sie alle Sorgen los und konnte zwölf Kinder ordentlich ernähren. Und der Vierjährige würde im wohlhabenden Deutschland leben und alles lernen, was für sein späteres Leben wichtig war. Er würde eine Schule besuchen können, gut ernährt und verwöhnt werden.

Und als Erwachsener und reicher Mann würde er auch ganz sicher irgendwann wieder zu ihr und seinen Geschwistern zurückkommen – so versprach ihr jedenfalls der zwar wenig vertrauenserweckende, aber mit einem unwiderstehlichen Angebot aufwartende Deutsche.

Die Abfahrtszeit des Zuges, mit dem das Kind von Skopje aus auf die Reise geschickt werden sollte, und die Ankunftszeit in München standen fest, und im engsten Kreis der Päderasten liefen die Beratungen, von wem das Kind in München abgeholt und wohin es verbracht werden sollte. Ein leerstehendes, verstecktes Gehöft war beschafft, als ein von der Kriminalpolizei Ulm in Zusammenarbeit mit der Stadtpolizei Zürich und der Kantonspolizei Aargau eingeleitetes Ermittlungsverfahren das Vorhaben in letzter Sekunde verhindern konnte. Wie aber war es dazu gekommen?

Helmut L. hatte wieder einmal Schulden in der Bahnhofskneipe und er schmiedete wieder einmal Pläne. Und schon hatte er eine Idee! Er lud eine in ärmlichen Verhältnissen lebende, alleinerziehende Mutter mit ihren drei Jungen, sieben, neun und elf Jahre alt, zu einem vierwöchigen kostenlosen Urlaub in die Schweiz ein. Gleichzeitig teilte er einem seiner Schweizer

Pädo-Freunde, einem wohlhabenden Geschäftsmann, mit, dass er drei kleine Jungen an der Angel habe und dass er ein »großes Vergnügen« in seinen Chalets in Graubünden vorbereiten (und entstehende Kosten übernehmen) solle. Er kannte seinen Schweizer Freund nur zu gut und sein Plan ging auf.

Sie ließen ihren Fantasien freien Lauf, und es kam zu wochenlangen, wilden Orgien mit den Kindern in den Schweizer Bergen. Ein alter Weggefährte von Helmut L., ein Aargauer und sein persönlicher Sekretär, der Geschäftsmann und Chalet-Besitzer, ein sehr angesehener Mediziner aus Amsterdam, ein namhafter Wissenschaftler aus Rotterdam trieben ihr Unwesen mit den drei Jungen. Allein ein zu diesem vertrauten und geheimnisvollen Kreis gehörender, ebenfalls eingeladener Geschäftsmann aus München war nicht angereist. Er misstraute Helmut L. und hatte Sicherheitsbedenken. Wie recht er damit haben sollte!

Die Mutter der drei Jungen wurde, einige Wegbiegungen und Höhenmeter entfernt, mit einem Bekannten in einer abseits der Umtriebe gelegenen Hütte untergebracht. Zuvor wurde sie darüber informiert, dass sie weder einen Grund noch eine Chance habe, das Treiben der Männer mit ihren Kindern zu verhindern. Für ihre wortlose Einwilligung und Zurückhaltung wurde sie neben dem vierwöchigen kostenlosen Bergurlaub mit einem großzügigen Geldbetrag entschädigt.

Helmut L. aber musste dem ausschweifenden »Vergnügen« und den Umtrieben zusehen, obwohl er seiner Meinung nach mehr als berechtigt war, daran teilzunehmen. Schließlich war er es, der die Kinder beschafft und hierher gelotst hatte. Die Herren Akademiker aber gestatteten es nicht. Zu unbedeutend, zu unappetitlich, zu betrunken war der Deutsche jeden Tag. Ein verhängnisvoller Fehler, wie sich bald herausstellen sollte!

Wieder einmal sprach Helmut L. dem Alkohol sehr reichlich zu. Und er drohte den Herren aus den Niederlanden damit, sie »auffliegen« zu lassen, sollten sie ihn weiterhin so schändlich vernachlässigen und ihm nicht für eine Nacht einen der Jungen, den siebenjährigen, überlassen. Sie lehnten ab, nahmen ihn nicht ernst. Und weil er von seinen Forderungen nicht abließ, drückten sie ihm am nächsten Tag ein paar Geldscheine in die Hand und forderten ihn auf, die Chalets zu verlassen und den Heimweg anzutreten.

Helmut L. fuhr zurück nach Ulm und erschien wenig später im »Neuen Bau«, einem alt-ehrwürdigen Gebäude in unmittelbarer Nähe des Münsters, in dem die Polizeidirektion untergebracht war und berichtete dort ausführlich über Unglaubliches, Unfassbares. Was von den Ulmer Kriminalistinnen und Kriminalisten auf insgesamt 115 DIN-A4-Seiten festgehalten wurde, löste europaweit und darüber hinaus polizeiliche Aktivitäten, Sofortmaßnahmen, Ermittlungsverfahren und Festnahmen aus. Weil Helmut L. auch über den bevorstehenden Transport des kleinen Roma-Jungen aus Mazedonien berichtete, konnte dieser verhindert werden, und das Kind verblieb bei Mutter und Geschwistern. Bei Durchsuchungen wurden in der Schweiz über 4000 Adressen von Pädosexuellen und Pädokriminellen – weltweit – sichergestellt.

Was im Jahr 1990 mit der Vernehmung des Helmut L. und den daraufhin eingeleiteten Ermittlungen in Ulm, in Zürich und im Aargau begann, machte Folgemaßnahmen bis zum Jahr 2000 und darüber hinaus erforderlich. Dabei kamen unzählige Missbrauchstaten, ähnlich ausschweifende Orgien wie in Graubünden, die Herstellung, der Handel und weltweite Vertrieb von kinderpornografischen Produkten und grauenvolle Kindermorde ans Licht. Es kam zu Gerichtsprozessen weltweit und zu Haftstrafen bis hin zu »lebenslänglich« mit Verwahrung (für den Haupttäter in der Schweiz).

Es war fraglos ein schwerer Schlag gegen die europäische Päderastenszene, der in den 1990er-Jahren geführt wurde. Es sei, nach Überzeugung der zuständigen Ermittler(innen), die einen tiefen Einblick in die nationale und internationale Szene gewannen, allerdings naiv zu glauben, dass diese Jagd der Päderasten nach kleinen Jungen, insbesondere nach Roma-Jungen, damit ihr Ende gefunden hätte.

Dieses Jagen geht weiter, ob mit den gleichen oder mit neu hinzugekommenen Akteuren, und diese Jagd wird weitere Opfer fordern. Von Kleinstkindern (auch solche gehören zum Beuteschema mancher Päderasten und werden von ihnen angegriffen) bis hin zu zwölf- und dreizehnjährigen Jungen. Bevorzugt Roma-Jungen, so wie bisher. Helmut L. aber wird keine Hinweise mehr geben. Er ist mittlerweile verstorben.

Es gibt Roma, die leben schon immer in Berlin, und es gibt solche, die sind zugewandert. Und den Zugewanderten fehlt es zumeist am

Elementarsten, so an einer Wohnung, an Arbeit, an einem Platz für die Kinder in der Schule. Und so wohnen manche in einem provisorischen Zeltcamp unmittelbar beim Berliner Hauptbahnhof, und die Wartelisten von Willkommensklassen an den Berliner Schulen werden immer länger. Und das trotz großer Bemühungen. Der Berliner Senat stellt nach eigenen Angaben allein im Jahr 2023 720.000 Euro für Projekte zur Verfügung, um die Teilhabe und die Antidiskriminierung der Roma zu fördern, zum Beispiel durch die Unterstützung der Organisationen RomaTrial e. V. oder Amaro Foro e. V.

Die meisten der zugewanderten Roma-Familien sind bettelarm. Legale Arbeit gibt es für sie so gut wie nicht. Die Mithilfe der (zumeist vielen) Kinder beim Beschaffen des täglichen Brots ist unverzichtbar. Und diese Not führt dazu, dass es auch in Berlin immer wieder Hinweise darauf gibt, dass sich Roma-Kinder prostituieren (müssen).

Der achtjährige Mihai kam aus einem kleinen Dorf im Nordwesten Rumäniens nach Berlin. Seine Familie ist erbärmlich arm. Legale Jobs gibt es für sie nicht. Die Kinder müssen mitverdienen. Mihai geht nicht zur Schule. Er treibt sich wieder einmal im Berliner Tiergarten herum. Es dauert nicht lange, dann wird er von einem älteren Mann angesprochen. Polizeibeamte, im Tiergarten sehr präsent, beobachten die Szene. Beide gehen zusammen in eine Kneipe. Die Beamten schreiten ein, führen eine Personenkontrolle durch. Sie fragen nach dem Woher und Wohin. »Wir wollen nur etwas trinken und uns unterhalten«, antwortet der Mann. Und die Beamten ziehen unverrichteter Dinge ab. Mit dem unguten und sicheren Gefühl, dass der bedauernswerte Junge, kaum sind sie weg, sexuell missbraucht werden wird. In der Toilette des Lokals oder aber hinter irgendeinem Gebüsch im Tiergarten. Was aber sollten sie tun? – Der Junge kommt aus dem EU-Land Rumänien. Er ist legal eingereist und hält sich legal in Berlin auf. Und dass an ihm oder mit ihm sexuelle Handlungen vorgenommen werden, ist nicht nachweisbar.

Die polizeilichen Interessen konzentrieren sich deshalb im Wesentlichen darauf, ob solche Kinder zuhälterisch »betreut« werden, ob und von wem sie der Prostitution zugeführt oder zur Prostitution gezwungen werden.

Entsprechende Nachweise zu führen, ist aber in Berlin so schwierig wie in Wien. Zum einen scheint es sich bei diesen Jugendlichen und Kindern »auf dem Strich« zumindest teilweise um eine volatile Gruppe zu handeln, die kaum sichtbar, kaum greifbar, nicht störend und nicht fordernd ist. Die Jugendlichen und Kinder sind plötzlich da, aber wieder verschwunden, bevor Ermittlungsergebnisse erzielt werden können, um dann irgendwann wieder aufzutauchen. Vieles spricht dafür, dass sie organisiert gehandelt werden, Gewalt ausgesetzt und versklavt sind, dass sie von Schleppern heute in Berlin, morgen in Wien und Wochen später in Amsterdam, Zürich, Prag oder in Brüssel eingesetzt werden.

Dass dies möglich ist, liegt nicht zuletzt an Versäumnissen einzelner Nationalstaaten, aber auch an der Europäische Union. Sie hat Bulgarien und Rumänien im Jahr 2007 in die Union aufgenommen und es trotz allerlei Initiativen und Maßnahmen bis heute nicht geschafft, die Diskriminierung, Marginalisierung und Ausgrenzung der Roma zu bekämpfen und diese extreme Armut und Not dieser Minderheit auch nur zu lindern.

Dass eine solche Ausbeutung von Roma-Kindern anhaltend möglich ist, liegt aber auch daran, dass von der Polizei der Beweis des sexuellen Missbrauchs geführt werden muss, und das gelingt, werden Täter und Opfer nicht in flagranti ertappt, nur höchst selten. Denn weder die Roma-Jungen sind bereit auszusagen (sie wollen Einnahmen erzielen und handeln im Sinne ihrer Familie) noch die Täter. Und Zeuginnen oder Zeugen gibt es bei diesen Tathandlungen nicht.

Nach den Feststellungen der Berliner Polizei sowie der Hilfsorganisationen »Berliner Jungs« und »Subway«, beide ein Projekt von »Hilfe-für-Jungs« e. V., sind im Berliner Tiergarten sowie auch an anderen Plätzen Drogenhandel und -konsum, Raubstraftaten und illegale Prostitution alltäglich. Auch ein Teil der Kurfürstenstraße galt in der Vergangenheit von An der Urania bis zur Potsdamerstraße zeitweise als Drogen- und »Babystrich«.

Und nicht nur die Berliner Polizei kämpft permanent gegen (weibliche) Minderjährige in Bordellbetrieben und auf dem Straßenstrich sowie gegen

Missbrauch von Roma-Jungen an, die schon im Alter von acht, zehn oder auch dreizehn Jahren dazu gezwungen werden, sich zu prostituieren. Auch im Ruhrgebiet, in Dortmund, Duisburg und in anderen Städten, in denen unzählige Roma-Familien in verfallenen Stadtteilen und gettoartigen Siedlungen leben, wo achtzig Prozent und mehr arbeitslos sind, Arbeiterstriche und die Prostitution boomen, gibt es immer wieder Hinweise darauf, dass sich auch Kinder daran beteiligen müssen, das Leben und Überleben von Roma-Familien zu sichern – auf dem Strich.

Wir sprachen von Tätern? Was aber ist mit den Täterinnen? Gibt es die sexuell auf Kinder fixierte Frau?

Nicht nur der Vollständigkeit wegen sind auch diese Fragen zu klären. Und es gibt sie, kriminalistischen Erkenntnissen zufolge, die primär pädophile Frau. Es gibt Mittäterinnen, Gehilfinnen und es gibt wegen sexuellen Missbrauchs von Kindern verurteilte Frauen.

Von Bedeutung erscheint, dass bei Hinweisen auf eine Täterin die Wahrnehmungsbereitschaft eine andere ist als bei Hinweisen auf Täter. Der Hinweis, eine 35-jährige alleinerziehende Frau lebt in beengten Wohnverhältnissen und schläft jede Nacht mit ihrem zwölfjährigen Sohn im gleichen Bett, wird zumeist anders beurteilt als der Hinweis, ein 35-jähriger alleinerziehender Mann lebt in beengten Wohnverhältnissen und schläft jede Nacht mit seiner zwölfjährigen Tochter im gleichen Bett.

Das Dunkelfeld könnte, was die Frau als Täterin betrifft, also ungleich größer sein als bei männlichen Tätern. Dennoch ist die Anzahl der Frauen, die solche Taten begehen, im Vergleich zu den Männern wohl verschwindend gering.

Der mühsame Kampf gegen Antiziganismus und Ausbeutung, für Teilhabe und Inklusion

In Deutschland gehen mehrere hunderttausend Frauen und Mädchen der Prostitution nach. Zehntausende von ihnen dürften Romnija und Roma-Kinder sein – die sich, der Not gehorchend, prostituieren (müssen). Und so drängt sich die Frage auf: Wie geht Deutschland, wie geht der

Rechtsstaat, wie gehen die politisch Verantwortlichen und wie geht die Gesellschaft damit um?

Wird es schlichtweg ignoriert und hingenommen, dass eine Vielzahl von Roma, Romnija und Roma-Kindern in Deutschland in Kellerlöchern wohnen, in illegale Arbeitsverhältnisse vermittelt werden, in der Bettelei eingesetzt oder zur Prostitution gezwungen und ausgebeutet werden? Beschränkt sich der Kampf gegen den Antiziganismus auf Lippenbekenntnisse, Absichtserklärungen, verständnisvolle Worte und auf das Entfernen des »Zigeunerschnitzels« von den Speisekarten? Oder gibt es auch Initiativen, die geeignet sind, die Situation der Sinti und Roma in Deutschland tatsächlich und spürbar zu verbessern?

Aufgrund der deutschen Geschichte und des begangenen Völkermords an den Roma wurde im Jahr 2019 vom Bundesministerium des Inneren eine »Unabhängige Kommission Antiziganismus« beauftragt, sich mit den aktuellen Problemen zu befassen und Lösungsvorschläge zu erarbeiten. Das elfköpfige Expertengremium erhob in Absprache mit dem »Zentralrat der deutschen Sinti und Roma« folgende im Abschlussbericht vom 21.7.2021 enthaltene Forderungen:

- einen grundlegenden Perspektivwechsel in Politik, Rechtsprechung und Gesellschaft und die Anerkennung, dass es antiziganistischen Rassismus gibt,
- die Berufung eines Beauftragten nach Vorbild des Antisemitismusbeauftragten,
- eine Bund-Länder-Kommission, die Benachteiligungen von Sinti und Roma durch Strukturmaßnahmen beenden soll,
- eine »Wahrheitskommission«, um das »hermetische Schweige- und Entlastungskartell« nach 1945 zu brechen.

Perspektivisch sind solche grundsätzlichen Forderungen zu begrüßen. Den Bettelkindern auf dem Pflaster, den Romnija auf dem Straßenstrich und den in Deutschland von Pädokriminellen gejagten und missbrauchten Roma-Kindern nützen sie zunächst nur wenig. Um ihnen beizustehen, bedarf es Maßnahmen gegen Gettobildungen und die Ausgrenzung der Minderheit, Maßnahmen gegen die Armut und die Armutsprostitution und zum Schutz von Roma-Kindern.

Es gibt neben dem im April 1978 beim zweiten Welt-Roma-Kongress in Genf gegründeten Dachverband vieler nationaler und regionaler Organisationen, der größten Interessenvertretung der Roma, der **International Roma Union**, auch zahlreiche nationale Organisationen, die gegen den Antiziganismus ankämpfen und für die Rechte der Minderheit eintreten.

Im Verlauf der 1970er-Jahre entstanden in Deutschland vermehrt Bürgerrechtsbewegungen der Sinti und Roma. Im Februar 1982 wurde dann der unabhängige Dachverband von 19 Landes- und Mitgliedsverbänden, der **Zentralrat Deutscher Sinti und Roma** mit Sitz in Heidelberg, gegründet, der seither eine zentrale und unverzichtbare Rolle im Kampf für ein menschenwürdiges Leben der Roma in Deutschland und gegen deren Ausgrenzung und Ausbeutung einnimmt. Der Zentralrat engagiert sich

- für eine gleichberechtigte Teilhabe der Sinti und Roma in Politik und Gesellschaft sowie
- für den Schutz und die Förderung der nationalen Minderheit.

Und der Zentralrat hat in der Vergangenheit im Bereich seiner bürgerrechtlichen Arbeit bahnbrechende Erfolge erzielt, so

- die Anerkennung der an Sinti und Roma begangenen Massenmorde während der Hitler-Diktatur als Völkermord,
- die Durchsetzung von Entschädigungen für die Opfer,
- die Beendigung von Sondererfassungen und der Diskriminierung durch staatliche Behörden …

Gleichwohl weiß man, es war und es ist noch ein sehr langer und mühsamer Weg, den sie zu gehen haben, die Sinti und Roma, bis sie ans Ziel kommen werden. Doch es gibt immer mehr Vereinigungen und Initiativen in Deutschland, die sich um ihre Belange kümmern.

Im Jahr 2021 wurde die **Bundesvereinigung der Sinti und Roma** (BVSR) mit Sitz in Berlin gegründet, ein Zusammenschluss von Organisationen und Initiativen, der sich ebenfalls für Gleichberechtigung, Teilhabe und Inklusion der Sinti und Roma einsetzt. **Amaro Drom e. V.** (»Unser Weg«) ist eine interkulturelle Jugendorganisation von Roma und Nichtroma, **Amaro Foro e. V.** (»Unsere Stadt«) ist eine transkulturelle Jugendorganisation gegen Antiziganismus, für Teilhabe und Chancengleichheit und die **Rom und Cinti Union e. V.** mit Sitz in Hamburg setzt sich für den Erhalt der kulturellen Identität der Roma ein und bietet den in Deutschland lebenden Sinti und Roma Hilfe und Unterstützung an.

Zudem gibt es regional und in Großstädten weitere Roma-Organisationen, Beratungsstellen, Bildungseinrichtungen und Vereine, die sich mit den Problemen der Minderheit befassen. Vor allem ihnen ist es zu verdanken, dass auf die weiterhin bestehenden Vorurteile, auf die sich hartnäckig haltenden Klischees, auf den Antiziganismus in all seinen Erscheinungsformen immer wieder hingewiesen wird.

Neben den Initiativen der Roma und der von ihnen getragenen Organisationen gab und gibt es in Deutschland aber auch weitere staatliche Bemühungen und Initiativen, die sich der Roma-Problematik annehmen. So beschloss die Bundesregierung im Februar des Jahres 2022 eine nationale Strategie »Antiziganismus bekämpfen, Teilhabe sichern!« Und im März des gleichen Jahres kam es zur Ernennung des **Beauftragten der Bundesregierung gegen Antiziganismus und für das Leben der Sinti und Sintizze sowie Roma und Romnija in Deutschland**.

Abgesehen von diesen beachtenswerten Initiativen gab es auch eine im Januar 2023 verfasste gemeinsame Erklärung des deutschen Bundeskriminalamts (BKA) und des Zentralrats der deutschen Sinti und Roma mit folgendem Inhalt:

Gemeinsam gegen Antiziganismus

Anlässlich des Internationalen Tages des Gedenkens an die Opfer des Holocaust und des 78. Jahrestages der Befreiung des NS-Konzentrations- und Vernichtungslagers Auschwitz-Birkenau am 27. Januar 1945, wohin ab 1943 über 23.000 Sinti und Roma aus Deutschland und dem besetzten Europa deportiert wurden, nimmt das BKA die Arbeitsdefinition von Antiziganismus der International Holocaust Remembrance Alliance (IHRA) an.

In der zentralen Passage der Definition heißt es: »Antiziganismus manifestiert sich in individuellen Äußerungen und Handlungen sowie institutionellen Politiken und Praktiken der Marginalisierung, Ausgrenzung, physischen Gewalt, Herabwürdigung von Kulturen und Lebensweisen von Sinti und Roma sowie Hassreden, die gegen Sinti und Roma sowie andere Einzelpersonen oder Gruppen gerichtet sind, die zur Zeit des Nationalsozialismus und noch heute als ›Zigeuner‹ wahrgenommen, stigmatisiert oder verfolgt wurden bzw. werden. Dies führt dazu, dass Sinti und Roma als eine Gruppe vermeintlich Fremder behandelt werden und ihnen eine Reihe negativer Stereotypen und verzerrter Darstellungen zugeordnet wird, die eine bestimmte Form des Rassismus darstellen.«

Antiziganistische Ressentiments werden seit Jahrhunderten tradiert. Sie waren ein zentrales Element der gegen Sinti und Roma gerichteten Verfolgungs- und Vernichtungspolitik der Nationalsozialisten, die im systematisch geplanten Völkermord an schätzungsweise 500.000 Angehörigen der Minderheit im NS-besetzten Europa kulminierte. Federführend verantwortlich für die Erfassung, Ausgrenzung und Verschleppung von Sinti und Roma war die Kriminalpolizei. Auch an anderen Aspekten der Verbrechen an Sinti und Roma waren Angehörige der Polizei beteiligt, hier sind vor allem Erschießungen durch die »Einsatzgruppen« des Reichssicherheitshauptamtes zu nennen.

Antiziganismus hat weder mit der NS-Zeit begonnen noch danach aufgehört. Er ist weiterhin ein zentrales Element der gegen Sinti und Roma gerichteten, diskriminierenden Praktiken.

Gemeinsam mit dem Zentralrat setzt sich das BKA dafür ein, jeglicher Diskriminierung und Ausgrenzung von Sinti und Roma entgegenzuwirken und für den gesellschaftlichen Antiziganismus zu sensibilisieren und diesen zu ächten. Dies gilt auch für den Alltag des Behördenlebens.

Dabei bedarf es der Auseinandersetzung mit der bis in die Gegenwart reichenden Schuld und Verantwortung, die im Bundeskriminalamt erst durch das Historienprojekt im Jahr 2011 aufgearbeitet wurde. Denn die Abwertung und Ausgrenzung von Angehörigen der Sinti und Roma hat eine Geschichte, die sehr lange zurückreicht. Nicht nur zur Zeit des Nationalsozialismus und des Völkermordes an Sinti und Roma waren Sicherheitsbehörden daran beteiligt, Angehörige der Minderheit unter einen pauschalen Verdacht zu stellen und sie damit der Ausgrenzung und Verfolgung auszuliefern.

Die Schuldgeschichte erstreckt sich auch über die Jahrzehnte nach Ende des Krieges, indem begangenes Unrecht und das Leid der Opfer und ihrer Nachkommen nicht wahrgenommen und die Diskriminierung durch sogenannte »Zigeunerspezialisten« im Bundeskriminalamt der 1950er- und 1960er-Jahre aktiv fortgeführt wurde.

Viele Täter aus der NS-Zeit wurden nach dem Krieg in den deutschen Sicherheitsbehörden – auch im BKA – weiterbeschäftigt, wodurch antiziganistische Denkmuster über viele Jahrzehnte überdauern konnten. Die Beamten schirmten sich systematisch von der demokratischen Kontrolle ab und führten die Kriminalisierung der gesamten Minderheit fort. Sinti und Roma wurden dadurch nicht nur fortwährend in ihrer Würde, sondern in ihren Rechten als gleichberechtigte Staatsbürger(innen) dieses Landes verletzt.

Dies haben auch die Ergebnisse der von der Bundesregierung 2019 eingesetzten »Unabhängigen Kommission Antiziganismus« bestätigt, die in einer Studie detailliert aufgezeigt hat, dass es bis heute vielfältige Hinweise für eine fortgesetzte und systematische Diskriminierung von Sinti und Roma durch die Polizei gibt.

Umso dankbarer sind wir, dass seit 2011 unsere Beziehungen gewachsen und gestärkt worden sind. Die umfangreiche Aufarbeitung der BKA-Geschichte war ein sichtiges, vertrauensstärkendes Signal für einen Neubeginn. Durch Besuche der BKA-Präsidenten und von Mitarbeitenden des BKA beim Zentralrat und im Dokumentations- und Kulturzentrum deutscher Sinti und Roma und die Seminare, die das Bildungsforum gegen Antiziganismus des Dokumentations- und Kulturzentrums Deutscher Sinti und Roma in den letzten beiden Jahren mit Studierenden der Hochschule des BKA durchgeführt hat, wurde der eingeschlagene positive Weg fortgeführt.

Diese schon jetzt enge und vertrauensvolle Zusammenarbeit soll mit dieser Vereinbarung auf eine neue Grundlage gestellt werden.

Mit dem Ziel, jegliche Diskriminierung von Angehörigen der Minderheit in- und außerhalb der polizeilichen Arbeit entgegenzuwirken und den gesellschaftlichen Antiziganismus wirksam zu bekämpfen, stellen die Kooperationspartner fest,

- *»dass die Staatsbürgerschaft eines jeden Bürgers nicht dadurch in Frage gestellt werden darf, dass die Abstammung zum Kriterium der polizeilichen Arbeit gemacht wird« (Gemeinsame Erklärung von Dr. Dieter Romann, Präsident der Bundespolizei, mit dem Zentralrat Deutscher Sinti und Roma im August 2017),*

und einigen sich darauf,

- *dass im Zuge des Abbaus von Diskriminierung wissenschaftliche Untersuchungen zum Themenfeld Antiziganismus durch das BKA und den Zentralrat Deutscher Sinti und Roma unterstützt werden. Gesicherte wissenschaftliche Erkenntnisse sind eine wichtige Grundlage für die weitere Zusammenarbeit.*

Sie beschließen folgende konkrete Maßnahmen:

- *Zur Verstetigung der Zusammenarbeit mit der Hochschule des Bundeskriminalamtes im Rahmen des Studiums nehmen alle Studierenden vor ihrem Länderpraktikum an einer ganztätigen Veranstaltung zum Thema Antiziganismus teil. Nach dem Länderpraktikum gibt es eine weitere Veranstaltung, in der die Erfahrungen aus dem Praktikum bezüglich Rassismus, wie zum Beispiel Antiziganismus, aber auch Antisemitismus reflektiert werden.*
- *Das Bildungsforum Antiziganismus unterstützt bzw. betreut Bachelorarbeiten, die von Studierenden der Hochschule des BKA geschrieben werden. Pro Ausbildungsgruppe können dies in der Regel bis zu fünf Bachelorarbeiten sein.*
- *Zusätzlich zu den Veranstaltungen für die Studierenden bietet das*

Bildungsforum gegen Antiziganismus zwei ganztägige Fortbildungen an, die sich zunächst an Führungskräfte bzw. Multiplikatorinnen und Multiplikatoren richten, dann aber offen für alle Bestandsbeschäftigten des BKA ausgeschrieben werden. Thematisch stehen dabei Antiziganismus als spezifische Form von Rassismus sowie Gegenwart und Geschichte von Sinti und Roma im Mittelpunkt.

Berlin, den 27. Januar 2023,
Holger Münch, Präsident des Bundeskriminalamtes
Romani Rose, Vorsitzender des Zentralrats und Geschäftsführer des Dokumentations- und Kulturzentrums Deutscher Sinti und Roma

Diese gemeinsame Erklärung des BKA und des Zentralrats der Sinti und Roma und das klare Schuldbekenntnis, was die Verantwortung der Kriminalpolizei während der Hitler-Diktatur betrifft, ist zusammen mit dem Versprechen, dass dem Antiziganismus im Alltag der Behörden, allen voran bei der Polizei, heute kein Platz mehr eingeräumt wird, ein wesentliches Fundament für weitere Fortschritte im Kampf gegen den Antiziganismus und die Diskriminierung von Roma, Romnija und Roma-Kindern in Deutschland.

Doch noch gibt es gesetzliche Vorgaben, die den Antiziganismus mehr fördern als verhindern. Was eine seiner widerlichsten Formen, die Ausbeutung von Romnija und Roma-Kindern in der Prostitution betrifft, ist die deutsche Prostitutionsgesetzgebung wenig geeignet, um diese Vergehen und Verbrechen einzuschränken oder zu verhindern.

Die deutsche Gesetzgebung

Gesetz zur Regelung der Rechtsverhältnisse der Prostituierten (Prostitutionsgesetz – ProstG) vom 20.12.2001

§ 1 Sind sexuelle Handlungen gegen ein vorher vereinbartes Entgelt vorgenommen worden, so begründet diese Vereinbarung eine rechtswirksame Forderung. Das gleiche gilt, wenn sich eine Person, insbesondere im Rahmen eines Beschäftigungsverhältnisses, für die Erbringung derartiger Handlungen gegen ein vorher vereinbartes Entgelt für eine bestimmte Zeitdauer bereithält.
§ 2 Die Forderung kann nicht abgetreten und nur im eigenen Namen geltend gemacht werden. Gegen eine Forderung gemäß § 1 Satz 1 kann nur die vollständige, gegen eine Forderung nach § 1 Satz 2 auch die teilweise Nichterfüllung, soweit sie die vereinbarte Zeitdauer betrifft, eingewendet werden. Mit Ausnahme des Erfüllungseinwandes gemäß des § 362 des Bürgerlichen Gesetzbuchs (Erlöschen durch Leistung) und der Einrede der Verjährung sind weitere Einwendungen und Einreden ausgeschlossen.
§ 3 Bei Prostituierten steht das eingeschränkte Weisungsrecht im Rahmen einer abhängigen Tätigkeit der Annahme einer Beschäftigung im Sinne des Sozialversicherungsrechts nicht entgegen.

Dieses Gesetz stand von Inkrafttreten an – nicht zuletzt aus der Polizei heraus – in der Kritik. Nicht wenige glaubten, in den Vorgaben die Handschrift der Prostitutionslobby zu erkennen. Es hatte im Wesentlichen das Ziel,

- die rechtliche Benachteiligung der Prostituierten durch die Sittenwidrigkeit aufzuheben,
- einen rechtlich durchsetzbaren Anspruch der Prostituierten gegenüber den Freiern wie den Bordellbetreibern zu gewährleisten,

- die Zulassung Prostituierter zum Sozialversicherungssystem zu erleichtern,
- ein angemessenes Arbeitsumfeld und bessere Arbeitsbedingungen zu schaffen,
- der Begleitkriminalität die Grundlage zu entziehen und
- für die Prostituierten Ausstiegsmöglichkeiten zu eröffnen.

Dass sich diese Vorhaben nicht wie gewünscht verwirklichen ließen, zeigt die Tatsache, dass sich nach Inkrafttreten des Gesetzes nur wenige Prostituierte veranlasst sahen, eine Krankenversicherung abzuschließen. Heute dürften in Deutschland, nicht zuletzt durch den hohen Ausländerinnenanteil, weniger Prostituierte kranken- und sozialversichert sein als jemals zuvor.

Das Gesetz wurde in dieser Form in guter Absicht verfasst, verfehlt jedoch einige seiner wesentlichen Ziele, weil es die Eigen- und Besonderheiten der Parallelgesellschaft »Rotlichtmilieu« ignoriert oder verkennt und unberücksichtigt lässt. Die von der Allgemeinheit abweichenden Wertvorstellungen zum Beispiel, die (ungeschriebenen) Gesetze des Milieus und die mit der Prostitution untrennbar verbundene Kriminalität.

Polizeiliche Experten kritisierten vor allem, dass in Paragraf 3 des Gesetzes Bordellbetreibern und Zuhältern ein ausdrückliches, wenn auch eingeschränktes Weisungsrecht erteilt wurde. Deutschland war damit wahrscheinlich das einzige Land auf dieser Welt, das jemals auf die Idee kam, Zuhältern ein gesetzlich verankertes Weisungsrecht zu erteilen. Weisen diese doch auch ohne ausdrückliche Erlaubnis seit jeher in einer Art und Weise an, die häufig alles Erlaubte sprengt und von strafrechtlicher Relevanz ist. Kennern des Milieus stellte sich zudem die Frage, wer dieses Weisungsrecht einschränken soll und wer oder wie festgestellt werden kann, ob das Weisungsrecht auch nur eingeschränkt wahrgenommen wird. Es dauerte lange, bis dieses gesetzlich verankerte Recht im sogenannten Prostituiertenschutzgesetz im Jahr 2017 zumindest teilweise wieder aufgehoben wurde.

Das Gesetz aber stand weiterhin und es steht bis heute in der Kritik. Schließlich entwickelten sich nicht zuletzt aufgrund dieser gesetzlichen Vorgaben in Deutschland Sexmärkte nie gekannten Ausmaßes.

Nicht nur Balkan-Zuhälter fühlten sich aufgerufen, Frauen und Mädchen, Romnija und Roma-Kinder von den »unglaublichen Verdienstmöglichkeiten« zu überzeugen, welche die deutschen Sexmärkte bieten. Kriminelle nigerianische Banden (die als äußerst brutal geltende nigerianische Mafia), osteuropäische, türkische, vietnamesische, chinesische und andere Gangs wurden auf die lukrativen Märkte mit der »Ware Frau« und auf die Freiheiten aufmerksam, die diesem Geschehen in Deutschland eingeräumt wurden, und schon bald galt Deutschland als das »Bordell Europas«.

Weil immer mehr benachbarte Staaten gegensätzlich verfuhren, was die Freiheiten dieser Milieus im Rotlicht betrifft, und Gesetze erließen, die ein Sexkaufverbot zum Inhalt hatten (Nordisches Modell), wurde Deutschland zudem zum Prostitutionstourismusland. Was aber noch nachdenklicher stimmen musste: Menschenhandel und die Zwangsprostitution nahmen nicht zuletzt aufgrund dieses Prostitutionsgesetzes und des Anwachsens der Sexmärkte sprunghaft zu und auch die Hinweise auf Kinderprostitution mehrten sich. Zudem war vermehrt die Einflussnahme auf die Prostitution durch der OK zuzuordnende Tätergruppierungen feststellbar.

Man kam nicht mehr umhin: Das Prostitutionsgesetz musste evaluiert, ergänzt und den Gegebenheiten angepasst werden. Am 1. Juli 2017 schließlich, fünfzehn Jahre später, trat das lang ersehnte sogenannte Prostituiertenschutzgesetz in Kraft.

Gesetz zur Regulierung des Prostitutionsgewerbes sowie zum Schutz von in der Prostitution tätigen Personen (Prostituiertenschutzgesetz – ProstSchG) – in Auszügen

§ 1 Anwendungsbereich

Dieses Gesetz ist anzuwenden auf die Ausübung der Prostitution durch Personen über 18 Jahre sowie auf das Betreiben eines Prostitutionsgewerbes

§ 2 Begriffsbestimmungen

1) Eine sexuelle Dienstleistung ist eine sexuelle Handlung mindestens

einer Person an oder vor mindestens einer anderen unmittelbar anwesenden Person gegen Entgelt

2) oder das Zulassen einer sexuellen Handlung an oder vor der eigenen Person gegen Entgelt. Keine sexuellen Dienstleistungen sind Vorführungen mit ausschließlich darstellerischem Charakter, bei denen keine weitere der anwesenden Personen sexuell aktiv einbezogen ist.

3) Prostituierte sind Personen, die sexuelle Dienstleistungen erbringen.

4) Ein Prostitutionsgewerbe betreibt, wer gewerbsmäßig Leistungen im Zusammenhang mit der Erbringung sexueller Dienstleistungen durch mindestens eine andere Person anbietet oder Räumlichkeiten hierfür bereitstellt, indem er

1. eine Prostitutionsstätte betreibt,
2. ein Prostitutionsfahrzeug bereitstellt,
3. eine Prostitutionsveranstaltung organisiert oder durchführt oder
4. eine Prostitutionsvermittlung betreibt.

§ 3 Anmeldepflicht für Prostituierte

1) Wer eine Tätigkeit als Prostituierte oder als Prostituierter ausüben will, hat dies vor Aufnahme der Tätigkeit persönlich bei der Behörde, in deren Zuständigkeitsbereich die Tätigkeit vorwiegend ausgeübt werden soll, anzumelden.

2) Soweit ein Land … eine abweichende Regelung zur räumlichen Gültigkeit der Anmeldebescheinigung getroffen hat, ist die Tätigkeit in diesem Land auch bei der dort zuständigen Behörde anzumelden.

3) Die Anmeldepflicht besteht unabhängig davon, ob die Tätigkeit selbständig oder im Rahmen eines Beschäftigungsverhältnisses ausgeübt wird.

§ 7 Informationspflicht der Behörde; Informations- und Beratungsgespräch

1) Bei der Anmeldung ist ein Informations- und Beratungsgespräch zu führen.

2) Das Informations- und Beratungsgespräch muss mindestens umfassen:

1. Grundinformationen zur Rechtslage nach diesem Gesetz, nach dem Prostitutionsgesetz sowie zu weiteren, zur Ausübung der Prostitution relevanten Vorschriften, die im räumlichen Zuständigkeitsbereich der Behörde für die Prostitutionsausübung gelten.

2. Grundinformationen zur Absicherung im Krankheitsfall und zur sozialen Absicherung im Falle einer Beschäftigung.

3. Informationen zu gesundheitlichen und sozialen Beratungsangeboten einschließlich Beratungsangeboten zur Schwangerschaft.

4. Informationen zur Erreichbarkeit von Hilfe in Notsituationen und

5. Informationen über die bestehende Steuerpflicht der aufgenommenen Tätigkeit und die in diesem Zusammenhang zu erfüllenden umsatz- und ertragsteuerlichen Pflichten.

3) Die zuständige Behörde stellt der oder dem Prostituierten während des Beratungsgesprächs Informationen zur Ausübung der Prostitution in geeigneter Form zur Verfügung. Die Informationen sollen in einer Sprache verfasst sein, die die oder der Prostituierte versteht.

§ 8 Ausgestaltung des Informations- und Beratungsgesprächs

1) Die persönliche Anmeldung und das Informations- und Beratungsgespräch sollen in einem vertraulichen Rahmen durchgeführt werden.

2) Die zuständige Behörde kann mit Zustimmung der anmeldepflichtigen Person eine nach Landesrecht anerkannte Fachberatungsstelle für Prostituierte oder eine mit Aufgaben der gesundheitlichen Beratung betraute Stelle zu dem Informations- und Beratungsgespräch hinzuziehen. Dritte können mit Zustimmung der Behörde und der anmeldepflichtigen Person zum Gespräch hinzugezogen werden. Zum Zwecke der Sprachmittlung kann die Behörde Dritte auch ohne Zustimmung der anmeldepflichtigen Person hinzuziehen.

§ 11 Anordnungen gegenüber Prostituierten

1) Liegen der zuständigen Behörde tatsächliche Anhaltspunkte dafür vor, dass eine Person der Prostitution nachgeht, ohne diese Tätigkeit vorher angemeldet zu haben, so fordert die zuständige Behörde die

Person auf, ihre Tätigkeit als Prostituierte oder Prostituierter innerhalb einer angemessenen Frist anzumelden und der zuständigen Behörde die Anmeldebescheinigung vorzulegen. Liegen der zuständigen Behörde tatsächliche Anhaltspunkte dafür vor, dass eine Person der Prostitution nachgeht, ohne die Pflicht zur gesundheitlichen Beratung wahrgenommen zu haben, so fordert die zuständige Behörde die Person auf, innerhalb einer angemessenen Frist die gesundheitliche Beratung wahrzunehmen und der zuständigen Behörde die Bescheinigung über die gesundheitliche Beratung vorzulegen.

2) Die zuständige Behörde kann gegenüber Prostituierten jederzeit Anordnungen zur Ausübung der Prostitution erteilen, soweit dies erforderlich ist

1. zum Schutz der Kundinnen und Kunden oder anderen Gefahren für Leben, Freiheit, sexuelle Selbstbestimmung oder Gesundheit,

2. zum Schutz der Jugend oder

3. zur Abwehr anderer erheblicher Beeinträchtigungen oder Gefahren für sonstige Belange des öffentlichen Interesses, insbesondere zum Schutz von Anwohnerinnen und Anwohnern, von Anliegern oder der Allgemeinheit vor Lärmimmissionen, verhaltensbedingten oder sonstigen Belästigungen.

§ 12 Erlaubnispflicht für Prostitutionsgewerbe (…)

1) Wer ein Prostitutionsgewerbe betreiben will, bedarf der Erlaubnis der zuständigen Behörde. Die Erlaubnis kann befristet werden. Die Erlaubnis ist auf Antrag zu verlängern, wenn die für die Erteilung der Erlaubnis maßgeblichen Voraussetzungen fortbestehen.

2) Die Erlaubnis für das Betreiben einer Prostitutionsstätte wird zugleich für ein bestimmtes Betriebskonzept und für bestimmte bauliche Einrichtungen, Anlagen und darin befindliche Räume erteilt.

§ 14 Versagung der Erlaubnis und der Stellvertretungserlaubnis

1) Die Erlaubnis ist zu versagen, wenn

1. die antragstellende Person oder eine als Stellvertretung oder Betriebsleitung vorgesehene Person unter 18 Jahre alt ist oder

2. Tatsachen die Annahme rechtfertigen, dass die antragstellende Person oder eine als Stellvertretung, Leitung oder Beaufsichtigung des Betriebs vorgesehene Person nicht die für den Betrieb eines Prostitutionsgewerbes erforderliche Zuverlässigkeit besitzt.

2) Die Erlaubnis ist auch zu versagen, wenn

1. aufgrund des Betriebskonzepts, aufgrund der Angebotsgestaltung, aufgrund der vorgesehenen Vereinbarungen mit Prostituierten oder aufgrund sonstiger Umstände Anhaltspunkte dafür bestehen, dass die Art des Betriebes mit der Wahrnehmung des Rechts auf sexuelle Selbstbestimmung unvereinbar ist oder der Ausbeutung von Prostituierten Vorschub leistet.

2. aufgrund des Betriebskonzepts oder sonstiger tatsächlicher Umstände Anhaltspunkte für einen Verstoß gegen § 26 Absatz 2 oder 4 vorliegen,

3. die Mindestanforderungen nach den §§ 18 und 19 (Mindestforderungen an Anlagen oder Prostitutionsfahrzeuge) oder nach einer aufgrund dieses Gesetzes erlassenen Rechtsverordnung nicht erfüllt sind, soweit die Behörde keine Ausnahme von der Einhaltung der Mindestanforderungen zugelassen hat und die Erfüllung der Mindestanforderungen nicht durch eine der antragstellenden Person aufzuerlegende Auflage gewährleistet werden kann,

4. aufgrund des Betriebskonzepts oder sonstiger tatsächlicher Umstände erhebliche Mängel im Hinblick auf die Einhaltung der Anforderungen nach § 24 Absatz 1 für den Gesundheitsschutz und für die Sicherheit der Prostituierten oder anderer Personen bestehen, soweit die Beseitigung dieser Mängel nicht durch eine der antragstellenden Person aufzuerlegende Auflage behoben werden kann,

5. das Betriebskonzept oder die örtliche Lage des Prostitutionsgewerbes dem öffentlichen Interesse widerspricht, insbesondere wenn sich dadurch eine Gefährdung der Jugend oder schädliche Umwelteinwirkungen im Sinne des Bundesimmissionsschutzgesetzes oder Gefahren oder sonstige erhebliche Nachteile oder Belästigungen für die Allgemeinheit befürchten lassen oder

6. das Betriebskonzept oder die örtliche Lage einer nach Artikel 297 des Einführungsgesetzes zum Strafgesetzbuch (Verbot der Prostitution durch die Landesregierung) ergangenen Verordnung widerspricht.

3) Die Stellvertretungserlaubnis ist zu untersagen, wenn

1. die als Stellvertretung vorgesehene Person unter 18 Jahre alt ist oder

2. Tatsachen die Annahme rechtfertigen, dass die als Stellvertretung vorgesehene Person nicht die für den Betrieb eines Prostitutionsgewerbes erforderliche Zuverlässigkeit besitzt.

§ 26 Pflichten gegenüber Prostituierten; Einschränkung von Weisungen und Vorgaben

1) Die Ausgestaltung sexueller Dienstleistungen wird ausschließlich zwischen den Prostituierten und deren Kunden und Kundinnen in eigener Verantwortung festgelegt.

2) Der Betreiber eines Prostitutionsgewerbes sowie die für den Betreiber handelnden Personen dürfen Prostituierten keine Weisungen im Sinne des § 3 Absatz 1 des Prostitutionsgesetzes erteilen. Ebenso unzulässig sind sonstige Vorgaben zu Art oder Ausmaß der Erbringung sexueller Dienstleistungen.

3) Vereinbarungen über Leistungen des Betreibers eines Prostitutionsgewerbes gegenüber Prostituierten und über Leistungen von Prostituierten gegenüber dem Betreiber sind in Textform abzufassen …

4) Dem Betreiber eines Prostitutionsgewerbes ist es verboten, sich von Prostituierten, die in seinem Prostitutionsgewerbe sexuelle Dienstleistungen erbringen oder erbringen wollen, für die Vermietung von Räumen, für die Vermittlung einer Leistung oder für eine sonstige Leistung Vermögensvorteile versprechen oder gewähren zu lassen, die in einem auffälligen Missverhältnis zu der Leistung oder deren Vermittlung stehen.

5) Der Betreiber eines Prostitutionsgewerbes ist verpflichtet, Prostituierten, die in seinem Prostitutionsgewerbe sexuelle Dienstleistungen erbringen oder erbringen wollen, auf deren Verlangen Einsicht in das Betriebskonzept zu geben. Im Fall einer Prostitutionsveranstaltung hat der Betreiber den Prostituierten auf Verlangen auch Einsicht in das Veranstaltungskonzept zu geben.

6) Der Betreiber eines Prostitutionsgewerbes ist verpflichtet,

Prostituierten, die in seinem Prostitutionsgewerbe sexuelle Dienstleistungen erbringen, einen Nachweis in Textform über die durch die Prostituierte oder den Prostituierten an den Betreiber ergangenen Zahlungen zu überlassen oder elektronisch zu übermitteln. Das gilt auch für Zahlungen des Betreibers an die Prostituierte oder den Prostituierten.

7) Die Vorschriften des Prostitutionsgesetzes bleiben unberührt.

Änderung des Prostitutionsgesetzes

§ 3 des Prostitutionsgesetzes vom 20. Dezember 2001 wird wie folgt gefasst:

1) Weisungen, die das Ob, die Art oder das Ausmaß der Erbringung sexueller Dienstleistungen vorschreiben, sind unzulässig.
2) Den Prostituierten steht das eingeschränkte Weisungsrecht im Rahmen einer abhängigen Tätigkeit nicht der Annahme einer Beschäftigung im Sinne des Sozialversicherungsrechts entgegen.

Auch dieses Gesetz änderte nichts oder nur wenig an der weiterhin bedrückenden Gesamtentwicklung, an den Machenschaften in den Milieus, an dem zunehmenden Menschenhandel, an der zunehmenden Ausbeutung von Frauen und Kindern und an der wenig wirksamen Bekämpfung der Milieukriminalität.

Zunächst musste nach Inkrafttreten dieser Vorschriften zur Kenntnis genommen werden, dass man in den deutschen Prostitutionsmilieus wenig nach den Gesetzen der Allgemeinheit fragt, dass man nach eigenen, ungeschriebenen, aber bedingungslos einzuhaltenden Gesetzen verfährt.

So kamen der in Paragraf 3 des Gesetzes vorgeschriebenen Anmeldepflicht nur die wenigsten Prostituierten nach. Nach Feststellungen des Statistischen Bundesamtes mit Stand 31. Dezember 2022 waren es nicht mehr als 28.278 Personen. Ein deutlicher Hinweis darauf, welche (Nicht-) Beachtung auch dieses Prostituiertenschutzgesetz in der Parallelgesellschaft im Rotlicht findet.

Nimmt man den üblichen innerdeutschen Menschenhandel zur Kenntnis und berücksichtigt man, dass die Mädchen und Frauen ihren Tätigkeitsort oft wöchentlich oder monatlich wechseln oder auf Anordnung von Zuhältern verschoben werden, ohne sich ab- und erneut anzumelden, wird deutlich, wie nutzlos diese Anmeldepflicht ist, der zudem bei den verschiedensten Behörden nachgekommen werden kann, so zum Beispiel bei der Polizei, beim Ordnungsamt, beim Ausländeramt oder beim Gesundheitsamt...

Dieser häufig vorgenommene Wechsel der Tätigkeitsorte von Stadt zu Stadt, von Milieu zu Milieu und von Objekt zu Objekt erfolgt in der Regel aus ganz bestimmten Gründen, so

- um zu enge Kontakte und Vertrauensverhältnisse unter den (Zwangs-)Prostituierten und Absprachen oder Aktionen gegen die Ausbeutung und die Ausbeuter zu verhindern,
- um eine Vertrauensbasis und eine gefährliche Nähe zu Sozialarbeiterinnen/Beratungsstellen oder Polizeibeamten erst gar nicht zu ermöglichen,
- um physisch oder psychisch angeschlagene, unwillige oder widerspenstige und damit zum Risiko werdende Mädchen und Frauen loszuwerden und
- um die Puffs ständig mit neuen Gesichtern, im Milieujargon als »Frischfleisch« bezeichnet, zu versorgen.

Neben solchen Vorgaben, die schlichtweg keine Beachtung finden, enthält dieses Gesetz fragwürdige Inhalte und Begriffe, die das reale Geschehen beschönigen oder gar verfälschen. Die rumänische Psychologin und Betreiberin von Schutzhäusern für geflüchtete Zwangsprostituierte, Jana Matei, kritisiert diese Sprache seit Jahren.

Beispiele: Das sogenannte Prostituiertenschutzgesetz (es schützt die Frauen in der Prostitution nicht oder nur wenig) ist für all diejenigen gemacht, die in Deutschland in der Prostitution tätig sind und das sind etwa neunzig, in manchen Milieus bis hin zu hundert Prozent Ausländerinnen aus den verschiedensten Armutsgebieten dieser Welt. Und diese werden in diesem Gesetz (wie in anderen gesetzlichen Vorgaben und im allgemeinen Sprachgebrauch auch) ganz selbstverständlich als »Prostituierte« bezeichnet und behandelt.

Doch ist die Romni, die sich für fünf oder zehn Euro auf dem Straßenstrich verkaufen muss, um ihre Kinder zu ernähren, ist die zwölfjährige Romni im Besitz eines Ausweispapiers, das sie als volljährig ausweist, die in einem deutschen Puff mindestens zehn Freier täglich zu bedienen hat, eine Prostituierte? Sind die Mädchen aus Nigeria, die in die Fänge der Mafia gerieten und nach einem lebensgefährlichen Trip über die Wüste, über Militärlager, Militärpuffs und über Italien nach Deutschland verschleppt wurden und nun von »Madames« (Zuhälterinnen) kontrolliert und ausgebeutet werden, Prostituierte? Sind die jungen Thai-Frauen, die schon als zwölfjährige Kinder in den Puffs von Bangkoks Rotlichtmeile Pat Pong zur Prostitution gezwungen und dann von einem deutschen Zuhälter gekauft und nach Deutschland verbracht wurden, wirklich Prostituierte? Und ist die junge deutsche Frau, die in schwierigen familiären und sozialen Verhältnissen aufwuchs und schon als Kind sexuelle Gewalt erleben musste, bevor sie einem »Loverboy« in die Hände fiel und der Zwangsprostitution zugeführt wurde, eine Prostituierte? Oder sind sie nicht vielmehr Opfer, Opfer des Menschenhandels und der Sexsklaverei?

Die Begriffe »Prostitution« oder »Prostituierte« beinhalten Freiwilligkeit und werden auch so verstanden. Sonst wäre die Prostitution im Rechtsstaat Bundesrepublik Deutschland nicht erlaubt, sondern verboten, sonst würde der Gesetzgeber selbst nicht zwischen »Prostitution« und »Zwangsprostitution« unterscheiden.

Von einer freiwilligen Prostitution ist aber bei all diesen Mädchen und Frauen nicht auszugehen. Die üblichen Anwerbungsmethoden mittels List und Täuschung, dem Erzeugen von Abhängigkeit und Hilflosigkeit oder der Anwendung purer Gewalt sowie die verbreiteten Ausbeutungsmethoden in den deutschen Rotlichtmilieus sprechen klar dagegen. Die Prostitutionsgesetzgebung aber geht von einem freiwilligen Tätigwerden aus.

Kluge Leute sagen, man müsse zwischen Prostitution einerseits und dem Menschenhandel und der Zwangsprostitution (ein Widerspruch in sich) oder Sexsklaverei (der zutreffendere Begriff) andererseits unterscheiden. Und für Letztere habe man schließlich die entsprechenden strafrechtlichen Vorschriften. Dass diese jedoch in einem legalisierten, schön gemalten und den rechtsstaatlichen Anforderungen angepassten, von Toleranz und Duldung geprägten Bereich kaum Anwendung finden können, wie die jährlichen, vom BKA vorgelegten Zahlen eindrucksvoll belegen, wird gern ignoriert und verschwiegen.

Auch wodurch sich der Unterschied zwischen Prostitution und Sexsklaverei manifestiert, verraten diese klugen Leute nicht. Bertha Pappenheim, österreichisch-deutsche Frauenrechtlerin, die im Jahr 1902 in Frankfurt am Main den ersten deutschen Kongress gegen Menschenhandel organisierte, hat jedenfalls schon damals erkannt, dass sich beides nicht unterscheiden und nicht trennen lässt. Und wenn die Rechtswissenschaftlerin Sandra Norak rückblickend auf ihre sechs Jahre im Rotlichtmilieu feststellt, kein Bordell ohne Menschenhandel und Sexsklaverei kennengelernt zu haben, dann lässt auch das darauf schließen, dass beides nicht zu trennen ist. Menschenhandel und Zwangsprostitution sind wesentlicher Bestandteil dessen, was in Deutschland als »Prostitution« bezeichnet und behandelt wird.

Dessen ungeachtet geht das »Prostituiertenschutzgesetz« davon aus, dass es »sexuelle Dienstleistungen« sind, die erbracht werden. Doch sind das wirklich »Dienstleistungen«, die von diesen ausländischen und nach Deutschland geschleusten Mädchen und Frauen erbracht werden? Oder ist es nicht vielmehr fortgesetzte sexuelle Gewalt, der sie ausgesetzt sind?

Kriminalistische Einblicke, Berichte von Aussteigerinnen und Geflüchteten, Art und Ausmaß des Menschenhandels wie bekannt gewordene zuhälterische Methoden sprechen jedenfalls dafür, dass »sexuelle Dienstleistungen« der falsche Begriff für das ist, was in den deutschen Prostitutionsmilieus geschieht.

Auch der unter den »Prostituierten« verbreitete Alkohol- und Drogenkonsum weist weniger auf Dienstleistungen als auf fortgesetzte Zwänge und fortgesetzte sexuelle Gewalt hin, denen diese Frauen und Mädchen ausgesetzt sind.

Dann spricht der Gesetzgeber in diesem sogenannten Prostituiertenschutzgesetz von einem (Prostitutions-)Gewerbe und gleicht das Prostitutionsgeschehen damit anderen Gewerbebetrieben an.

Doch ist es ein Gewerbe? Ist es ein Gewerbe wie jedes andere auch? Oder ist es nicht vielmehr in weiten Teilen längst ein boomendes, höchst lukratives Geschäftsfeld des Organisierten Verbrechens, innerhalb dessen Menschen gehandelt und als Sexsklav(inn)en ausgebeutet werden?

Es scheint, als habe Jana Matei recht, wenn sie dazu auffordert, über so manche das tatsächliche Geschehen beschönigende und legales Geschehen vortäuschende Begriffe nachzudenken, die in Deutschland Anwendung finden.

Doch nicht nur mit der Wortwahl, auch mit der grundsätzlichen Annahme von Legalität, von Rechtsstaatlichkeit und einer heilen Welt entfernt sich das »Prostituiertenschutzgesetz« weit vom realen Geschehen.

Mit Vorgaben wie zum Beispiel in Paragraf 26 Absatz 5 des »Prostituiertenschutzgesetzes« wird deutlich, wie sehr die tatsächlichen Gegebenheiten ignoriert oder verkannt werden. Die Verpflichtung von Betreibern eines Prostitutionsgewerbes, »Prostituierten Einsicht in das Betriebskonzept zu gewähren«, wird jedenfalls kaum jemals eine praktische Bedeutung erlangen. Viele der heute in Deutschland tätigen »Prostituierten« sprechen nicht viel mehr als die drei Worte Deutsch, die ihnen ihre Zuhälter eingeflüstert haben, weil sie diese gegenüber der werten Kundschaft brauchen und manche zeigen sogar einen Zettel mit den »Dienstleistungen«, die sie anbieten, versehen mit den jeweiligen Preisen, vor.

Von einem Betriebskonzept haben diese Frauen in aller Regel noch nie in ihrem Leben etwas gehört. Doch selbst wenn tatsächlich jemals eine Frau auf die Idee kommen sollte, Einsicht in das Betriebskonzept eines Bordellbetreibers zu nehmen – was würde sich an ihrer Situation ändern, wenn ihr Zuhälter und der Puffbetreiber sich einig sind, dass sie in diesem Betrieb tätig wird?

Die deutsche Prostitutionsgesetzgebung (Stand Dezember 2023) ignoriert, was in weiten Teilen deutscher Rotlichtmilieus tatsächlich vor sich geht, und ist deshalb ein weitgehend untaugliches Instrument, um die Prostituierten wirksam(er) zu schützen und die mit der Prostitution verbundene Kriminalität wirksam(er) zu bekämpfen. Die gesamte Philosophie der Prostitutionsgesetzgebung wird dem tatsächlichen Geschehen nicht gerecht.

Deshalb ist nicht zu wünschen, sondern zu befürchten, dass die deutsche Prostitutionsgesetzgebung (wie vorgesehen) ein weiteres Mal evaluiert wird, ohne dass eine grundlegende, der Realität angepasste Neuausrichtung erfolgt und der erforderliche Paradigmenwechsel vorgenommen wird.

Ein solcher sollte angesichts des Fortschreitens der OK im Bereich des Menschenhandels und der Sexsklaverei sowie anhaltender Viktimisierungsprozesse und zahlloser Opfer zeitnah erfolgen. Möglich erscheint das in Anlehnung daran, was andere europäische und außereuropäische Länder zum Teil schon vor Jahrzehnten umgesetzt haben und im Rahmen des »Nordischen Modells« erfolgreich praktizieren.

Strafrecht

§ 176 StGB Sexueller Missbrauch von Kindern

1) Wer sexuelle Handlungen an einer Person unter vierzehn Jahren (Kind) vornimmt oder an sich von dem Kind vornehmen lässt, wird mit Freiheitsstrafe von sechs Monaten bis zu zehn Jahren bestraft.

2) Ebenso wird bestraft, wer ein Kind dazu bestimmt, dass es sexuelle Handlungen an einem Dritten vornimmt oder von einem Dritten an sich vornehmen lässt.

3) In besonders schweren Fällen ist auf Freiheitsstrafe nicht unter einem Jahr zu erkennen.

4) Mit Freiheitsstrafe von drei Monaten bis zu fünf Jahren wird bestraft, wer

1. Sexuelle Handlungen vor einem Kind vornimmt,

2. ein Kind dazu bestimmt, dass es sexuelle Handlungen vornimmt, soweit die Tat nicht nach Absatz 1 oder Absatz 2 mit Strafe bedroht ist,

3. auf ein Kind mittels Schriften (§ 11 Abs. 3 – Bild- und Tonträger ...) oder mittels Informations- oder Kommunikationstechnologie einwirkt, um

a) das Kind zu sexuellen Handlungen zu bringen, die es an oder vor dem Täter oder einer dritten Person vornehmen oder von dem Täter oder einer dritten Person an sich vornehmen lassen soll, oder

b) eine Tat nach § 184b Absatz 1 Nummer 3 oder nach § 184b Absatz 3 (Verbreitung, Erwerb und Besitz kinderpornografischer Schriften) zu begehen, oder

4. auf ein Kind durch Vorzeigen pornografischer Abbildungen oder Darstellungen, durch Abspielen von Tonträgern pornografischen Inhalts, durch Zugänglichmachen pornografischer Inhalte mittels Informations- und Kommunikationstechnologie oder durch entsprechende Reden einwirkt.

§ 176 a Schwerer sexueller Missbrauch von Kindern

1) Der sexuelle Missbrauch von Kindern wird in den Fällen des § 176 Abs. 1 und 2 mit Freiheitsstrafe nicht unter einem Jahr bestraft, wenn der Täter innerhalb der letzten fünf Jahre wegen einer solchen Straftat rechtskräftig verurteil worden ist.

2) Der sexuelle Missbrauch von Kindern wird in den Fällen des § 176 Abs. 1 und 2 mit Freiheitsstrafe nicht unter zwei Jahren bestraft, wenn

1. eine Person über achtzehn Jahren mit einem Kind den Beischlaf vollzieht oder ähnliche sexuelle Handlungen an ihm vornimmt oder an sich von ihm vornehmen lässt, die mit einem Eindringen in den Körper verbunden sind.

2. die Tat von mehreren gemeinschaftlich begangen wird oder

3. der Täter das Kind durch die Tat in die Gefahr einer schweren Gesundheitsschädigung oder einer erheblichen Schädigung der körperlichen oder seelischen Entwicklung bringt.

3) Mit Freiheitsstrafe nicht unter zwei Jahren wird bestraft, wer in den Fällen des § 176 Abs. 1 bis 3, 4 Nr. 1 oder Nr. 2, jeweils auch in Verbindung mit § 176 Absatz 6 Satz 1, (Versuch) als Täter oder anderer Beteiligter in der Absicht handelt, die Tat zum Gegenstand einer

pornografischen Schrift (§ 11 Abs. 3) zu machen, die nach § 184 Absatz 1 oder 2 (Verbreitung pornografischer Schriften) verbreitet werden soll.

§ 180a StGB Ausbeutung von Prostituierten

1) Wer gewerbsmäßig einen Betrieb unterhält oder leitet, in dem Personen der Prostitution nachgehen und in dem diese in persönlicher oder wirtschaftlicher Abhängigkeit gehalten werden, wird mit Freiheitsstrafe bis zu drei Jahren oder mit Geldstrafe bestraft.

2) Ebenso wird bestraft, wer

1. eine Person unter achtzehn Jahren zur Ausübung der Prostitution Wohnung, gewerbsmäßig Unterkunft oder gewerbsmäßig Aufenthalt gewährt oder

2. eine andere Person, der er zur Ausübung der Prostitution Wohnung gewährt, zur Prostitution anhält oder im Hinblick auf sie ausbeutet.

§ 181a StGB Zuhälterei

1) Mit Freiheitsstrafe von sechs Monaten bis zu fünf Jahren wird bestraft, wer 1. Eine andere Person, die der Prostitution nachgeht, ausbeutet oder 2. eines Vermögensvorteils wegen eine andere Person bei der Ausübung der Prostitution überwacht, Ort, Zeit, Ausmaß oder andere Umstände der Prostitutionsausübung bestimmt oder Maßnahmen trifft, die sie davon abhalten sollen, die Prostitution aufzugeben,

und im Hinblick darauf Beziehungen zu ihr unterhält, die über den Einzelfall hinausgehen.

2) Mit Freiheitsstrafe von bis zu drei Jahren oder mit Geldstrafe wird bestraft, wer die persönliche oder wirtschaftliche Unabhängigkeit einer anderen Person dadurch beeinträchtigt, dass er gewerbsmäßig die Prostitutionsausübung der anderen Person durch Vermittlung sexuellen Verkehrs fördert und im Hinblick darauf Beziehungen zu ihr unterhält, die über den Einzelfall hinausgehen.

3) Nach den Absätzen 1 und 2 wird auch bestraft, wer die in Abs. 1 Nr. 1 und 2 genannten Handlungen oder die in Absatz 2 bezeichnete Förderung gegenüber seinem Ehegatten oder Lebenspartner vornimmt.

§ 232 StGB Menschenhandel

1) Mit Freiheitsstrafe von sechs Monaten bis zu fünf Jahren wird bestraft, wer eine andere Person unter Ausnutzung ihrer persönlichen oder wirtschaftlichen Zwangslage oder ihrer Hilflosigkeit, die mit dem Aufenthalt in einem fremden Land verbunden ist, oder wer eine andere Person unter einundzwanzig Jahren anwirbt, befördert, weitergibt, beherbergt oder aufnimmt, wenn

1. diese Person ausgebeutet werden soll,

a) bei der Ausübung der Prostitution oder bei der Vornahme sexueller Handlungen an oder vor dem Täter oder einer dritten Person oder bei der Duldung sexueller Handlungen an sich selbst durch den Täter oder eine dritte Person,

b) durch eine Beschäftigung,

c) bei der Ausübung der Bettelei oder

d) bei der Begehung von mit Strafe bedrohten Handlungen durch diese Person,

2. diese Person in Sklaverei, Leibeigenschaft, Schuldknechtschaft oder in Verhältnissen, die dem entsprechen oder ähneln, gehalten werden soll oder

3. dieser Person rechtswidrig ein Organ entnommen werden soll.

2) Mit Freiheitsstrafe von sechs Monaten bis zu zehn Jahren wird bestraft, wer eine andere Person, die in der in Absatz 1 Satz 1 Nummer 1 bis 3 bezeichneten Weise ausgebeutet werden soll,

1. mit Gewalt, durch Drohung mit einem empfindlichen Übel oder durch List anwirbt, befördert, weitergibt, beherbergt oder aufnimmt oder

2. entführt oder sich ihrer bemächtigt oder ihrer Bemächtigung durch eine dritte Person Vorschub leistet.

3) In den Fällen des Absatzes 1 ist auf Freiheitsstrafe von sechs Monaten bis zu zehn Jahren zu erkennen, wenn

1. das Opfer zur Zeit der Tat unter achtzehn Jahre alt war,

2. der Täter das Opfer bei der Tat körperlich schwer misshandelt oder durch die Tat oder eine während der Tat begangene Handlung wenigstens leichtfertig in die Gefahr des Todes oder einer schweren Gesundheitsschädigung bringt oder

3. der Täter gewerbsmäßig handelt oder als Mitglied einer Bande, die sich zur fortgesetzten Begehung solcher Taten verbunden hat.

4) In den Fällen der Absätze 1, 2 und 3 Satz 1 ist der Versuch strafbar.

§ 232a Zwangsprostitution

1) Mit Freiheitsstrafe von sechs Monaten bis zu zehn Jahren wird bestraft, wer eine andere Person unter Ausnutzung ihrer persönlichen oder wirtschaftlichen Zwangslage oder ihrer Hilflosigkeit, die mit dem Aufenthalt in einem fremden Land verbunden ist, oder wer eine andere Person unter einundzwanzig Jahren veranlasst,

1. die Prostitution aufzunehmen oder fortzusetzen oder

2. sexuelle Handlungen, durch die sie ausgebeutet wird, an oder vor dem Täter oder einer dritten Person vorzunehmen oder von dem Täter oder einer dritten Person an sich vornehmen zu lassen.

2) Der Versuch ist strafbar.

3) Mit Freiheitsstrafe von einem Jahr bis zu zehn Jahren wird bestraft, wer eine andere Person mit Gewalt, durch Drohung mit einem empfindlichen Übel oder durch List zur Aufnahme oder Fortsetzung der Prostitution oder den in Absatz 1 Nummer 2 bezeichneten sexuellen Handlungen veranlasst.

Weitere Straftatbestände im Strafgesetzbuch der Bundesrepublik Deutschland, die im Zusammenhang mit dem Menschenhandel und der sexuellen Ausbeutung von Romnija und Roma-Kindern von Bedeutung sein könnten, sind:

Sexueller Missbrauch von Kindern mit Todesfolge (§ 176b StGB)

Sexueller Übergriff, sexuelle Nötigung, Vergewaltigung (§ 177 StGB)

Sexueller Übergriff, sexuelle Nötigung und Vergewaltigung mit Todesfolge (§ 178 StGB)

Förderung sexueller Handlungen Minderjähriger (§ 180 StGB)

Sexueller Missbrauch von Jugendlichen (§ 182 StGB)

Zwangsarbeit (§ 232b StGB)

Ausbeutung der Arbeitskraft (§ 233 StGB)

Die Europäische Union und die Roma

Von den geschätzten zwölf Millionen in Europa lebenden Roma sind gut sechs Millionen Bürger(innen) der Europäischen Union. Die Roma sind damit die größte Minderheit innerhalb der Europäischen Union. Der Union kommt damit eine besondere Verantwortung zu, was den Antiziganismus, die Diskriminierung und die Ausgrenzung der Roma betrifft.

Und es gab in der Vergangenheit vonseiten der Europäischen Kommission zahlreiche einzelne Nationalstaaten betreffende oder für die gesamte Union bestimmte Initiativen, um die bestehenden Probleme zu lösen und die Roma zu integrieren. Im Jahr 2011 wurde ein Papier verabschiedet, in dem die besondere Verantwortung der Europäischen Union für die Sinti und Roma festgeschrieben wurde, die **Roma-Strategie.** Die Bemühungen im Rahmen dieser Strategie konzentrierten sich im Wesentlichen auf die sozioökonomische Integration der Roma. Am 7. Oktober 2020 präsentierte die Europäische Kommission dann einen strategischen Rahmen für die Zeit nach 2020 mit einem **Drei-Säulen-Konzept** und dem Ziel der Gleichstellung, der Inklusion und der Teilhabe.

So engagiert und so hoffnungsvoll das alles klingt: Sehr erfolgreich war die Europäische Kommission mit ihren bisherigen Bemühungen um eine Verbesserung der Lebensverhältnisse der Roma nicht. Bulgarien und Rumänien wurden bereits im Jahr 2007, Ungarn und die Slowakei sogar schon 2004 voll freudiger Erwartung in die Europäische Union aufgenommen, doch bis heute müssen dort unzählige Roma, Romnija und Roma-Kinder in Wäldern oder in Elendssiedlungen leben, völlig verarmt, vermüllt, ohne ein Mindestmaß an ärztlicher Versorgung, ohne Wasser, ohne Strom und ohne Hoffnung.

Die Europäische Kommission hat es im Zeitraum von Jahrzehnten nicht geschafft, diese brutale Armut spürbar abzubauen, den Lebensstandard der Roma auch nur annähernd dem der Mehrheitsgesellschaften anzugleichen. Das wirtschaftliche Gefälle innerhalb der Union, das Gefälle von West- und Südosteuropa ist anhaltend groß.

Milliardäre, Luxus, Wegwerfgesellschaften und ein zufriedener Mittelstand einerseits, abgemagerte und hungernde, zum Trost Klebstoff schnüffelnde oder verunreinigtes Heroin konsumierende Kinder, bettelarme und bettelnde Roma-Kinder, Kinder, die dazu gezwungen sind, sich zu prostituieren, andererseits. Gravierendes, beschämendes Unrecht prägt das Bild der Roma in der Europäischen Union bis heute.

Zwar gibt es neben oder im Rahmen der Roma-Strategien eine ganze Flut von Absichtserklärungen, Lippenbekenntnissen, Reformpapieren, Initiativen und Projekten, geändert aber haben diese an der anhaltend prekären Situation vieler Roma-Familien nur wenig bis gar nichts.

Die Vorhaben wurden entweder nicht konsequent genug umgesetzt oder sie waren ungeeignet, um die vorgegebenen Ziele zu erreichen, die bestehenden Probleme zu lösen. Die erbärmlichen Zustände in vielen Roma-Siedlungen innerhalb und inmitten der Europäischen Union zu ignorieren und zu belassen, sie zu verdrängen, zu beschönigen oder wegzulächeln, mag kurzfristig über das Dilemma hinwegretten. Kleiner werden die Probleme dadurch nicht. Und man täusche sich nicht: An solchen anhaltend unterschiedlichen Lebensverhältnissen, an diesem Elend und Leid inmitten von Reichtum und Wohlstand könnte die Union eines Tages zerbrechen. Wenn sie sich erheben, wenn sie aufstehen, die Roma und die vielen anderen, die anhaltend in so bedrückender Weise benachteiligt sind.

Die Europäische Kommission ist das ausführende Organ der Union und entspricht somit den Regierungen staatlicher Systeme. Sie trägt eine wesentliche Verantwortung dafür, dass sich noch immer so viele Romnija und Roma-Kinder zur Bettelei, zu illegalem Broterwerb, zur Prostitution gezwungen sehen. Sie sollte sich endlich ernsthaft bemühen, das zu ändern.

Romnija und Roma-Kinder – wie die Sexsklaverei des 21. Jahrhunderts wirksamer bekämpft und beendet werden kann

Das »Nordische Modell«

Um die Jahrtausendwende wurde in Europa – vor allem im linken politischen Spektrum – darüber diskutiert, wie mit der Prostitution umzugehen sei. Schweden setzte dann bereits im Jahr 1999 ein Gesetzeswerk in Kraft, das zunächst als »Schwedisches Modell« bezeichnet wurde und, nachdem diesem Weg weitere Länder folgten, in »Nordisches Modell« umbenannt wurde.

Dem schwedischen Weg folgten

- Norwegen und Island im Jahr 2009,
- Kanada im Jahr 2014,
- Nordirland 2015,
- Frankreich 2016,
- Irland 2017 und
- Israel 2018.

Trotz zahlreicher, bis heute anhaltender Initiativen wird diese Regelung, die ein Sexkaufverbot zum Inhalt hat, von Deutschland, Finnland, Dänemark, Großbritannien, Spanien sowie von Österreich und der Schweiz (Stand Januar 2024) abgelehnt. Und das, obwohl im September 2023 auch vonseiten der EU ein Sexkaufverbot nach dem »Nordischen Modell« für alle EU-Länder gefordert wurde.

Inhaltlich besteht diese seit 1999 in Schweden praktizierte Regelung im Wesentlichen aus

- der Kriminalisierung von Kunden auch einvernehmlicher Prostitution,
- einem Verbot der Vermietung von Räumlichkeiten für die Prostitution sowie der Vermittlung von Prostitutionsgeschäften,
- eingeräumter Straffreiheit für die Prostituierten,
- Ausstiegsangeboten für Prostituierte und
- Maßnahmen zur Aufklärung sowie Bildungsmaßnahmen für die breite Öffentlichkeit.

Diese gesetzliche Regelung und von der EU geforderte Verfahrensweise steht damit im krassen Gegensatz zur Gesetzgebung Österreichs und der Schweiz sowie zum deutschen Prostitutions- und Prostituiertenschutzgesetz.

Und sie wird anhaltend kontrovers diskutiert, wobei in den Ländern, die das »Nordische Modell« übernommen haben, positive Entwicklungen und Beurteilungen klar überwiegen. Die Anzahl der Prostitutionskunden ging drastisch zurück (weniger wegen der befürchteten Strafe als wegen des möglichen Bekanntwerdens eines Prostituiertenkontakts, der inzwischen als schändlich gilt), ebenso die mit der Prostitution verbundene (Organisierte) Kriminalität.

Das von der Prostitutionslobby gern und viel gebrauchte Argument, die Prostitution würde durch das Sexkaufverbot in nicht einsehbare Bereiche verlagert und die Prostituierten würden in die Illegalität gedrängt, wodurch sich ihre Situation verschlechtern würde, bestätigten sich nicht. Die illegale Prostitution bleibt allein durch die erforderliche Kundenwerbung sichtbar und auch die polizeiliche Überwachung von Kommunikationsmitteln wie von verdächtigen Örtlichkeiten und Personen trägt ihren Teil dazu bei. Zudem ist in diesem Zusammenhang darauf hinzuweisen, dass in Deutschland, wo möglicherweise 400.000 »Prostituierte« tätig sind und sich nur 28.000 wie vorgeschrieben angemeldet haben, gegenwärtig 372.000 in die Illegalität abgedrängt und illegal tätig sind

Die schwedische Regierung setzte im Jahr 2008 ein Untersuchungskomitee ein, um die Auswirkungen des erlassenen Sexkaufverbots zu beurteilen. Das Komitee legte im Juli 2010 eine Studie vor, in der festgestellt wurde,

- dass die Straßenprostitution halbiert werden konnte,
- dass sich Teile davon ins Internet verlagerten,
- dass sich die befürchteten Abwanderungen in den Untergrund nicht bestätigten,
- dass sich das Verbot als kaum überwindbare Barriere für Menschenhändler und Zuhälter erweist und der Menschenhandel zurückgedrängt wird,
- dass sich die Einstellung der schwedischen Bevölkerung verändert hat und die Kriminalisierung der Prostitution in zunehmendem Maße befürwortet wird.

Auch andere Studien belegen inzwischen, dass Menschenhandel und Sexsklaverei in den Ländern, die den Sexkauf verbieten, längst nicht mehr in dem Maße stattfinden können, wie in denen, die Prostitution weiterhin legalisieren. Das neben und in Verbindung mit dem illegalen Drogenhandel bedeutsamste Geschäftsfeld der OK ist nicht mehr lukrativ, wird uninteressant und versinkt in der Bedeutungslosigkeit oder verlagert sich in die Staaten, die dem in weiten Teilen kriminellen Treiben noch immer große Freiheiten einräumen.

Kriminalpolizeiliche Experten gehen davon aus, dass auf ein in Deutschland identifiziertes Opfer des Menschenhandels mindestens zehn Opfer kommen, die nicht als Menschenhandelsopfer identifiziert werden können. Dass so viele Romnija und Roma-Kinder zur »Handelsware« und zu Opfern sexueller Ausbeutung werden, ließe sich nach allen bisher vorliegenden Erkenntnissen durch ein Sexkaufverbot und dessen Auswirkungen auf ein Minimum reduzieren oder gar stoppen.

Der Markt würde weitgehend zum Erliegen kommen, weil er nicht mehr lukrativ und zudem (besser) kontrollierbar wäre und für die Täter zu einem unkalkulierbaren Risiko würde. Allein die drastische Reduzierung oder ein Verbot der Straßenprostitution würde die schmutzigen Geschäfte mit den Romnija und Roma-Kindern weitgehend zum Erliegen bringen. Würden parallel dazu noch alternative Verdienstmöglichkeiten angeboten, dann wäre das ein Weg, der zeitnah herausführen könnte aus dem anhaltenden Elend und dem menschlichen Leid, das mit der (Zwangs-) Prostitution von Romnija und Roma-Kindern sowie vielen anderen Opfern des Menschenhandels und der Sexsklaverei verbunden ist.

Erfordernisse zur Eindämmung des Handels und der sexuellen Ausbeutung von (Roma-)Frauen und Kindern

Auch wenn Deutschland, Österreich und die Schweiz dem »Nordischen Modell«, aus welchen Gründen auch immer, nicht oder nicht in vollem Umfang folgen, sind Maßnahmen denkbar, die diese erbarmungslose Ausbeutung von Romnija und Roma-Kindern und vielen anderen jungen Menschen erheblich erschweren und begrenzen würden:

1) Ein Prostitutionsverbot für alle Personen unter 21 Jahren. Begründung: Die in den Rekrutierungsländern und -gebieten zumeist unbedarfte, bildungsarme und mit den Gefahren dieser Welt nicht vertraute Personengruppe der unter 21-Jährigen ist besonders gefährdet, den falschen Versprechungen der kriminellen Einzeltäter und Banden Glauben zu schenken und ihren verlockenden Angeboten zu folgen. Sie werden zudem bevorzugt und gezielt angeworben und stellen die große Mehrheit derer dar, die Opfer des Menschenhandels zum Zweck der sexuellen Ausbeutung werden. Das gilt nicht zuletzt für die Romnija und die Roma-Kinder.
2) Eine polizeiliche An- und Abmeldepflicht an jedem Tätigkeitsort. Begründung: Nach dem Prostituiertenschutzgesetz ist in Deutschland bislang eine Anmeldung bei »einer zuständigen Behörde« vorgeschrieben, was zur Folge hat, dass sich verschiedene Behörden mit der Anmeldung und den dabei vorzunehmenden Beratungs- und Informationsgesprächen befassen. Es sind Behörden, die zum Teil nicht oder nur unzureichend mit den Gegebenheiten in den Prostitutionsmilieus vertraut sind. Eine An- und Abmeldung bei der jeweils zuständigen Polizeidienststelle, auch wenn die Prostituierte

nur einen Tag an einem Ort oder in einem bestimmten Objekt tätig wird, ist aber vor allem zum eigenen Schutz und zur Sicherheit der Prostituierten von größter Bedeutung. Zudem kann dadurch der innerdeutsche Menschenhandel besser kontrolliert werden.

3) Ein Prostitutionsverbot für ausländische Frauen und Mädchen, die mit den Gesetzen und Gegebenheiten in Deutschland nicht ausreichend vertraut sind und die kein Deutsch sprechen. Begründung: Diese Frauen sind in ganz besonderem Maße der »auslandsspezifischen Hilflosigkeit« ausgeliefert und geraten sehr häufig in die totale Abhängigkeit von Ausbeutern.

4) Eine vollständige Aufhebung des Weisungsrechts für Bordellbetreiber und Zuhälter. Begründung: Jegliches Weisungsrecht ermöglicht oder fördert Unterdrückung, Zwangsmaßnahmen und Gewalt.

5) Ausweitung der Rechte und Möglichkeiten für die Ermittlungs- und Strafverfolgungsbehörden. Begründung: Menschenhandel und Sexsklaverei sind ein boomendes Geschäftsfeld der OK. Viele kriminelle Geschäfte laufen heute milieuintern ab, unbemerkt und ohne Außenwirkung. Deshalb muss es der Polizei ermöglicht werden, Orte, an denen der Prostitution nachgegangen wird, zu jeder Tages- und Nachtzeit zu betreten. Auch Maßnahmen wie zum Beispiel eine Telekommunikationsüberwachung sind beim Verdacht der Zuhälterei oder der Ausbeutung Prostituierter unverzichtbar.

6) Verbot jeglicher Straßenprostitution. Begründung: Die Mädchen und Frauen werden auf dem Straßenstrich von Zuhältern kontrolliert und ausgebeutet, kriminelle Gangs oder Clans kontrollieren in deutschen Städten oft ganze Straßenzüge. Eine selbständige Prostitutionsausübung wird nicht geduldet, somit ist die Straßenprostitution häufig in den Händen Krimineller. Besonders der Handel und die Ausbeutung von Romnija und Roma-Kindern könnte durch ein Verbot der Straßenprostitution massiv eingeschränkt werden.

7) Auch Erwachsene müssen vor Zwangsprostitution geschützt werden. Begründung: Nach Paragraf 232a (1) des StGB (Zwangsprostitution) wird in Deutschland nur bestraft, wer eine andere Person unter

Ausnutzung ihrer persönlichen oder wirtschaftlichen Zwangslage oder ihrer Hilflosigkeit, die mit ihrem Aufenthalt in einem fremden Land verbunden ist, oder eine Person unter 21 Jahren veranlasst, die Prostitution aufzunehmen oder fortzusetzen oder sexuelle Handlungen, durch die sie ausgebeutet wird, an oder vor dem Täter oder einer dritten Person vorzunehmen oder von dem Täter oder einer dritten Person an sich vornehmen zu lassen … Es ist nicht nachvollziehbar, warum das nur für Personen unter 21 Jahren gilt und nicht auch dann mit Strafe bedroht wird, wenn es Erwachsene betrifft.

8) Die Prostitutionsmilieus müssen (wieder) polizeiliche Brennpunkte werden. Begründung: Die Prostitution ist seit jeher sehr eng mit Kriminalität verbunden. Die vermehrte Einflussnahme der OK auf die Prostitutionsmilieus ist nicht zu übersehen und sie nimmt weiterhin zu. Dem müssen die gesetzlichen Rahmenbedingungen und die entsprechenden personellen und materiellen Ressourcen der Polizei angepasst werden, sodass die erforderlichen, alternativlosen Strukturermittlungen (wieder) möglich sind und in jedem Verdachtsfall durchgeführt werden können. Das erfordert auch die Einrichtung von Spezialeinheiten, die mit dem Aktionsfeld »Rotlichtmilieu« vertraut sind, sowie die Bildung von Schwerpunktstaatsanwaltschaften.

9) Öffentlichkeitsarbeit. Begründung: Nachdem das »Nordische Modell« in der Schweiz im Sommer 2022 erneut abgelehnt wurde, stiegen vor dem Bundeshaus in Bern 3000 schwarze Luftballons in den wolkenlosen Himmel und verdunkelten ihn. Der Nationalrat, der zur fraglichen Zeit tagte, wurde so auf den Menschenhandel und die in der Schweiz stattfindende Sexsklaverei aufmerksam gemacht. Über Monate hinweg liefen in allen Schweizer Fernsehprogrammen Spots zum Thema »Menschenhandel ist grausam – Schweigen auch!« und auf allen größeren Schweizer Bahnhöfen waren solche Spots auf Schautafeln zu sehen. Die Resonanz in der Öffentlichkeit auf diese Kampagne der »Christlichen Ostmission« und zahlreicher Partner war überwältigend, das Problembewusstsein wurde geweckt, und es ist nur eine Frage der Zeit, bis sich der Nationalrat erneut mit

der Frage befassen muss, ob er der »Prostitution« weiterhin die bisherigen Freiheiten einräumen will. Auch in Deutschland wünscht man sich solche Kampagnen, damit die Verantwortlichen diese ausufernde, menschenverachtende Kriminalität zur Kenntnis nehmen und Gesetze auf den Weg bringen, die es nicht mehr ermöglichen, dass das Land zum Puff Europas und zur Spielwiese organisierter Krimineller verkommt, dass hunderttausende Mädchen und Frauen, dass zigtausende Romnija und Roma-Kinder rücksichtslos ausgebeutet, erniedrigt und zerstört werden können.

Luca und das Teilhaben

Ich sah das Elend in den Gettos von Burgas und von Sofia, am Rand rumänischer Städte, am Rand der Gesellschaften. Ich war bei ihnen in ihren kalten, feuchten, heruntergekommenen Häusern, in ihren mit Hölzern, Blech und Schrott gezimmerten Behausungen am Strand von Durrës in Albanien, am Stadtrand von Belgrad, im Roma-Viertel des tschechischen Grenzstädtchens Cheb … Und ich begegnete vielen guten Roma und vielen liebenswerten Kindern. Aber nur wenigen glücklichen Roma und nur wenig glücklichen, aber vielen hungernden Kindern. Ich begegnete Kindern, die im Straßendreck spielten. Kindern mit dunkel-glänzenden, hoffnungsvoll in eine ungewisse Zukunft blickenden Augen, mit festem, blauschwarzem von Staub bedecktem Haar. Bettelarmen und bettelnden, abgemagerten, kranken und gezeichneten Kindern. Ich begegnete Kindern, die sich gezwungen sahen, ihren zerbrechlichen Körper an gierige, perverse Wohlstandsbürger zu verkaufen, Kinder, die Klebstoff schnüffeln oder (oft verunreinigtes) Heroin konsumieren, um den Alltag, um ihr Leben zu ertragen. Gott schickte sie, diese Kinder, und nun sind sie da.

Ich ging in die Schulen zu den wenigen Roma-Kindern, denen es möglich ist, eine Schule zu besuchen, und erzählte ihnen von den Gefahren dieser Welt, von der sie träumen, und davon, wie man diese erkennen, wie man ihnen entgehen kann. Sie waren neugierig, aufmerksam, hörten gespannt und dankbar zu. Ich war nicht immer willkommen in den Gettos, in den verdreckten Gassen, in den Hütten und Baracken. War ich doch einer von denen da draußen, einer von denen, die sie nicht teilhaben lassen, die sie verachten, beschimpfen, bespucken, die sie ausgrenzen und ihrem Schicksal überlassen … Ich sah die misstrauischen, manchmal feindseligen Blicke hinter zerbrochenen Fensterscheiben, ich hörte ihr Murren, und ich vernahm ihr Fluchen, ich räumte die Glassplitter weg, die sie mir in den Weg legten und ging nachdenklich weiter meinen Weg. Eine Neunjährige erzählte mir begeistert davon, dass sie keine Prostituierte, sondern Rechtsanwältin werden wolle. Eine Schule aber sah das Kind noch nie. Eine Schule besucht sie nicht. Ein siebenjähriger Junge überraschte mich mit der Aussage, dass er »ein richtiger Zuhälter« werden wolle, so wie sein Onkel, der in seinem tollen Auto mit hübschen Mädchen immer wieder weit weg in ferne Länder fährt … Wenigstens eines der Kinder wollte ich glücklich machen. Wenigstens für einen Moment.

Also drückte ich Luca, einem Fünfjährigen einen Zehn-Euro-Schein in sein schmutziges Händchen. Der Junge starrte mich und den Geldschein ungläubig an und war sprachlos. Dann aber huschte ein Lächeln über sein Gesicht, das auch gleich in Freudengeschrei überging. Luca rannte davon. Um gleich darauf mit all seinen Geschwistern, mit all seinen Freunden und Freundinnen zurückzukommen. Mit allen Kindern, die im Elend dieser Siedlung leben, mit einem Dutzend, mit zwei Dutzend, mit fünfzig Kindern und noch mehr. Luca deutete auf mich und sie umringten und bedrängten mich. Sie redeten bettelnd und hoffend auf mich ein. Unzählige fragende, hoffende, bangende, herzzerreißende Kinderaugen sahen mich erwartungsvoll an. Gern hätte ich sie alle mit einem Geldschein beglückt. Was sind schon zehn, was sind schon tausend Euro im Vergleich zu der Freude und dem kleinen Glück, das ich diesen Kindern hätte bereiten können? Ich, einer von denen da draußen, die ihnen doch immer so unfreundlich begegnen, die sie verachten, ausgrenzen, beschimpfen und bespucken, die sie nicht teilhaben lassen an ihrem Wohlstand, an Wärme, Bildung, Arbeit, Essen, Wasser, Strom … im Gegensatz zu Luca, der teilhaben lassen wollte, der alle Kinder teilhaben lassen wollte an seinem kleinen Glück. Teilhaben lassen, so schien es, war sein erster Gedanke. Teilhaben lassen war selbstverständlich für ihn. Luca beschämt sie alle, die von da draußen, die ihn, seine Familie und seine Freunde nicht teilhaben lassen, die Schuld daran tragen, dass sie hungern, betteln, Kupfer klauen oder sich prostituieren müssen, die sie dazu noch verachten, weil sie das tun. Diejenigen, die sie ausgrenzen, die (mit)verantwortlich dafür sind, dass sie sich nach anderen Lebensbedingungen umsehen müssen, dass sie jede Chance nutzen, um westwärts in eine ungewisse Zukunft zu ziehen. Voller Hoffnung, voller Vorfreude, voller Tatendrang brechen sie auf. Sie werden aber wenig freundlich empfangen in dem für sie fremden

Land, in Deutschland, in Österreich oder in der Schweiz. Sie sind nicht sehr willkommen, die (Groß-)Familien mit ihren vielen Kindern. Kein »anständiger Vermieter« überlässt ihnen eine Wohnung, kein Arbeitgeber, der etwas auf sich und sein Unternehmen hält, gibt ihnen Arbeit. Sie landen in Kellerlöchern oder unter einem löchrigen Zeltdach und sie haben Wucherpreise dafür zu bezahlen und fallen geradezu zwangsläufig skrupellosen Ausbeutern, Kriminellen in die Hände. Pünktlich um sieben Uhr stehen sie jeden Morgen auf dem Arbeiterstrich. Aber Arbeit bekommen sie nicht, weil sie Roma sind. Sie und die Kinder aber haben Hunger. Also setzten sie sich aufs Pflaster und betteln. Also begehen sie, sobald sich die Gelegenheit bietet, kleine Diebstähle oder Betrügereien. Aus der Sozialhilfe wird ein Sozialhilfebetrug. Romnija landen auf dem Straßenstrich, Kinder statt in der Schule auf dem »Babystrich«, und der Müllhaufen vor den Kellerlöchern oder Zelten wächst zusehends an. So wie der tägliche Ärger auch, der Ärger mit den Nachbarn, den Vermietern, den Behörden. Und dafür werden sie wiederum verachtet und verdammt. Sie werden wieder konfrontiert mit den verächtlichen Blicken, sie nehmen wieder diese abweisenden Gesten wahr, sie hören wieder diese ihnen hinlänglich bekannten Beschimpfungen, sie spüren wieder dieses feindselige Verhalten … Verachtung, Diskriminierung, Ausgrenzung …

Plötzlich ist alles wieder so, wie es früher war. Da, wo sie herkamen, aus dieser heruntergekommenen Siedlung, aus diesem Getto, aus diesem Elend, dieser Sippe und Gemeinschaft, mit der sie so sehr verbunden waren – in Siebenbürgen, in Belgrad, in der Wachau. Nein, ihre Situation ist noch fataler, noch prekärer, als sie es jemals war, denn sie sprechen die Sprache nicht in diesem Land, in dem die Menschen so reich, aber nicht immer gut sind. Alles Alltägliche ist ihnen hier fremd: die Preise für das Wohnen, für das Wasser, für die Milch und das Brot, das deutsche (österreichische, Schweizer) Müllsystem, das mit dem Altöl, das mit dem Einkaufswagen vom ALDI … Auch die Gesetze der Milieus im Rotlicht sind den Romnija fremd. Die Regeln auf dem Strich, die Zuhälter, die Zuhälterbanden und deren üble Methoden, deren Tricks und skrupellose Machenschaften, deren Rücksichtslosigkeit und Brutalität. Ihnen aber sind sie ausgeliefert, ganz unten in der Hierarchie eines so perfiden und schmutzigen wie brutalen (Ausbeutungs-)Systems. Und auch diejenigen sind ihnen fremd, die nach ihren Kindern jagen, diese vertrauensvoll erscheinenden, gut gekleideten, großzügigen Herren. Diese Herren mit so viel Geld, aber ohne Mitleid, ohne Skrupel. Wo immer sie auch sind, sie kommen nicht los von diesen althergebrachten Diskriminierungsstrukturen, von dieser schmerzhaften Verachtung und Ausgrenzung. Dass sie dazu aber auch noch sexuell ausgebeutet werden, von denen, die sie so sehr verachten, ohne dass dies verurteilt wird, ohne dass dies einen Aufschrei zur Folge hat, in Schmuddelpuffs und dafür bereitgestellten »Verrichtungsboxen«, in dunklen Ecken und in Flüchtlingsunterkünften, auf dem Straßen- und auf dem »Babystrich«, dass sie auch die Schmutzigsten und Perversesten zu bedienen haben, für fünf, zehn oder auch zwanzig Euro, dass ihre Kinder erniedrigt, vergewaltigt, zerstört werden, inmitten einer modernen, rechtsstaatlichen Gesellschaft, mitten unter uns, ist menschenverachtend, ist Antiziganismus in seiner widerlichsten Form. Ja, sie sind einsamer in unserem Land, ärmer und hilfloser als jemals zuvor. Aus ihrem Hoffen wurde Hoffnungslosigkeit. Ihr Traum wurde zum Albtraum. Und mich beschleicht ein Gefühl der Schuld und der Scham, gehöre ich doch zu denen von da draußen, zu dieser modernen Mehrheitsgesellschaft, die das alles anhaltend hinnimmt, die das alles in einem großen Dunkelfeld belässt, ohne Mitgefühl, ohne Aufschrei.

Quellenverzeichnis

Auswärtiges Amt der Bundesrepublik Deutschland, Reise- und Sicherheitshinweise Serbien, Stand: 15. 6. 2023.

Balkan-biro: »Das Roma-Getto von Stolipinowo« von Andreas Kunz, 1. 8. 2017.

Beobachtungsstelle für gesellschaftspolitische Entwicklungen in Europa: »Regulierung der Prostitution in Bulgarien …« von Lena Reinschmidt, Februar 2016.

BILD am Sonntag: »Sozialbetrug«, 20. 8. 2023.

Bundeszentrale für politische Bildung: »Wir können alles spielen« von Isabell Röttger, 3. 8. 2023.

Cicero.de: »Ich stelle die schamlose Wirklichkeit in all ihren Aspekten dar« von Rosa von Praunheim (ohne Datum, abgerufen: 10. 11. 2023).

Der Standard: »Ausgrenzung prägt das Leben im größten Roma-Viertel des Balkans« von Stefanie Ruep, 12. 11. 2019.

Deutscher Bundestag, Wissenschaftliche Dienste: »Studienergebnisse zur Prostitutionspolitik in Schweden und Norwegen«, WD 9–3000–082/19.

Deutsche Welle: »Tschechiens erster Roma-Beauftragter« von Lubos Palata, 2. 1. 2023.

Deutschlandfunk Kultur: »Minderjährigen-Prostitution im Berliner Tiergarten«, 22. 10. 2018.

Deutschlandfunk: »Die Lage der Roma in der Slowakei« von Christina Janssen, 7. 9. 2010.

Deutschlandfunk: »Wenn Angst und Armut übermächtig werden« von Florian Kellermann und Tstjana Monsik, 8. 8. 2003.

Deutschlandfunk Kultur: »Eine Frau für fünf Euro« von Güner Balci, 9. 3. 2020.

Die Last der Geschichte: »Die Lage der Roma in Bulgarien und Rumänien« von Norbert Mappes-Niediek, in: Schriften der Bundeszentrale für politische Bildung.

Die Presse: »Party-Urlaub: Die neue britische Art zu reisen« von Axel Reiserer und Irene Zöch, 6. 9. 2007.

Die Presse: »Die Rückkehr des Kinderstrichs in Wiener Struwerviertel« von Anna Thalhammer, 11. 7. 2017.

»Eine Reise durch Kitas in aller Welt« von Horst Küppers, Verlag Beltz 2013.

ENMMA »Prostitution: Sie war 14 …«, 5. 3. 2020.

EURACTIV »Slowakei: Oberster Gerichtshof rügt Diskriminierung von Roma« von Michal Hudec, 15. 2. 2023.

EURACTIV »Roma werden in Tschechien noch immer diskriminiert« von Aneta Zachova, 28. 2. 2023.

Europarat News: »Serbien: Lage der Roma weiterhin besorgniserregend«, 18. 12. 2019.

Frankfurter Rundschau: »Bulgarien: Diskriminierung einer Minderheit – Roma werden zu Sündenböcken der Pandemie« von Adelheid Wölfle, 7. 4. 2021.

Heinrich Böll-Stiftung: »Roma aus (Süd-)Osteuropa als Betroffene vom Frauenhandel von Romana Riegler, 8. 12. 2014.

Institut für Konfliktforschung: »Untersuchung Frauenmorde« von Dr. Birgit Haller, Viktoria Eberhardt, Brigitte Temel, Wien April 2023.
KOSMO: »Größter Zuhälter Serbiens verhaftet«, 12. 4. 2019.
Le Monde diplomatique: »Protest ohne Grenzen« von Francois Loncle, 16. 11. 2007.
MDR Fernsehen: »Zur Prostitution gezwungen« von Carolin Haentjes und Marcel Siepmann, 2. 2. 2022.
Neue Zürcher Zeitung: »Bei den Roma ist der Westen alles andere als konsequent« von David Signer, 16. 11. 2010.
Neue Zürcher Zeitung: »Der Täter sitzt im Herzen des Opfers …« von Paul Flückiger, 15. 9. 2023.
ORF.at: »Zahlreiche Delikte in Stricherszene aufgeklärt«, 28. 3. 2018.
ORF.at: »Roma in Bulgarien«, 5. 5. 2021.
Pester Lloyd, »Prostitution in Ungarn zwischen Duldung und Illegalität«, 15. 11. 2009.
Radio Bulgaria: »Das Roma-Viertel von Sofia – ein Leben abseits der Gesellschaft«, 11. 1. 2013.
RBB 24 Panorama: »Der Jüngste, den wir angetroffen haben, war 11 Jahre alt«, 29. 5. 2022.
RBB 24: »Sinti und Roma eint die Erfahrung, diskriminiert zu werden« von Anna Bordel, 29. 6. 2023.
Schweizer Eidgenossenschaft – Direktion für Entwicklung und Zusammenarbeit (DEZA): »Mehr Lebensqualität für Roma in Bulgarien«, November 2016.
Spiegel: »Der kollektive Virus-Verdacht« von Keno Verseck, 21. 4. 2020.
Spiegel Panorama: »Aufstieg ins Elend« von Anna Reimann und Oliver Trenkamp, 8. 6. 2011.
TAZ: »Gemischte Bilanz«, 21. 9. 2022.
Wiener Zeitung: »Schöne Buben« von Solmaz Khorsand, 11. 6. 2017.
ZEIT online: »Zahl vermisster Flüchtlingskinder steigt an«, 5. 6. 2023.

https://www.bpb.de/themen/europa/sinti-und-roma-in-europa/17955
http://www.kirchenzeitung.at/site/archiv/article/5874.html
https://www.nordstadtblogger.de/roma-in-rumaenien
https://taz.de/Diskussionen-um-Zuzug-von-Roma/15072132

Index